FISCHER

»Eine Partnerschaft ist kein Gefängnis und auch kein Ort, an den man sich klammert oder an dem man festgehalten wird. Sie ist ein Weg, auf dem beide sich weiterentwickeln. Ein steiler, vielleicht auch gefährlicher Weg. Aber mit Sicherheit einer der schönsten und fruchtbarsten Wege, die man einschlagen kann.«

Jorge Bucay definiert Partnerschaft als ein Bündnis, das auf Liebe, Anziehung und Vertrauen basiert. Wenn die Liebe von Dauer sein soll, müssen Männer wie Frauen sich immer wieder von neuem füreinander entscheiden. Eine besondere Bedeutung kommt dem erotischen Begehren in einer Partnerschaft zu. Doch Sexualität muss nicht immer mit Liebe einhergehen. Welche Unterschiede gibt es zwischen »männlicher« und »weiblicher« Sexualität? Ist Eifersucht ein Zeichen von Liebe? Wie bedeutsam sind Treue und Untreue?

Die intime Beziehung zu einem anderen Menschen ist eine große Herausforderung. Jorge Bucay zeigt, wie sie gelingen kann: indem ich an meiner eigenen Integrität festhalte und die Individualität des anderen respektiere.

Jorge Bucay, 1949 in Buenos Aires, Argentinien, geboren, stammt aus einer Familie mit arabisch-jüdischen Wurzeln. Aufgewachsen ist er in einem überwiegend christlichen Viertel von Buenos Aires. Er studierte Medizin und Psychoanalyse und wurde zu einem der einflussreichsten Gestalttherapeuten.

Jorge Bucay ist im wahrsten Sinn des Wortes ein geborener Geschichtenerzähler. Sein großer internationaler Erfolg verdankt sich der Erfahrung und Kenntnis unterschiedlichster kultureller Einflüsse und seinem stupenden Wissen über den Menschen. Seine Bücher reflektieren alle diese Einflüsse und seine jahrelange therapeutische Erfahrung.

Lisa Grüneisen, 1967 geboren, arbeitet seit ihrem Studium der Romanistik, Germanistik und Geschichte als Übersetzerin. Sie übersetzte unter anderem Carlos Fuentes, Miguel Delibes, Alberto Manguel und Frida Kahlo.

Weitere Informationen finden Sie auf www.fischerverlage.de

Jorge Bucay

Das Buch der Begegnung

Wege zur Liebe

Aus dem Spanischen
von Lisa Grüneisen

FISCHER

Zitatnachweis:
Seite 208 ff.: Fernando del Paso, ›Palinurus von Mexiko‹

MIX
Papier aus verantwortungsvollen Quellen
FSC® C083411

2. Auflage: November 2018

Erschienen bei FISCHER Taschenbuch
Frankfurt am Main, Mai 2016

Die spanische Originalausgabe erschien unter dem Titel
›El camino del encuentro‹

The translation follows the edition by Editorial Sudamericana, S. A., Buenos Aires 2001
Published by arrangement with UnderCover Literary Agents
Für die deutschsprachige Ausgabe:

Satz: Fotosatz Amann, Memmingen
Druck und Bindung: CPI books GmbH, Leck
Printed in Germany
ISBN 978-3-596-19793-4

Für Héctor, Ioschúa,
Chrystian, Julia und Miguel

weil sie mir die Liebe gezeigt haben,
die Freundschaft mit sich bringt.

Inhalt

Einleitung

Mit Sicherheit gibt es einen Weg,
der vielleicht
auf vielerlei Weise
individuell und einzigartig ist.

Vielleicht gibt es einen Weg,
der mit Sicherheit
auf vielerlei Weise
für alle derselbe ist.

Mit Sicherheit gibt es
einen möglichen Weg.

Dieser Weg ist es, den man finden und gehen muss. Vielleicht bricht man allein auf und ist überrascht, unterwegs all jenen zu begegnen, die in dieselbe Richtung gehen.

Dabei sollten wir unser endgültiges einsames, persönliches, entscheidendes Ziel nicht vergessen. Es ist unsere Brücke zu den anderen, der einzige Berührungspunkt, der uns mit der Welt dessen verbindet, was ist.

Wie auch immer man dieses endgültige Ziel nennen mag: Glück, Selbstverwirklichung, Erfüllung, Erleuchtung, Erkenntnis, innerer Frieden, Erfolg, Vollendung oder einfach das endgültige Ziel … Es tut nichts zur Sache. Wir alle wissen, dass es darum geht, gut dort anzukommen.

Manche gehen unterwegs in die Irre und treffen ein wenig später ein, andere finden eine Abkürzung und werden zu kundigen Führern für die anderen.

Einige dieser Wegführer haben mich gelehrt, dass es viele Wege gibt, die ans Ziel führen, unendlich viele Ausgangspunkte, Tausende von Optionen und Dutzende von Routen, die in die richtige Richtung führen. Wege, die jeder für sich geht.

Aber es gibt einige Wege, die stets Teil des ganzen Weges sind.

Wege, denen man nicht ausweichen kann.

Wege, die man gehen muss, wenn man vorankommen will.

Wege, auf denen wir lernen, was man unbedingt wissen muss, um das letzte Wegstück in Angriff zu nehmen.

Für mich sind diese unerlässlichen Wege die folgenden vier:

1. Der Weg der endgültigen Begegnung mit sich selbst. Ich nenne ihn den **Weg der Selbstabhängigkeit**.
2. Der Weg der Begegnung mit dem anderen, mit der Liebe und der Sexualität. Ich nenne ihn den **Weg der Begegnung**.
3. Der Weg der Verluste und des Schmerzes. Ich nenne ihn den **Weg der Tränen**.
4. Und schließlich den Weg der Erfüllung und der Sinnfindung. Ich nenne ihn den **Weg des Glücks**.

Auf meiner eigenen Reise habe ich die Wegweiser studiert, die andere auf ihrer Reise hinterließen, und ich habe einige Zeit damit verbracht, meine eigenen Wegkarten zu zeichnen.

Meine Karten dieser vier Wege wurden mit den Jahren zu einer Art Leitfaden, der mir half, wieder auf den Weg zurückzufinden, wenn ich die Orientierung verlor.

Vielleicht können meine Bücher dem einen oder anderen eine Hilfe sein, der wie ich immer wieder vom Weg abkommt.

Vielleicht helfen sie auch jenen, die in der Lage sind, Abkürzungen zu finden. Aber eine Karte ist immer etwas anderes als der Weg selbst; man muss die Route immer wieder korrigieren, wenn man aufgrund der eigenen Erfahrungen einen Fehler des Kartographen entdeckt. Nur so können wir den Gipfel erreichen.

Hoffentlich begegnen wir uns dort.

Das würde bedeuten, dass du es geschafft hast.

Und es würde bedeuten, dass auch ich es geschafft habe.

Jorge Bucay

Die Allegorie von der Kutsche II

Als ein Ganzes machten meine Kutsche, die Pferde, der Kutscher und ich als Passagier uns auf den ersten Teil des Weges. Die Landschaft veränderte sich: Manchmal war sie trocken und öde, dann wieder blühend und erheiternd. Auch die klimatischen Bedingungen und die Beschaffenheit des Weges änderten sich: Manchmal war er sanft und eben, andere Male holprig und steil, dann wieder abschüssig und rutschig. Und schließlich veränderte sich auch meine seelische Verfassung: Im einen Moment war ich heiter und optimistisch, im anderen traurig und müde, später gelangweilt und verdrossen.

Nun, am Ende dieses Wegstücks, spüre ich, dass die wirklich wichtigen Veränderungen diese letzten, inneren Veränderungen sind, so als hingen die äußeren Veränderungen von diesen ab oder als existierten sie gar nicht.

Wenn ich für einen Moment innehalte, um die zurückgelassenen Spuren auf meinem Weg zu betrachten, empfinde ich Zufriedenheit und Stolz. Im Guten wie im Schlechten, meine Siege und Enttäuschungen gehören zu mir.

Ich weiß, dass eine neue Etappe auf mich wartet, aber ich weiß auch, dass sie für alle Zeit auf mich warten könnte, ohne dass ich mich im Geringsten schuldig fühle. Nichts zwingt mich weiterzugehen, nichts außer meinem eigenen Wunsch, es zu tun.

Ich schaue nach vorn. Der Weg erscheint mir einladend. Ich

sehe, dass er voller bunter Farben und neuer Formen ist, die meine Neugier wecken. Meine Intuition sagt mir, dass auch Gefahren und Schwierigkeiten dort lauern, doch das hält mich nicht auf. Ich weiß, dass ich auf all meine Ressourcen zurückgreifen kann; sie werden ausreichen, um jeder Gefahr zu begegnen und alle Schwierigkeiten zu meistern. Andererseits habe ich gelernt, dass ich zwar verletzlich bin, aber nicht zerbrechlich.

In den inneren Dialog vertieft, merke ich kaum, dass ich mich bereits auf den Weg gemacht habe.

Still genieße ich die Landschaft ... und sie, könnte man meinen, genießt meine Anwesenheit, wird sie doch mit jedem Augenblick schöner.

Plötzlich nehme ich auf einem Parallelweg einen Schatten wahr, der sich hinter den Büschen bewegt.

Ich sehe genauer hin. Als ich nach einer Weile zu einer Lichtung komme, stelle ich fest, dass es eine weitere Kutsche ist, die in dieselbe Richtung unterwegs ist wie ich.

Ich bin überwältigt von ihrer Schönheit: das dunkle Holz, die glänzenden Beschläge, die riesigen Räder, die sanft geschwungenen, harmonischen Formen ...

Ich bin wie geblendet.

Ich bitte den Kutscher, schneller zu fahren, um auf eine Höhe mit ihr zu kommen. Die Pferde schnauben und fallen in eine raschere Gangart. Ohne dass man es ihnen sagen muss, lenken sie ihre Schritte an den linken Wegesrand, als wollten sie den Abstand verringern.

Die Kutsche neben uns wird ebenfalls von zwei Pferden gezogen, und auch dort führt ein Kutscher die Zügel. Ihre Pferde und meine fallen spontan in die gleiche Gangart, als gehörten sie zusammen. Den Kutschern erscheint dies der geeignete Moment, um ein wenig auszuruhen, denn sie lehnen sich beide auf dem Kutschbock zurück und lassen mit entspanntem Blick die Zügel gleiten und die Kutsche ihren Weg nehmen.

Ich bin so gebannt von der Situation, dass ich erst nach einer ganzen Weile bemerke, dass auch in der anderen Kutsche ein Passagier sitzt.

Nicht, dass ich gedacht hätte, es gäbe keinen. Ich hatte ihn lediglich nicht gesehen.

Nun entdecke ich ihn und betrachte ihn. Ich sehe, dass er mich ebenfalls ansieht. Um ihm zu zeigen, dass ich mich freue, lächle ich ihm zu, und er winkt lebhaft aus dem Fenster zu mir herüber.

Ich erwidere den Gruß und traue mich, ihm ein leises »Hallo« zuzurufen. Geheimnisvollerweise (vielleicht ist es auch gar nicht so geheimnisvoll) hört er es und ruft zurück:

»Hallo. Fährst du auch in diese Richtung?«

»Ja«, antworte ich mit einer Freude, die mich selbst überrascht. »Sollen wir gemeinsam fahren?«

»Klar«, sagt er. »Auf geht's.«

Ich atme tief durch und fühle mich glücklich.

Auf dem ganzen Weg bis hierher habe ich noch nie einen Reisegefährten gefunden.

Ich bin glücklich, ohne zu wissen warum, und interessanterweise will ich es auch gar nicht wissen.

ERSTER TEIL

Geschichte

Die Bedeutung der Begegnung in der heutigen Welt

Wir leiden an einer Art emotionaler Verkümmerung, die uns zu bestimmten selbstzerstörerischen Verhaltensweisen treibt, im öffentlichen Leben genauso wie im privaten.

Wir müssen einen Weg finden, der uns die Möglichkeit gibt, seelisch intakter zu sein, und dieser Weg ist aufs engste mit der Liebe und der Spiritualität verbunden. Die Liebe ist der beste Ausdruck für die seelische Gesundheit des Menschen. Sie ist das genaue Gegenteil von Aggression, Angst und Paranoia, die ihrerseits der krankhafte Ausdruck dessen sind, was uns voneinander trennt.

Claudio Naranjo, *Clan* (1984)

Wenn in diesem Buch von *Begegnung* die Rede sein wird, meine ich damit die Entdeckung, die Erschaffung und das fortwährende Erleben eines *Wir*, das über die Struktur des Ich hinausgeht. Diese Erschaffung des Wir fügt der reinen Summe von Du und Ich einen überraschenden Wert hinzu.

Ohne Begegnung gibt es keine seelische Gesundheit. Ohne die Existenz eines Wir ist unser Leben leer, auch wenn unser Haus, unsere Schränke und unser Safe voller Kostbarkeiten sein mögen.

Und dennoch verführt uns das Bombardement der Medien dazu, unsere Häuser, unsere Schränke und unsere Safes mit

Dingen zu füllen und daran zu glauben, dass alles andere altmodisch und sentimental sei.

Die intellektuellen Skeptiker, die angeblich die Weisheit für sich gepachtet haben, sind nur allzu gerne bereit, jene lächerlich zu machen und von oben herab zu betrachten, die aus dem Herzen, dem Bauch oder der Seele heraus sprechen, die das Fühlen über das Denken stellen, Spiritualität über den Ruhm und das Glück dem Erfolg vorziehen.

Wenn einer von Liebe spricht, ist er unreif. Sagt einer, er sei glücklich, ist er naiv oder oberflächlich. Ist er großzügig, macht er sich verdächtig. Hat er Vertrauen, ist er ein Dummkopf, und ist er optimistisch, schimpft man ihn einen Idioten. Und ist er eine Mischung aus all dem, dann behaupten die angeblichen Bewahrer des Wissens – unfreiwillige Steigbügelhalter des dilettantischen Konsums –, er sei ein Lügner, ein unreflektierter, unseriöser Heuchler (ein Scharlatan, würde man in Argentinien sagen).

Viele dieser in hierarchischen Strukturen verhafteten Denker sind Vertreter einer Hochnäsigkeit, die sich für zu bedeutend hält, als dass sie sich ihre eigene Verunsicherung oder ihr eigenes Unglück eingestehen würde.

Andere sind vollständig in ihrer Identität gefangen und nicht bereit, ihren Elfenbeinturm zu verlassen, aus Angst, man könnte entdecken, wie gleichgültig ihnen die anderen sind.

Fast allen jedoch, die sich hinter den Mauern ihrer Eitelkeit verschanzen, fällt es schwer, zu akzeptieren, dass andere, die aus anderen Richtungen kommen, völlig andere Lösungen vorschlagen.

Und doch lässt sich die mangelnde Wertschätzung des Beziehungs- und Gefühlslebens nicht länger aufrechterhalten. Die

Wissenschaft liefert immer neue Belege dafür, wie wichtig der Zugang zu unseren Gefühlen für die Erhaltung und Wiederherstellung der Gesundheit ist und dass es eine *Notwendigkeit* ist, in lebendigem Kontakt mit anderen zu sein. Die Forschungen und Schriften von Carl Rogers, Abraham Maslow, Margaret Mead, Fritz Perls, David Viscott, Melanie Klein, Desmond Morris und in jüngerer Zeit Dethlefsen, Dahlke, Buscaglia, Goleman, Watzlawick, Bradshaw, Dyer und Satir zwingen uns, unser primitives Denkschema von Ursache und Wirkung zu revidieren, auf die Medizin und Psychologie traditionell zurückzugreifen, um Gesundheit und Krankheit zu erklären.

Doch wenn wir unsere Umgebung und unser eigenes Inneres betrachten, können wir die Beunruhigung, wenn nicht gar Angst spüren, die eine mögliche neue Begegnung in uns auslöst. Warum? Zum einen, weil jede Begegnung ein gewisses Maß an Zuwendung, Einfühlungsvermögen, Zusammengehörigkeit, gegenseitiger Verbindlichkeit und folglich Verantwortung voraussetzt.

Aber auch und vor allem, weil es bedeutet, sich mit einer unserer größten Ängste auseinanderzusetzen, vielleicht der einzigen, vor der wir uns noch mehr fürchten als vor der Einsamkeit: der Angst vor Zurückweisung und Verlassenwerden.

Ob nun aus Angst oder aus einer Konditionierung heraus, fest steht, dass es uns zunehmend schwerfällt, Bekannten wie Unbekannten zu begegnen.

Das Modell einer beständigen Partnerschaft oder Familie wird mehr und mehr zur Ausnahme von der Regel. Lebenslange Freundschaften oder Ehen sind »aus der Mode gekommen«.

Zufällige, zwanglose Begegnungen und unverbindliche sexuelle Beziehungen werden ohne weiteres akzeptiert und von Experten wie Laien sogar als Ausdruck eines vorgeblich freieren und fortschrittlicheren Lebens empfohlen.

Individualismus erscheint mit sozialem Denken unvereinbar, insbesondere bei jenen Kleingeistern, die gesellschaftliche Strukturen im Grunde verachten oder aber in einer Art solidarischem Fundamentalismus daran festhalten, der das regulieren soll, von dem man nicht weiß, wie man ansonsten damit umgehen soll.

Die Statistiken sind nicht vielversprechend. In Argentinien gab es zwischen 1993 und 1998 ebenso viele Scheidungen wie Eheschließungen. Fast die Hälfte aller Kinder in den großen Städten lebt in Haushalten, in denen einer der biologischen Elternteile abwesend ist, eine Zahl, die mit Sicherheit noch weiter ansteigen wird, wenn – so sind die Aussichten – zwei von drei Ehen geschieden werden.

Die Statistiken zur Individualpathologie sind nicht weniger beunruhigend: steigende Depressionsraten bei Jugendlichen und alten Menschen, zunehmende Vereinsamung, zu wenig Begegnungsmöglichkeiten und abnehmende Angebote für einsame Menschen jeden Alters.

Ob mit oder ohne Hilfsinitiativen: Paarbeziehungen sind immer konfliktbeladener, Beziehungen zwischen Eltern und Kindern immer angespannter, Beziehungen zwischen Geschwistern immer weniger tragfähig und Beziehungen unter Arbeitskollegen zunehmend von Konkurrenz geprägt.

Um es mit Allan Fromme zu sagen: »Unsere Städte mit ihren Wolkenkratzern und ihrer enormen Überbevölkerung sind der größte Nährboden der Einsamkeit. Nirgendwo ist man einsamer als in New York City an einem Wochentag zur Rush Hour, umgeben von zwanzig Millionen Menschen, die genauso einsam sind.«

Es liegt in unserer Verantwortung, eine Lösung für diese Situation zu finden und etwas an ihr zu ändern, für uns selbst und für die, die nach uns kommen.

Worin liegt die Herausforderung dieses Wegs?

Sich immer wieder bewusst zu machen, wie komplex die Beziehung zwischen zwei oder mehr einzigartigen, unterschiedlichen und selbstabhängigen Individuen ist, die beschließen, eine ernsthafte Verbindung einzugehen.

Wer sich entschließt, diesen Weg zu gehen, sollte darauf vorbereitet sein, dass er die Vorwürfe jener aushalten muss, die ihn noch nicht gegangen sind und ihn niemals gehen werden und die in ihm bestenfalls einen sentimentalen Träumer sehen.

Zu lernen, in Beziehung zu anderen zu leben, ist eine schwierige Aufgabe, man könnte beinahe sagen, es sei eine Kunst, für die es spezielle, knifflige Techniken braucht. Diese müssen zunächst erlernt und eingeübt werden, ehe man sie adäquat beherrscht. So wie ein Chirurg nicht operieren kann, solange er keine Approbation hat. So wie ein Architekt zunächst Erfahrung sammeln muss, bevor er ein großes Gebäude baut, und ein Koch jahrelang in der Küche stehen muss, bis er weiß, wie er am besten kocht.

Und das ist so, weil jeder Mensch ein großes Rätsel ist. Und auch unsere Beziehungen sind ein Geheimnis – fröhlich oder dramatisch, aber immer unvorhersehbar.

Leo Buscaglia erzählt von einem jungen Mann, der unbedingt lernen will, wie er an die Mädchen aus seinem Unikurs herankommt, und deshalb in eine Buchhandlung geht, um einen entsprechenden Ratgeber zu suchen. Auf einem unscheinbaren Regal ganz hinten in der Buchhandlung entdeckt er ein Buch, dessen Titel ihn anspricht. Es heißt *Leidenschaft – Liebe*. Der junge Mann kauft den dicken Wälzer, um zu Hause festzustellen, dass er den einzelnen Band eines Lexikons gekauft hat.

Ich schrieb einmal, ein Buch zu lesen sei, wie einem Menschen zu begegnen. Es gibt überraschende Bücher und langweilige Bücher, Bücher, die man einmal liest, und Bücher, die man immer wieder zur Hand nimmt. Bücher schließlich, die tiefgründiger sind als andere.

Heute, zwanzig Jahre später, sage ich das immer noch, aber von einem anderen Standpunkt aus:

Einem Menschen zu begegnen ist, wie ein Buch zu lesen.

Ganz gleich, ob diese Begegnung gut, durchschnittlich oder schlecht ist: Sie gibt mir etwas, bringt mich weiter, lehrt mich etwas. Wenn eine Beziehung scheitert, liegt es nicht daran, dass der andere schlecht, untauglich oder unfähig wäre.

Scheitern, wenn wir es so nennen wollen, ist der Begriff, den wir verwenden, um zum Ausdruck zu bringen, dass die Beziehung nicht länger tragbar für einen von beiden ist. (Wir sind nicht jederzeit für jeden geschaffen, und nicht jeder ist jederzeit für uns geschaffen.)

Jede einzelne Begegnung in meinem Leben ist wie ein Buch, das ich gelesen habe: Eine Lektion des Lebens, die mich zu dem gemacht hat, der ich heute bin.

Der Mensch: Einsamer Wolf oder soziales Wesen?

Bekanntlich besteht die Philosophie vor allem aus Fragen und gelegentlich auch aus Antworten, die immer vorläufig, niemals endgültig sind.

Als die Philosophie der Neuzeit über den Sinn des Lebens in Gemeinschaft nachzudenken begann, war die Wahrheit nicht länger nur der Kirche und ihren Vertretern vorbehalten. Nachdem das Monopol gebrochen war und aufklärerisches Denken nicht länger verfolgt wurde, gab die Philosophie den Anstoß, sich eine eigene Meinung zu bilden, die neuen gesellschaftspolitischen Ideen weiterzudenken oder aber sich von ihnen abzugrenzen. So entstand ein Netz unterschiedlicher Positionen, die darüber verhandelten, in welcher Beziehung der Mensch zu der sozialen Gruppe steht, der er angehört.

In der Philosophie begann damit der Diskurs über das Wesen des Menschen.

Innerhalb der ersten zweihundert Jahre der Aufklärung scheint die Philosophie darin übereinzustimmen, dass Gesellschaft und Moral wider die menschliche Natur sind, da diese ungesellig, egoistisch und anarchisch ist.

Von diesem Standpunkt aus konnte sich die »offizielle« Überzeugung, dass Moral und gesellschaftliche Kontrolle zwar gut, aber keineswegs natürlich sind, durchsetzen. Das Natürliche, so argumentieren die meisten Philosophen, ist das Bestreben des Einzelnen, sich selbst zu genügen und von niemandem abhängig zu sein. Die menschliche Natur, so die gängige Meinung, hat nur das im Sinn, was sie selbst braucht und ihr für sich selbst erstrebenswert erscheint. Alle anderen Verhaltensweisen, insbesondere die »sozialen«, sind eine Erfindung des zivilisierten Menschen und folglich widernatürlich.

Bereits Ende des 16. Jahrhunderts behauptete Montaigne (1533–1592), dass der Mensch in Gesellschaft lebt, weil er auf sie angewiesen ist, nicht, weil es ihm gefällt. Ließe man dem Menschen seinen freien Willen, ziehe er das Alleinsein vor. Wenn er mit anderen zusammenlebt, so geschieht dies aus dem Bestreben heraus, Kräfte zu bündeln, um so seinen eigenen Vorteil zu suchen. Im Gegenzug für die Unterstützung, die Hilfe oder die Kraft der anderen ist der Einzelne bereit, den Preis zu zahlen und auf vielerlei persönliche Wünsche zu verzichten. Montaigne ist der Ansicht: *Entwinden wir uns den leidenschaftlichen Verstrickungen, die uns anderweitig fesseln und von uns selbst entfernen! Diese so starken Banden muss man lösen; man mag dann noch dies oder jenes lieben, vermählen aber darf man sich nur mit sich selbst.*

Die Vorstellung eines nach Unabhängigkeit strebenden Menschen bestimmte die Geschichte der Philosophie der Neuzeit auf ihrer Suche nach der Natur des Einzelnen: der Mensch als unabhängiges, an niemanden gebundenes Wesen. Montaigne war der erste Philosoph, der erklärte, dass Abhängigkeit untauglich ist, weil sie uns in ein schwieriges Verhältnis zu den anderen setzt.

Während Montaigne den Schwerpunkt darauf legt, uns von unseren Fesseln zu befreien und die Abhängigkeit abzuschaffen, analysiert Pascal: »*Wir begnügen uns nicht mit dem Leben, das wir aus unserem eigenen Sein haben; wir wollen in der Vorstellung der anderen ein eingebildetes Leben führen und wir bemühen uns, so zu scheinen.*«

Pascal (1623–1662) zufolge ist diese Abhängigkeit für unser Unglück mitverantwortlich, weshalb wir uns aus ihr befreien sollten. Er vertritt die Ansicht, dass wir uns an das Leben der anderen hängen, weil es uns nicht gelingt, die zu sein, die wir sein sollten.

La Bruyère (1645–1696) glaubt, dass der Mensch von Natur aus einsiedlerisch ist und gesellschaftliches Denken und der Herdentrieb Erfindungen des Menschen sind. Seine Ideen führen ihn zu folgendem Schluss:

Dem Menschen passt es nicht, die Beute, die er gejagt hat, zu teilen, aber er teilt sie, weil der Gemeinsinn für ihn zu einer Regel geworden ist, auf die wir uns aus dem einen oder anderen Grund verständigt haben. Der Mensch ist nicht nur von Natur aus egoistisch, sondern zudem unersättlich und ungesellig.

Aus dieser Vorstellung des Menschen als ungeselligem Wesen, die in der Epoche mehr oder weniger wohlwollend aufgenommen wurde, entwickelten sich zwei völlig unterschiedliche philosophische Richtungen: Die eine war der Ansicht, dass diese Neigung *bekämpft* werden müsse, da sie schädlich für die Gesellschaft sei, die andere fand, dass man sie *anerkennen* und stärken müsse. Für die einen muss sich das Ideal der Realität unterordnen, für die anderen soll sich die Realität dem Ideal beugen.

Die ungesellige Natur des Menschen
(Montaigne, Pascal, La Bruyère)

↙	↘
muss bekämpft werden *(Machiavelli, Hobbes, La Rochefoucauld, Kant)*	sollte anerkannt werden *(de Sade, Diderot, Nietzsche)*

Der erste Philosoph, der die Ansicht vertrat, dass die ungesellige, barbarische Natur des Menschen bekämpft werden müsse, war Machiavelli.

Für Machiavelli (1469–1527) ist die Gesellschaft ein wesentlicher Kontrollmechanismus, um die individuellen, egoistischen Interessen der menschlichen Natur zu zügeln. Andernfalls würde das Leben ein ständiger Kampf auf Leben und Tod sein, in dem jeder versucht, den anderen zu töten, um das zu bekommen, was er will. Ihm zufolge besteht das große Vermögen des Menschen darin, persönliche Interessen zu unterdrücken und die Gesellschaft als Ganzes über den Einzelnen zu stellen. Gelinge dies einer Gesellschaft nicht, sei das Leben ein ständiger Kampf.

Dieser Gedanke wurde von Hobbes (1588–1679) in dem berühmten Satz aufgegriffen, dass der Mensch des Menschen Wolf ist. Das heißt, angesichts einer begehrten Beute werden zwei Menschen wie wilde Tiere auf Leben und Tod miteinander kämpfen. Es sei denn, sie hätten zuvor eine Abmachung getroffen, die sie in die Lage versetzt, nicht zu Rivalen zu werden.

Was Hobbes sagte und Machiavelli oder Montaigne weiter ausführten, ist, dass wir im Grunde ungesellige Wesen sind und unsere Abhängigkeit von anderen aus unserem eigenen Schutzbedürfnis heraus entsteht. Wir Menschen schließen uns mit anderen Menschen zusammen, weil wir irgendeinen Vorteil daraus ziehen. Wäre dies nicht der Fall, würden wir unsere Unabhängigkeit wahren und lernen, alleine glücklich zu sein und uns mit unserem eigenen Leben zu begnügen.

Wir befinden uns im 15., 16. Jahrhundert, einer Zeit gewaltiger gesellschaftlicher Umbrüche, in der die herrschende Ordnung in Frage gestellt wurde. Machiavelli vertritt die Ansicht, dass der Mensch, unterwürfe er sich nicht Regeln und

Verboten, in einem ständigen Machtkampf leben würde. Denn Macht sei es, wodurch der Einzelne das erlangt, was er im Grunde erstrebe.

Auch La Rochefoucauld (1613–1680) ist der Überzeugung, dass ein Überleben nur in Gesellschaft möglich ist. Folge der Mensch allein seiner Natur, würden die Ereignisse ständig Hobbes' Ausspruch bestätigen, dass der Mensch des Menschen Wolf ist. Rochefoucauld zufolge können wir es nicht zulassen, dass sich die menschliche Natur ungehemmt äußert. Er schlägt vor, sie durch Erziehung und Vorschriften moralisch zu zügeln. Das Leben in Gesellschaft, so Rochefoucauld, mäßigt den unbändigen Appetit des Menschen und führt ihn zum gesellschaftlichen Ideal:

Wer sich zum Mittelpunkt von allem erhebt, möchte alles beherrschen; deshalb muss der Versuch unternommen werden, diesem Beherrscher gesellschaftliche Vorschriften entgegenzusetzen, die strikt genug sind, um ihm Einhalt zu gebieten. Im andern Fall werden sein unmäßiges Streben nach Macht, dieser Durst nach Herrschaft, die Geschichte bestimmen.

An dieser Stelle kommen die Überlegungen eines der bekanntesten Philosophen ins Spiel: Immanuel Kant (1724–1804), demzufolge der Mensch in einer ***ungeselligen Gesellschaft*** lebt. Das heißt, die Gesellschaft ist nichts, wofür der Mensch sich freiwillig entscheidet, sondern ein Kompromiss, den er eingeht, um ein Bedürfnis zu befriedigen. Kant zufolge ist der Mensch, wie schon für La Bruyère, seinem Wesen nach ein Einzelgänger; allerdings wird dieses sozial unfähige, egoistische und ungesellige Wesen von drei grundlegenden Bedürfnissen angetrieben: *dem Hunger nach Macht, dem Hunger nach materiellem Besitz und dem Hunger nach Ruhm.*

Kant eröffnet eine neue Perspektive. Mit Machiavelli teilt er die Vorstellung, dass es dem Menschen darum geht, zu herrschen, und mit Hobbes den Gedanken, dass der Mensch nach Besitz strebt. Neu bei Kant ist der Gedanke, dass der Mensch von dem Bedürfnis angetrieben wird, geachtet zu werden (im Sinne von gefeiert, verherrlicht, bewundert). Der Mensch kann Besitz anhäufen. Er kann über seinen Besitz, über das Land und die Tiere herrschen. Aber wie könnte er in der Einsamkeit, ohne dass es einen anderen gibt, Anerkennung finden? Um anerkannt zu werden, braucht es den anderen.

Kant zufolge brauchen wir die Gesellschaft, damit sie uns die Anerkennung verschafft, nach der wir streben und die wir alleine nicht erreichen können.

In gewisser Weise halten wir bis heute an Kants Grundidee fest, dass die ungesellige Natur des Menschen unterdrückt werden muss, weil die Menschheit sonst keinen Bestand hätte.

Wie bereits gesagt, gibt es auch Denker, die das ungesellige Wesen des Menschen nicht verurteilen, sondern im Gegenteil der Ansicht sind, dass es hoch zu bewerten ist.

Von Cicero (106–43 v. C.) (*Folge deinem eigenen Weg und lasse dich nicht von der Meinung der anderen leiten*) bis Diderot (1713–1784) (*Das menschliche Tun wird vom Nutzen beherrscht, doch ist zu verhindern, dass sich das Ideal dem Gegebenen beugt*) haben viele Philosophen Denkmodelle aufgestellt, um ihre Zeitgenossen davon zu überzeugen, dass die Natur des Menschen der Konditionierung vorzuziehen ist. An diesem Punkt möchte ich vor allem auf zwei sehr bekannte und bedeutende, wenngleich, wie ich finde, nicht immer richtig verstandene Denker Bezug nehmen: de Sade und Nietzsche.

Mit de Sade (1740–1814) könnten wir uns fragen: *Weshalb sollten meine persönlichen Interessen und Neigungen von dem abhängig sein, was die Gesellschaft mir gestattet oder untersagt? Weshalb sollte ich nicht die Freiheit haben, mir Zugang zu dem zu verschaffen, was mir gefällt? Weshalb sollte ich auf die Erlaubnis des anderen angewiesen sein? Weshalb sollte ich dem anderen zugestehen, mir zu sagen, was ich haben kann und was nicht? Weshalb sollte ich nicht so sein, wie ich wirklich bin, und mich lediglich mit jenen zusammentun, die meine Art und Weise, mir jene Dinge zu beschaffen, nach denen ich strebe, mit mir teilen, und warum sollte ich sie nicht gemeinsam mit ihnen genießen, ohne uns von der Zustimmung der anderen abhängig zu machen?*

Wenn ich wirklich frei und aus ganzem Wesen Mensch bin, so de Sade, bin ich nicht von der Erlaubnis des anderen abhängig. Als erwachsener Mensch kann ich selbst entscheiden, was gut oder schlecht für mich ist, und mich auf die Suche danach machen.

Nietzsche (1844–1900) prägte den Begriff vom »Übermenschen«. (Gelänge es dem Menschen, über sich hinauszuwachsen, wäre er nicht länger von anderen abhängig.) Er behauptet, dass die höherstehenden Wesen nicht auf andere angewiesen sind, um den Hunger zu stillen, von dem bei Kant die Rede ist. Für Nietzsche werden Besitz, Anerkennung und Macht nicht durch den wohlwollenden Blick des anderen oder durch adäquate gesellschaftliche Anpassung erreicht, sondern schlicht und einfach, indem man darum kämpft und diesen Kampf gewinnt.

Nietzsche sagt sinngemäß: *Meine Artgenossen sind stets Rivalen oder Vasallen.* Wenn ich ein Interesse, einen Wunsch, eine Sehnsucht verfolge und dabei einem anderen begegne, der denselben Wunsch hegt, dann hat dieser zwei Möglichkeiten: Schließt er sich mit mir zusammen, ist er ein Vasall; möchte er das nicht, wird er zum Feind. Wenn ich unter Vasallen und Rivalen lebe, verändere und manipuliere ich entweder die Umwelt, damit sie zu meinem Vasallen wird (Machiavelli), oder aber ich trete in direkte Rivalität zum anderen und kämpfe, bis ich ihn besiegt habe.

Doch Nietzsche geht fehl, wenn er jedes Miteinander ausschließt. Er hält den Kampf um Besitz für unvermeidlich und schließt daraus, dass die Welt den Starken gehört, jenen, die sich dem Kampf stellen und als Sieger aus ihm hervorgehen. Im Einklang damit etabliert er eine Herrenmoral *und* eine Sklavenmoral. Die *Herrenmoral* ist die Moral dessen, der seiner eigenen Natur, seinen eigenen Wünschen treu bleibt. Die *Sklavenmoral* hingegen ist die Moral jener, die um ihre Schwäche wissen und sich deshalb mit anderen zusammenschließen, um des reinen Überlebens willen.

Für Nietzsche entwickeln die Sklaven »minderwertige« Empfindungen wie Mitleid und Erbarmen aus der Angst heraus, eines Tages selbst in der Rolle des Leidtragenden zu sein. Für ihn funktioniert Barmherzigkeit aus dieser Sklavenmoral heraus. Die Moral des Übermenschen hingegen, wie er sie nennt, ist eine Moral, die sich nicht von der Zustimmung oder Ablehnung des anderen abhängig macht, wie dies schon de Sade darlegte, sondern unabhängig von der Zustimmung oder Erlaubnis der übrigen ihren eigenen Prinzipien treu bleibt.

Wenn Nietzsche von der Moral des Übermenschen spricht, gibt es zwei Möglichkeiten: entweder in Einsamkeit herrschen oder den unterwerfen, der sich dem entgegenstellt. In die erste Person gesetzt, hieße das: Ich bin ganz bei mir; ich weiß, was ich will, ich weiß, wohin ich will, und behellige niemanden; aber wenn du dich mir entgegenstellst, unterwerfe oder vernichte ich dich.

Folgen wir Nietzsche, gab sich die Gesellschaft seiner Zeit, die er bürgerliche Gesellschaft nennt, mit der Sklavenmoral zufrieden, also damit, die Schwachen zu schützen, die bequemste Haltung einzunehmen und sich mit den anderen zusammenzutun, um stark zu sein.

Es liegt auf der Hand, dass Nietzsche hier im Widerspruch zu Hobbes steht. Ein Anhänger von Hobbes, der den *Zarathustra* läse, würde sagen, wenn der Übermensch seiner Natur freien Lauf lasse, vernichte er die anderen.

Nietzsche sagt:

Das Individuum ist etwas Absolutes, alle Handlungen ganz sein eigen. Die Werthe für seine Handlungen entnimmt er zuletzt doch sich selber; weil er auch die überlieferten Worte sich ganz individuell deuten muss.[1]

Alle diese Philosophen vertreten die Überzeugung, dass das Leben in Gesellschaft ein anerzogenes und folglich unnatürliches Verhalten ist, unabhängig davon, ob man nun seine ungesellige Natur bekämpft, in der Annahme, dass der Mensch in völliger Freiheit seinen Nächsten am Ende töten würde, oder ob man sie eher glorifiziert, weil man der Ansicht ist, dass der freie Mensch sein Leben lebt, ohne einen anderen zu stören.

Gegenüber dieser scheinbar unanfechtbaren Position ergeben sich die folgenden Alternativen:

Entweder ich akzeptiere das Streben des Menschen nach Vereinzelung, seiner unerträglichen Verletzlichkeit zum Trotz, und finde mich mit dem Gedanken ab, dass ich aus Vernunftgründen auf meine egoistischen Bedürfnisse verzichte, um mit den anderen zusammenleben zu können, von denen ich auf die eine oder andere Weise abhängig bin.

Oder ich komme zu dem Schluss, dass ich davon absehe, mich mit den anderen zusammenzutun, weil ich mir selbst genüge, und verzichte auf das Bedürfnis, mich an jemanden zu binden, der sich um mich kümmert. Wenn ich meine Unsicher-

1 Nachgelassene Fragmente 1883, 24 [33].

heiten beherrsche, so meine Einstellung, besteht keinerlei Notwendigkeit, in Gesellschaft zu leben.

Gibt es noch eine andere Möglichkeit?

Anfang des 18. Jahrhunderts kam Rousseau (1712–1778) und revolutionierte alle bisherigen Denkweisen. Denn Rousseau ist der Erste seiner Zeit, der sagt: Es stimmt, dass sich der Mensch mit anderen zusammentut, um zu jagen, um stärker zu sein, um ein bestimmtes Ziel zu erreichen. Doch manchmal geht er auch Verbindungen ein, ohne einen besonderen Grund. Rousseau stellt sich die Frage, was den Menschen noch dazu bringt, sich mit anderen Menschen zusammenzutun. Und er kommt zu dem Schluss, dass es in der Natur des Menschen liegt.

Im Unterschied zu den anderen Philosophen kommt Rousseau zu dem Ergebnis, dass der Mensch von Natur aus keineswegs Einzelgänger, sondern vielmehr ein soziales Herdenwesen ist. Für ihn ist das, was zuvor für die ungesellige, barbarische Natur des Menschen gehalten wurde, Ausdruck seiner Entfremdung von der Gesellschaft. Sie scheint ihm als Resultat nachgeordnet, nicht als gegebene Verfassung.

Andererseits sagt Rousseau, dass das Individuum zwei Formen der Liebe kennt: Das, was wir heute Eitelkeit nennen würden, nennt er *Eigenliebe*, und, was wir heute Selbstwertgefühl nennen würden, *Selbstliebe*. Die Eitelkeit treibt mich dazu, mir das zu beschaffen, was ich benötige, indem ich den anderen benutze. Ich benutze den anderen, um in den Genuss von etwas zu gelangen. Ich strebe nach Ruhm (Kant), um mich gut zu fühlen, und wende mich dann dem anderen zu, damit er mir Ehre erweist. Aber ich trete auch in Beziehung zum anderen, weil ich das Bedürfnis habe, von ihm geachtet zu werden und so mein Selbstwertgefühl zu steigern.

Rousseau setzt seine Gedanken in Bezug zu der aristotelischen Auffassung, dass ein Mensch, der nicht erkennt, dass er zum Leben die Gesellschaft braucht (oder der nicht in Gesellschaft lebt), entweder ein Tier oder aber ein Gott ist. Schon Nietzsche hatte diesen Satz des Aristoteles (384–322 v. C.) bejaht: So lasst uns Götter sein, die der anderen nicht bedürfen. Rousseau hingegen sagt: Wir sind weder Tiere noch Götter, **wir sind Menschen**, und deshalb sind wir notwendigerweise auf die Anerkennung durch andere angewiesen. Er bezieht sich dabei auf die Figur des Aristophanes in Platons (428–348 v. C.) *Gastmahl*. Dieser fühlt sich unvollkommen und strebt nach Besitz, militärischen Erfolgen und Liebespartnern. Er hat Kinder und fühlt sich doch nie zufrieden, bis er sich eines Tages zu Tisch setzt und jemand zu ihm sagt: »Du bist Aristophanes, ich kenne dich.« Als der andere das sagt, fühlt sich Aristophanes endlich als ein Ganzes.

Aristophanes versinnbildlicht hier einen Mangel, der nur verschwindet, wenn dich jemand erkennt. Rousseau ist der Ansicht, dass der Mensch sich mit anderen zusammentut, weil er sich ohne die anderen verstümmelt fühlt. Der große Unterschied zu Kant und La Bruyère ist, dass für Rousseau diese Unvollkommenheit Teil der menschlichen Natur ist.

Rousseau ist der Erste, der sagt:

Es liegt in der Natur des Menschen, sich alleine unvollkommen zu fühlen.

Rousseau schreibt: *Der wilde Mensch lebt in sich, der gesellige hingegen ist immer außer sich und lebt nur in der Meinung, die andere von ihm haben.*

Dieser Gedanke ist so machtvoll und so revolutionär in der Philosophiegeschichte, dass er das politische Denken veränderte.

Ich bin unvollständig ohne den anderen; ich kann meinem Leben keinen Sinn geben, wenn ich allein bin – das ist es, was Rousseau sagt.

Rousseaus Ideen finden Eingang in zwei wichtige Strömungen der Moralphilosophie. Da sind zum einen die Theorien von Adam Smith (1723–1790), Moralphilosoph und Nationalökonom, der sich maßgeblich mit der Evolution der Menschheit und gesellschaftlichen Prozessen beschäftigte. Er entwickelt den Gedanken von der Notwendigkeit der Billigung: Smith zufolge genügt es nicht, dass der andere da ist und uns anerkennt; wir sind auch darauf angewiesen, dass er unser Handeln billigt. Sein gesamtes ökonomisches Modell beruht auf der Annahme, dass der Mensch nicht nach Besitz strebt, um Reichtum zu erwerben, sondern aus der Erkenntnis heraus, dass man sich durch Besitz Wohlwollen und Billigung der anderen verdient. Anstatt im Besitz ein Grundbedürfnis des Menschen zu sehen, hält er es für ein Mittel, sich zu vervollkommnen.

Adam Smith ist der Erste, der die Ansicht vertritt, dass die Gleichgültigkeit der Umwelt derart furchtbar ist, dass sie sogar töten kann. Der Satz »Jemanden durch Missachtung töten« geht auf ihn zurück. Der Blick des anderen ist für ihn eine Notwendigkeit; wir können nicht überleben, wenn es nicht wenigstens einen Menschen gibt, der uns seine Billigung schenkt, und genau dafür ist materieller Besitz da. Der einzelne Mensch, so Smith, ist unvollkommen und auf die anderen angewiesen, um sich eine Identität aufzubauen.

Alternativ lässt er nur eine Ausnahme zu, die jedoch einigen wenigen vorbehalten bleibt: **Gott**. Wenn ich mich nicht von der Beurteilung eines anderen abhängig machen will, bleibt mir immer noch die Möglichkeit zu glauben, dass Gott mir diese Billigung gibt.

Der Glaube erscheint als eine Zuflucht, die mir Unabhängigkeit und Seelenstärke verleiht. Der Glaube gesteht mir mein Bedürfnis nach Gesellschaft zu, verweist jedoch zugleich auf den Gedanken von La Bruyère: die Einsamkeit. Ich bin nun nicht mehr auf den anderen angewiesen, denn Gott nimmt mich an, so dass ich mich nie allein, unsicher, oder unvollkommen fühle.

Zu einem späteren Zeitpunkt gibt es für dieses Thema andere Lösungen: das Gewissen, das Über-Ich. Hier ist die moralisch-ethische Grundidee die Introjektion, die Verinnerlichung der mutmaßlichen Zustimmung durch andere.

Ich fühle mich nur dann vollständig, wenn ich im Einverständnis mit meinem Gewissen handele. Andernfalls fühle ich mich schlecht, bin unzufrieden.

Als abstrakte Größe sind Über-Ich, Moral, Ethik, Gesellschaft letztendlich Antworten auf die Notwendigkeit der Suche nach Wohlwollen und Billigung durch die anderen.

Hegel (1770–1831), der letzte Philosoph jener Epoche, ist derart bedeutend und revolutionär, dass er alle anderen beeinflussen wird, die auf ihn folgen (Freud, Lacan, Adler, Perls, Pichón-Rivière u. a.).

Hegel nimmt Rousseaus Ideen auf und entwickelt sie auf höchstem Niveau weiter. Experten behaupten, dass Hegel seiner Zeit derart voraus war, dass seine Gedanken damals nicht verstanden wurden.

Was wir über Hegel wissen, haben wir vor allem aus Kojèves Werk *Introduction à la lecture de Hegel* (Dt. *Hegel, Eine Vergegenwärtigung seines Denkens.*) Es wird immer wieder behauptet, dass auch Kojève Hegels Aussagen nicht sehr getreu wiedergibt.

Hegel geht weiter als Rousseau, wenn er sagt, dass das Gefühl der Unvollkommenheit weder durch die Billigung noch durch die Beachtung oder Zustimmung des anderen aufzulösen ist. Der Einzelne benötigt vielmehr die **Bewunderung** eines anderen, nicht weil er es so erlernt hat, sondern aus seiner Conditio Humana heraus.

Der Einzelne braucht jemanden, der ihn wertschätzt, der ihn anerkennt und ihm applaudiert. Es genügt nicht, dass der andere sagt: »Du bist Aristophanes (denn wenn Aristophanes diesen Blick empfängt, ist es kein Blick, der nur wahrnimmt; es ist ein Blick des Erkennens, der Bewunderung miteinschließt, so Hegel).

Für Hegel ringt der Mensch ständig um die Wertschätzung eines anderen, die ihm Bedeutung verleiht. Anderenfalls entsteht das Gefühl von Unvollkommenheit, er fühlt sich verstümmelt und außerstande, Zufriedenheit zu empfinden.

Hegel stimmt mit Rousseau darin überein, dass der Mensch ein soziales Wesen ist. Er sagt: Wäre der Mensch alleine auf der Welt, er wäre kein Mensch, sondern ein Tier.

Es wird schwierig mit dem hegelianischen Modell, weil sich die Dinge im Verlauf der folgenden Jahrhunderte zu komplizieren beginnen …

Während einige politische Richtungen, darunter der Nationalsozialismus, sich auf Nietzsches Ideen beriefen, orientierten sich andere Ideologien, darunter der Marxismus und der dialektische Materialismus, an Hegels Philosophie und seiner Dialektik von Herr und Knecht.

Hegel sagt: Sobald es zwei Menschen gibt, strebt jeder von ihnen nach der Bewunderung des anderen, und bei diesem Wettkampf wird der eine gewinnen und der andere verlieren. Die Geschichte der Menschheit verläuft nach dem grundlegenden Muster eines gesellschaftlichen Miteinanders, wobei überall dort, wo sich zwei Individuen begegnen, der eine der Herr ist und der andere der Sklave.

Betrachten wir die Geschichte der Menschheit, werden wir

sehen, dass es immer zwei Parteien gibt, die darum kämpfen, der Herr zu sein und versuchen, die jeweils andere Seite in die Position des Sklaven zu verweisen. Das hat nichts mit einem sadistischen Vergnügen zu tun, andere zu versklaven; es geht, so Hegel, vielmehr darum, deren Bewunderung zu erlangen, zu erreichen, dass sie mich vergöttern, mich auf einen höheren Rang heben, den Rang des Herrn. Das erinnert doch durchaus an Nietzsche, seine Theorie vom Übermenschen und vom Herdenmenschen, oder?

Wenn der Sieger feststeht, scheint alles gelöst, aber hier liegt das Paradox. Erinnern wir uns: Ausgangspunkt war die Vorstellung, dass der Mensch sich nur vollkommen fühlt, wenn er die Bewunderung des anderen auf sich zieht; jene, die sie nicht erhalten, bleiben unvollkommen und verlieren den Minimalkonsens menschlicher Würde.

In diesem Kampf zwischen zukünftigen Herren und zukünftigen Sklaven, in dem es darum geht, wer wer ist, gehst du selbstverständlich davon aus, dass du zu den Gewinnern gehören wirst. Du bist der Herr, und folglich bin ich der Sklave und füge mich. Jetzt bist du ein vollkommenes menschliches Wesen, denn du wirst von jemandem bewundert: von mir. Ich bin der Sklave und habe verloren; du bewunderst mich nicht, im Gegenteil, du verachtest mich. Du wirst sagen: Ich habe gewonnen, du bist der Sklave, du bist nicht mal ein Mensch, du bist nichts wert. Aber wenn ich nicht mal ein vollwertiger Mensch bin, wenn ich verachtenswert bin … dann nutzt dir meine Bewunderung nichts. Dazu sagt Hegel: Der Weg des Herrn endet unweigerlich in der existentiellen Leere, denn wenn er die Bewunderung erlangt hat, die er braucht, verliert diese ihren Sinn, und er verachtet sie.

(Eine kleine Randbemerkung: »Ich will, dass du mich liebst … Ich will, dass du mich liebst … Ich will, dass du mich liebst …«, so hört man es tagtäglich. Aber wenn du mich dann liebst, stelle ich fest, dass du eine Niete bist, vielleicht, weil du einen Typen wie mich liebst. Und dann verachte ich dich und mache mir nichts mehr aus deiner Liebe.)

Was macht der Herr nun? Er sucht sich einen anderen, denn in Wahrheit ist es so, dass der Herr immer auf der Suche nach jemandem ist, den er schützt und der ihm gleichzeitig die Bewunderung gibt, die er braucht.

Laut Hegel sind die Herren unweigerlich dazu verdammt, einen Dritten zu suchen. Die Welt stellt sich nicht zu zweit dar, sondern erst zu dritt. Warum? Weil man einen Zeugen braucht, jemanden, der bezeugt, dass ich den anderen unterworfen habe. Denn dieser Dritte, den ich nicht unterworfen habe, wird mich bewundern, weil ich meinen Sklaven unterworfen habe.

Es sind also drei Personen nötig: A, der gegen B kämpft und ihn besiegt, und C, der Zeuge des Kampfes ist und A die Bewunderung des Siegers zollt (ohne den Zeugen des Triumphes ist dieser völlig wertlos). Alle drei, so Hegel, sind gleich wichtig, wobei ihre Rollen keineswegs beständig und dauerhaft sind.

Wenn B von A besiegt wurde und somit als Bewunderer ausfällt, stellt sich nach dem ersten Moment der Erfüllung angesichts des Applauses von C unweigerlich die Frage, ob nun A über C steht oder umgekehrt. Sie treten in Konkurrenz zueinander, und wenn das geschieht – und das ist das Interessante –, ist es egal, wer von beiden daraus als Sieger hervorgeht: Der Sieger ist in jedem Fall darauf angewiesen, dass B, der frühere Sklave, sein Zeuge wird.

Der Kreis schließt sich, und alles beginnt wieder von vorn.

Der paradoxe Kampf zwischen Herr und Sklave. Der ewige Kampf darum, wer unterlegen ist und für wie lange.

Folgen wir Hegel, wird die Geschichte der Menschheit von diesem Kampf bestimmt, dem Kampf darum, wer wen in wessen Gegenwart unterwirft.

Ich brauche jemanden, der mich bewundert, aber diese Suche endet immer in einem dynamischen Kampf, in dem früher oder später dem Besiegten eine wichtige Rolle zukommt: die Rolle des Zeugen in einer neuen Situation.

Natürlich existierten Hegels Ideen schon vor Hegel, so wie Nietzsches Ideen vor Nietzsche existierten und Aristoteles' Ideen vor Aristoteles. Ideen sind nicht Eigentum derer, die sie in Worte fassen, sie gehören der ganzen Menschheit. Und diese Geschichte, die dem Marxismus dazu diente, den Klassenkampf auszurufen, ist für Hegel die Geschichte der ganzen Menschheit.

Es ist, so der Philosoph, die wahre Geschichte von Mann und Frau im Angesicht der Erbsünde, es ist die Geschichte von Kain und Abel, die Geschichte von Zeus und Kronos, die Geschichte von Castor und Pollux ... Es ist die Geschichte aller mythologischen Zweikämpfe, bei denen es in Wirklichkeit nicht nur zwei Beteiligte gibt, sondern stets drei: Zwei, die um die Billigung eines Dritten kämpfen.

Diesen Gedanken nimmt Freud (1856–1939) auf, wenn er vom Ödipuskomplex spricht. Es ist ein Konflikt, der zwischen drei Personen entsteht: einem Mann, einer Frau und einem Kind. Eine Geschichte der Rivalität, in der es darum geht, wer der Herr ist, wer Sklave und wer Zeuge. Ein Spiel der Rivalität, von dem im Mythos von Theben erstmals erzählt wird.

Für Freud ist die gesamte Geschichte der Menschheit eine ständige Wiederholung des Ödipus-Konflikts. Liest man Freud, lassen sich alle menschlichen Phänomene erklären, so wie durch die Lektüre von Montaigne oder Nietzsche sich die ganze Geschichte erklären ließe. Vielleicht ist es tatsächlich so, dass in der Enträtselung des kleinsten Mysteriums auch die vom Mysterium des Universums liegt, immer von einem anderen, einem neuen, einem besseren Standpunkt aus gesehen.

Dieser Gedanke erinnert mich stets an ein altes Gleichnis, das mir einmal ein Talmudgelehrter erzählte:

Im Judentum war der Schrein des großen Tempels in Jerusalem der wichtigste Ort auf Erden; der wichtigste Tag des Jahres war Jom Kippur, wenn der Schrein geöffnet wurde, um dem Volk Israel die Thora zu zeigen; und die wichtigste Person war der Hohepriester, der die Zeremonie leitete. Es war eine ganz besondere Konstellation: Die wichtigste Person am wichtigsten Ort am wichtigsten Tag des Jahres. Wäre nun genau in diesem Moment ein schlechter Gedanke durch den Kopf dieses Mannes gegangen, so heißt es in der jüdischen Tradition, die ganze Welt wäre untergegangen. Da der Talmud aber sagt, dass jeder Mensch so wichtig ist wie der Hohepriester, jeder Ort so wichtig wie der Tempel und jeder Moment so bedeutend wie die Öffnung des Schreins, kann jeder böse Gedanke im Kopf eines jeden Menschen jederzeit die Welt zerstören.

Wenn man Hegel liest, sagt man sich: Es ist richtig, so gehen die Menschen wirklich miteinander um. Und doch ist das, was Hegel beschreibt, kein Modell dafür, wie Gesellschaft funktioniert, sondern eine spezifische gesellschaftliche Situation, die Situation von Rivalität, Kampf und Krieg. Es muss noch eine andere Möglichkeit geben, als um Bewunderung zu wetteifern.

An der Wende zum 20. Jahrhundert begann man, diese Ideen in Frage zu stellen. Hegel und seine Anhänger gerieten in die Kritik.

Die Post-Freudianer lehnen das Modell vom Ödipus-Konflikt als Universalerklärung ab. Sie werfen der Psychoanalyse vor, sich zu sehr auf La Bruyère zu berufen, wenn sie behauptet, der Mensch sei seinem Wesen nach einzelgängerisch und schließe sich nur aufgrund eigener Bedürfnisse mit anderen zusammen (die in der Psychoanalyse vor allem von der Sexualtheorie her definiert werden).

Freud ist hier besonders hervorzuheben, weil er die Sexualität für zentral hält, um die sich nahezu alles dreht, wobei Freuds Sexualbegriff sehr vom alltäglichen Gebrauch des Wortes abweicht. Für den Vater der Psychoanalyse ist mit dem Sexuellen die Libido gemeint, die Energie, die wir für eine Sache aufwenden, das heißt, das Interesse an Dingen und Personen. Das Sexuelle ist viel mehr als das Geschlechtliche und muss nichts mit Penis und Vagina zu tun haben.

Der Gedanke ist ungefähr der folgende: Ausgehend von der Vorstellung La Bruyères, dass der Mensch sich mit anderen zusammentut, um Dinge zu erreichen, die ihm alleine unmöglich sind, kam die Psychoanalyse zu folgendem Schluss: Wenn nun der andere zum Objekt meiner Begierde wird, dann bringt mich das dazu, mich mit ihm zu verbinden. Auch die Theorie vom Todestrieb, in der sich das Unbewusste mit dem Drang nach Selbstzerstörung verbindet, scheint mit der Geschichte der elementaren Vereinzelung zusammenzuhängen, die in der Gesellschaft etwas Widernatürliches sieht, das dem Menschen aufgenötigt wird.

Freud nimmt in gewisser Weise Bezug auf diese Ideen von La Bruyère, Montaigne und Hobbes, den er zitiert. Die menschliche Natur ist wie das Unbewusste in ihrem Wesen einzelgängerisch und egoistisch und wird vom Lustprinzip beherrscht.

Die Debatte endet also weder mit Hegel noch mit Nietzsche, noch mit einem anderen dieser Philosophen. Sie wird weitergeführt und vielleicht niemals enden.

Denn wenn später Adler, Fromm und andere Freud kritisieren, tun sie das auch, indem sie sich auf jene stützen, die zu ihrer Zeit La Bruyère oder Machiavelli kritisierten.

Ist der Mensch von Natur aus einzelgängerisch, oder ist er ein geselliges Wesen, das sozusagen unvollkommen ist, solange es allein lebt und demzufolge auf die anderen angewiesen ist, um sich vollständig zu fühlen (wie dies Rousseau darlegte)?

In dieser Debatte haben die Philosophen mehrheitlich der Vorstellung vom Menschen als Einzelgänger den Vorzug gegeben. Der zeitgenössische bulgarische Philosoph Tzvetan Todorov, der mittlerweile in Frankreich beheimatet ist, hat allerdings eine sehr interessante Gegenthese zu diesem Thema aufgestellt.

Laut Todorov gibt die Philosophie der Idee des ungeselligen Menschen den Vorzug, aus drei Gründen.

Erstens ist der Philosoph ein zurückgezogen lebender Mensch, der sich selbst referentiell verhält.

Zweitens passt die Hegel'sche Idee von Kampf und Rivalität der Menschen untereinander besser zum Ursprungsmythos der Menschheit (Kain und Abel, Kronos und Zeus). Weil die Menschheitsgeschichte von Männern und nicht von Frauen geschrieben wurde, steht, so Todorov, der Kampf an ihrem Anfang. Die Mutterschaft, der wahre Ursprung der Menschheit, wird aus der Geschichte ausgeklammert; andernfalls wären die Ursprungsmythen der Menschheit sicherlich unkriegerisch. Aber der Mann gebiert keine Kinder, der Mann kämpft, und folglich hat die von Männern dominierte Philosophie eine Menschheitsgeschichte geschaffen, die ihren Ursprung in Mythen von Kampf und Rivalität hat und nicht in Mythen von Geburt und Liebe.

Und drittens: Man macht es sich zu einfach, wenn man den Menschen für einen Einzelgänger hält, weil da zuerst die Amöbe war und sich mehrzellige Lebewesen erst später entwickelten. Es greift zu kurz, zu behaupten, der Mensch sei zunächst ein vereinzeltes Individuum gewesen und das Leben in der Gesellschaft sei ein nachgeordnetes Phänomen. Warum sollte nicht beides gleichzeitig entstanden sein? Todorov glaubt, dass die Menschheit Spaß daran hat, sich selbst für schlecht zu halten; sie liest gerne von Verbrechen und Morden, von Klatsch und Tratsch.

Also scheint es attraktiver zu sein, sich den Menschen als zerstörerisch und grausam vorzustellen und nicht als ein Wesen, das auf andere angewiesen ist. Ich stimme dem in aller Bescheidenheit zu. Dass der Mensch den anderen braucht, damit dieser ihn sieht und wertschätzt, steht weniger hoch im Kurs. Es ist populärer, zu behaupten, dass der Mensch im Grunde schlecht ist, als auf dem Standpunkt zu stehen, dass er seinem Wesen nach gut ist.

Nach Freud beruft sich auch Adler auf Hegel, allerdings stellt er den Großmeister der Psychoanalyse in Frage. Adler behauptet, dass die Rivalität innerhalb des ödipalen Dreiecksverhältnisses nicht mit dem Minderwertigkeitsgefühl des Sohnes der Mutter gegenüber beginnt, sondern erst mit dem Auftauchen des Vaters. Es ist die Anwesenheit des Dritten, die zur Rivalität führt; bis zu diesem Moment ist die Beziehung zwischen Mutter und Sohn nichts als reine Liebe.

Es ist ein endloser Diskurs, der eng mit einer weiteren archetypischen Vorstellung der Psychoanalyse verbunden ist: dem Geburtstrauma. Für Freud bedeutet Geburt, dass wir den wunderbaren Ort des mütterlichen Uterus verlassen müssen, der uns schützt, nährt und wiegt. Allerdings ist diese Freud'sche Interpretation nicht die einzig mögliche. Die Gebärmutter ist bis zum vierten, fünften Monat ein wunderbarer Ort, danach wird es ziemlich ungemütlich. Wird das Baby nicht nach neun Monaten geboren, stirbt es an Sauerstoffmangel.

Ich denke, das Baby wird geboren, weil es seine Lage nicht länger erträgt. Es muss sich aus diesem Ort befreien, der es erstickt und beengt. Wenn sich der Muttermund öffnet, nimmt das Kind große Strapazen auf sich, um geboren zu werden. Es kommt zur Welt, um sich aus einer Lage zu befreien, die einmal schön war und nun untragbar geworden ist. Die Geburt ist die Erlösung aus einem Kerker, in dem das Kind sterben würde, wenn es noch länger dort bliebe.

Im Leben gibt es ganz ähnliche Situationen. Es geht dir schlecht, aber erst wenn der absolute Tiefpunkt erreicht ist, beschließt du, tätig zu werden, um einen Ausweg zu finden. Vielleicht sind die Parallelen so groß, dass wir den Gedanken an unseren Aufenthalt im Mutterleib oft nicht zulassen. Das, was einmal wunderbar war, ist nun bedrückend und beengend, aber wir harren aus, weil es einmal anders gewesen ist …

Zu erkennen, dass die Geburt ein befreiendes Ereignis ist, lehrt uns, auch unsere aktuelle Situation auf den Prüfstand zu stellen und zu fragen, ob unsere aktuelle Lebenssituation nicht längst aufgehört hat, wunderbar zu sein, und wir sie nur deshalb weiterhin als angenehm empfinden, weil es einmal anders war, auch wenn sie mittlerweile katastrophal ist.

Es ist genauso schwierig, Rousseau in Zweifel zu ziehen wie nicht mit Hegel übereinzustimmen. Letzten Endes steht alles, was wir denken und sagen, immer in Widerspruch zu dem, was andere denken und sagen. Das Neue an unserer Zeit ist, dass wir wissen, dass widersprüchliche Theorien einander nicht ausschließen müssen. Unterschiedliche Denkmodelle können parallel existieren, auch wenn uns das nicht davor bewahrt, in jedem Fall einen eigenen Standpunkt einzunehmen.

Ich persönlich glaube, dass Rousseau recht hatte: Wenn es keinen anderen in unserem Leben gibt, entsteht das Gefühl von Unvollkommenheit.

Um die eigene Identität zu definieren, braucht es notwendigerweise jemand anderen, der sagt »Das bist du«, so wie es in der Geschichte von Aristophanes der Fall ist.

Ein anderer, der mit mir sympathisiert, der mir seine Anerkennung gibt und mich seiner Zustimmung versichert.

Der Jüngling Narziss war so schön, dass ihn sogar die Götter auf dem Olymp um seine Schönheit beneideten. Als er eines Tages in einem See badete, entsandten die Götter Cupido, damit dieser einen seiner Pfeile auf ihn abschieße. Und so kam es, dass sich Narziss in sein eigenes Spiegelbild verliebte. Kein anderer erschien ihm begehrenswert, obwohl sich weiterhin alle in ihn verliebten. Das war es, was die Götter gewollt hatten: das unendliche Leiden, nicht mehr lieben zu können.

Auch Echo war das Opfer einer Verschwörung geworden, nachdem die Gemahlin des Zeus ihr die Gabe der Sprache genommen hatte.

Nur Aphrodite, die Göttin der Liebe, empfand Mitleid mit Echo. Den Fluch zurücknehmen konnte sie nicht, doch sie milderte ihn ab und gab ihr die Sprache wieder, jedoch konnte sie nur wiederholen, was andere sagten.

Der Sage nach spazierte Narziss eines Tages am Ufer eines Flusses entlang, traurig und niedergeschlagen wie immer, während Echo ihn aus einem Gebüsch heraus beobachtete. Wie alle, die Narziss begegneten, verliebte sich Echo augenblicklich in den Jüngling, wagte es aber nicht, seinen Weg zu kreuzen, da sie nichts sagen konnte als das, was er ihr vorsagte. Voller Gram über diese Strafe weinte Echo bitterlich.

»Wer ist da?«, fragte Narziss, als er das Schluchzen hörte.

»Wer ist da?«, antwortete Echo.

»Ich bin's, Narziss. Und wer bist du?«

»Ich bin's«, wiederholte Echo.

»Komm hervor, ich möchte dich sehen«, bat der Jüngling.

»Ich möchte dich sehen«, sagte Echo.

»Dann komm her«, befahl Narziss.

»Komm her«, wiederholte Echo. »Komm her.«

Narziss befürchtete eine weitere List der Götter und wagte es nicht, das Gebüsch zu betreten.

»Ich brauche jemanden, den ich lieben kann, begreifst du das nicht?«, fragte Narziss.

»Begreifst du das nicht …«, antwortete Echo unter Tränen.

»Wenn du nicht sofort da rauskommst«, verlangte Narziss, »dann verschwinde und leb wohl.«

»Leb wohl«, wiederholte Echo. »Leb wohl … Leb wohl …«

Der schöne Jüngling spürte, wie endlich die Liebe sein Herz berührte. Vielleicht weil er, da er die Geliebte nicht sehen konnte, kein Bild hatte, mit dem er es vergleichen konnte, vielleicht weil die Stimme nur seine eigenen Worte wiederholte … jedenfalls hatte Narziss sich endlich verliebt.

»Bitte komm zurück!«, rief er. »Ich liebe dich!«

Aber es war zu spät … Das Mädchen konnte ihn nicht mehr hören.

Narziss setzte sich ans Ufer und weinte bitterlich.

Er weinte, wie er noch nie zuvor geweint hatte, den ganzen Tag und die ganze Nacht hindurch. So viele Tränen vergoss er, dass er am Morgen, als die Sonne aufging, völlig ausgetrocknet war. Der Jüngling hatte sich in eine Blume verwandelt. Seitdem wächst die Narzisse an den Flussufern und neigt sich über das Wasser, als beweine sie ihr eigenes Spiegelbild.

Was Narziss von Echo erhielt, war der Widerhall seiner eigenen Worte, aber da er in sein eigenes Spiegelbild verliebt war, blieb ihm nichts anderes übrig, als sich in seine eigenen Worte zu verlieben, denn sie waren das Einzige, was Echo ihm sagen konnte. In der Geschichte von Narziss und Echo ist nicht nur das Bild eine Spiegelung, sondern auch die Sprache.

Die Außenwelt ist eine Wahrnehmung, eine Abstraktion. Ich habe ein inneres Bild der Außenwelt. Deshalb muss ich versuchen, zu verstehen, dass die Welt des anderen nicht meine Welt ist, dass es keine Welt gibt, die wir gemeinsam haben. Wir können einen gemeinsamen Raum schaffen, in dem wir uns bewegen. Die Außenwelt ist der Reiz und die Innenwelt ihre Wahrnehmung, aber ich habe keinen unmittelbaren Zugang zur Außenwelt.

Ein Beispiel: Ich sehe dich, und du bist für mich so, wie ich dich sehe. Aber wie bist du wirklich? Keine Ahnung – woher soll ich das wissen? Das Einzige, was ich von dir weiß, ist das, was ich sehe. Umgekehrt ist das, was du siehst, das Einzige, was du über mich weißt, und nicht das, was ich bin. Das heißt, es gibt keine Außenwelt, auf die man sich beziehen kann. Der Blick auf die Dinge ist so relativ, dass unsere Interpretation davon abhängt, wie man sie sieht.

Von Paul Watzlawick stammt die folgende Geschichte:

Ein Wissenschaftler führt im Labor eine Versuchsreihe mit zwei Ratten in einem Labyrinth durch. Als der Forscher in seinem weißen Kittel reinkommt, sagt die eine Ratte zur anderen: »Siehst du den Kerl in dem weißen Kittel? Der macht alles, was ich will; immer wenn ich den Hebel bewege, gibt er mir Futter.«

Zuzugeben, dass die Welt sich einzig in unserem Inneren abspielt, impliziert, dass ich der Natur des Menschen vertraue. Wenn ich davon ausgehe, dass meine Wahrnehmung der einzige Zugang zur Welt ist, muss ich mir den Menschen im Wesentlichen als gut, edel, großzügig und solidarisch vorstellen. Denke ich hingegen, dass der Mensch böse, pervers und grausam ist, muss ich ihn in Schach halten und kann ihn nicht frei gewähren lassen.

Glücklicherweise gibt es solche und solche Menschen, und da ich ein hoffnungsloser Optimist bin, glaube ich, dass es auf der Welt mehr gute, edle, liebevolle und mitfühlende Menschen als destruktive, grausame und böse Menschen gibt. Es ist unsere Aufgabe, uns Gedanken darüber zu machen, wie wir jene erziehen, die tatsächlich destruktiv, grausam und böse sind. Dazu muss man zunächst wissen, dass man dem anderen Raum lassen muss, damit er sich auf natürliche Weise entwickelt, so dass das Beste in ihm zum Vorschein kommt, nicht das Schlechteste.

Ein tief gläubiger Mann spürte, dass er kurz davor stand, ein Licht zu empfangen, das ihm den Weg wies, den er gehen sollte. Jeden Abend vor dem Schlafengehen betete er zu Gott, er möge ihm ein Zeichen geben, wie er sein weiteres Leben leben solle. So ging er zwei oder drei Wochen in einem nahezu verklärten Zustand durchs Leben, während er auf ein göttliches Zeichen wartete.

Eines Tages kam er durch einen Wald und entdeckte ein verletztes Reh, das mit gebrochenem Bein auf der Erde lag. Während er es so betrachtete, tauchte auf einmal ein Puma auf. Dem Mann gefror das Blut in den Adern; gleich würde er Zeuge werden, wie der Puma die Hilflosigkeit des Rehs ausnutzen und es mit einem Happs verschlingen würde. Stumm beobachtete er die Szene, voller Angst, der Puma könne sich nicht mit seiner Beute zufriedengeben und auch ihn angreifen. Er sah zu, wie sich der Puma dem Reh näherte, doch plötzlich geschah etwas Unerwartetes. Statt das verletzte Tier zu fressen, begann der Puma, seine Wunden zu lecken.

Dann verschwand er und kehrte mit ein paar nassen Zweigen zurück, die er vor das Reh mit der Pranke hinlegte, damit es von dem Wasser trinken konnte. Dann verschwand er erneut und kehrte mit ein wenig Gras zurück, das er dem Reh mit der Pranke hinschob, damit es fressen konnte. Es war unglaublich.

Als der Mann am nächsten Tag wiederkam, sah er, dass das Reh immer noch dort lag, und auch der Puma war wieder da, um ihm Futter und Wasser zu geben und seine Wunden zu lecken. Der Mann sagte sich, dass dies das Zeichen sein musste, auf das er wartete. Ein klares Zeichen: »Gott gibt dir alles, was du brauchst. Man darf nur nicht gierig sein und den Dingen verzweifelt hinterherrennen.« Also schnürte er sein Bündel, setzte sich vor seine Haustür und wartete, dass ihm jemand Essen und Trinken brachte. Es vergingen zwei Stunden, drei Stunden, sechs Stunden, ein Tag, zwei Tage, drei Tage … Aber niemand gab ihm etwas. Wenn Leute vorbeikamen, setzte er eine Leidensmiene auf, wie er es bei dem verletzten Reh gesehen hatte, aber sie gaben ihm nichts. Eines Tages kam ein weiser Mann aus dem Dorf vorbei, und der arme Mann, der schon sehr bekümmert war, sagte zu ihm:

»Gott hat mich hintergangen. Er hat mir ein falsches Zeichen gesendet. Dabei ist alles ganz anders. Warum tut er mir das an? Ich bin doch ein gläubiger Mann …«

Und er erzählte ihm, was er im Wald gesehen hatte …

Der Weise hörte zu und sagte dann:

»Weißt du, auch ich bin ein gläubiger Mensch. Gott sendet seine Zeichen nicht vergebens. Gott hat dir dieses Zeichen geschickt, damit du lernst.«

Der Mann fragte:
»Weshalb hat er mich dann im Stich gelassen?«
Und der Weise antwortete:
»Wie kommst du auf die Idee, dich mit dem Reh zu vergleichen, wo du doch ein starker, kampflustiger Puma bist? Deine Aufgabe ist es, nach einem Reh zu suchen, dem du helfen kannst. Jemanden, der nicht allein zurechtkommt.«

Fast alles kann von unterschiedlichen Standpunkten aus gesehen, wahrgenommen und analysiert werden. Tatsächlich hat die Menschheit im Laufe der vergangenen hundert Jahre bei ihrer Sicht auf den Menschen und das, was ihn bewegt, den Fokus auf unterschiedliche Aspekte unseres Seins gerichtet.

Laut Rollo May, amerikanischer Psychologe und Vertreter der Existenzpsychologie, ändert sich die Problemstellung des Menschen in unserer westlichen, jüdisch-christlich geprägten Gesellschaft etwa alle zwanzig Jahre, und so hat auch die Psychologie etwa alle zwei Jahrzehnte ihren Fokus auf neue Theorien gerichtet. May legt sehr überzeugend dar, dass diese veränderte Schwerpunktsetzung nicht nur auf die historischen Umstände zurückzuführen ist, durch die sich Gewohnheiten und Möglichkeiten verändern, sondern vor allem damit zu tun hat, dass Soziologie und Psychologie sich jeweils so angemessen und ausdauernd mit einem Problem befassen, bis sie es auf die eine oder andere Weise lösen können.

Das beste Beispiel sind die ersten beiden Jahrzehnte des 20. Jahrhunderts. Damals lag das Problem in den Mechanismen der Unterdrückung – vor allem im Bereich der Sexualität – und der fehlenden Einsicht des Individuums. In diesem Kontext taucht nun Freud auf und entwickelt eine entsprechende Theorie sowie eine Methode zur Analyse und Behandlung. Mit der Psychoanalyse als Werkzeug leisten er und seine Anhänger so gute Arbeit, dass das Selbstverständnis des Menschen von nun an ein anderes ist. Dieser Prozess wiederholt sich und schafft Raum für hegemoniale Verortungen unterschiedlicher soziologischer und psychotherapeutischer Schulen, die erfolgreich versuchen, die Welt, aus der heraus sie sich entwickeln, zu erhellen und zu verändern.

In einer Art Schema können wir einen Überblick über die Themen gewinnen, die unsere Gesellschaft im 20. Jahrhundert beschäftigten (in Klammern erwähne ich einige wichtige Schulen oder Persönlichkeiten, die einen entscheidenden Beitrag zu den jeweiligen Themen leisteten).

1900–1920
Unterdrückte Sexualität und Selbsterfahrung
(Freud, *Psychoanalyse*)
1920–1940
Macht und effektives Verhalten
(Watson, *Behaviorismus*)
1940–1960
Freiheit und Persönlichkeitsentfaltung
(Frankl, Maslow, Perls, Fromm, Rogers, Krishnamurti, *Humanistische Psychologie*)
1960–1980
Kompetenz und Gruppenarbeit
(Ellis, Berne, *kognitive und systemische Therapie*)
1980–2000
Persönlichkeitskontrolle und Spiritualität
(Silva, Weiss, Chopra, Watts, *Neuro-linguistisches Programmieren (NLP), Transpersonale Psychologie*)

Welche Probleme werden uns in den kommenden zwanzig Jahren beschäftigen? Jeder Philosoph, jeder Denker, jeder Analytiker, jeder Therapeut wird seine eigene Antwort darauf haben. Für mich laufen unsere Entwicklung und unsere Sorgen im Wesentlichen auf zwei Sachverhalte hinaus: die Wertekrise und die Vereinsamung des Einzelnen.

Und darum soll es in diesem Buch gehen.

Es will einen Weg aus der Einsamkeit weisen: den Weg der Begegnung.

Welche philosophischen Schulen werden sich zukünftig entwickeln, und wer werden ihre Vordenker sein? Wir wissen es nicht. Aber es erscheint mir lohnend, den Blick auf einen Mann zu richten, den ich für einen der wichtigsten Philosophen und Neurowissenschaftler der Gegenwart halte: Humberto Maturana.

ZWEITER TEIL

Vertikale Begegnungen

Über die Liebe

Nachdem ich den Weg der Selbstabhängigkeit gegangen bin, bin ich nun in der Lage, anderen zu begegnen.

Maturana zufolge ist es genau diese *Begegnung mit anderen*, die uns Menschen menschlich macht. Und er sagt noch mehr:

Der Homo Sapiens trägt diesen Namen nicht wegen seines hochentwickelten Verstands, sondern weil er eine Sprache entwickelt hat. Es ist diese zunehmend verfeinerte Sprache, durch die sich der Verstand herausgebildet hat, nicht umgekehrt. Zu welchem Zweck ist diese Sprache entstanden? Um was mitzuteilen? Seine Antwort lautet: Liebe.

Natürlich ist hier nicht nur die romantische Liebe gemeint, sondern ganz allgemein die Zuneigung zu anderen. Es geht, so glaube ich, um die liebevolle Begegnung mit dem Nächsten.

Bedeutung

Aber worum handelt es sich bei dieser Liebe, die Maturana als so mächtig beschreibt, dass sie letztlich für unsere individuelle Entwicklung verantwortlich ist? Was sagt dieses überstrapazierte, abgenutzte, missbrauchte und entwertete Wort heutzutage noch aus (falls es überhaupt etwas von seiner Bedeutung bewahrt hat)?

Manchmal fragen mich die Leute bei meinen Vorträgen: Warum muss man den Dingen immer einen Namen geben?

Eine Frau kommt in ein Restaurant und bestellt als Vorspeise Spargelsuppe. Kurz darauf stellt ihr der Kellner einen dampfenden Teller hin und will sich entfernen, doch die Frau ruft ihn zurück.

»Ober!«

»Madame?«

»Probieren Sie mal die Suppe!«, fordert die Frau ihn auf.

»Was ist damit, Madame? Ist es nicht das, was Sie bestellt haben?«

»Probieren Sie!«, wiederholt die Frau.

»Aber was ist damit? Fehlt Salz?«

»Probieren Sie!«

»Ist sie kalt?«

»SIE SOLLEN PROBIEREN!«

»Aber Madame, bitte, sagen Sie mir doch, was damit ist …«, bittet der Kellner.

»Wenn Sie wissen wollen, was damit ist, dann probieren Sie die Suppe«, sagt die Frau und deutet auf den Teller.

Als der Kellner merkt, dass nichts die eigensinnige Frau von ihrer Meinung abbringen kann, setzt er sich vor die dampfende, cremeweiße Flüssigkeit und sagt überrascht:

»Aber da ist ja gar kein Löffel dabei …«

»Sehen Sie?«, sagt die Frau. »Der Löffel fehlt.«

Es wäre gut, wenn wir uns, im Großen wie im Kleinen, angewöhnen würden, Tatsachen, Situationen und Gefühle direkt und ohne Umschweife als das zu benennen, was sie sind.

Das heißt nicht, dass ich mich für immer festlegen muss, aber wenn ich über etwas spreche, muss ich *mich entscheiden*, was genau ich damit meine. Vielleicht ist es mir deshalb so wichtig, zu erklären, was *nicht* gemeint ist, wenn ich von Liebe spreche.

Ich spreche nicht von Verliebtsein.

Ich spreche nicht von Sex.

Ich spreche nicht von Gefühlen, die nur in Büchern existieren.

Ich spreche nicht von Freuden, die einigen wenigen vorbehalten sind.

Ich spreche nicht von großartigen, außergewöhnlichen Dingen.

Ich spreche von einer Empfindung, die jeder erleben kann.

Ich spreche von einfachen, wahrhaftigen Gefühlen.

Ich spreche von tiefen, aber nicht übermenschlichen Erfahrungen.

Ich spreche von Liebe als dem Gefühl, dass mir jemand etwas bedeutet.

In der spanischsprachigen Welt sagen wir selten »te amo« – ich liebe dich –, sondern eher »te quiero« – ich will dich. Aber was wollen wir mit diesem »Ich will dich« sagen?

Ich denke, es bedeutet: Mir ist es wichtig, dass es dir gutgeht.

Nicht mehr und nicht weniger.

Wenn ich jemanden liebe, merke ich, wie wichtig es mir ist, was diese Person macht, was sie mag und was ihr weh tut.

»Ich will dich« heißt also: du bedeutest mir etwas. Und »Ich liebe dich« heißt: du bedeutest mir sehr viel. So viel, dass ich dein Wohlergehen gelegentlich über andere Dinge stelle, die mir ebenfalls wichtig sind.

Diese Definition – dass du mir etwas bedeutest – macht aus der Liebe keine große Sache, reduziert sie aber auch nicht auf eine Lappalie …

Sie macht uns zum Beispiel zwei Dinge bewusst: Wer sich

nicht für dich und dein Leben interessiert, kann dich nicht sonderlich lieben; wem jedoch etwas an dem liegt, was dir widerfährt, der kann dich nicht *nicht* lieben.

Noch einmal: Wenn du mich wirklich willst, liegt dir etwas an mir!

Und es mag schmerzhaft sein, das zu akzeptieren, aber wenn dir nichts an mir liegt, dann willst du mich auch nicht. Das ist nichts Schlimmes; es sagt nichts Schlechtes über dich aus, dass du mich nicht willst. Es ist einfach nur die Wahrheit, auch wenn es eine traurige Wahrheit ist. Wie heißt es in dem Lied von Serrat: *Die Wahrheit ist nicht traurig / Doch es gibt kein Zurück*. (Vielleicht muss man begreifen, dass dieses »Kein Zurück« das Traurige ist).

Aber es gibt noch viel mehr Wörter, die wir benutzen, um *nicht* »Ich will dich« zu sagen. Wir sagen: *Du gefällst mir, ich finde dich sympathisch, ich hab dich gern, und eben ich mag dich.*

Wenn ich zum Beispiel sage, dass ich meinen Hund wirklich gern mag (was eine Tatsache ist), dann ist das keine riesige Liebeserklärung, aber es ist auch nicht nichts. Mein Hund ist nicht irgendein Hund; er bedeutet mir etwas. Ich sage auch, dass ich meinen Nachbarn mag und den netten Herrn von gegenüber, aber den Nachbarn um die Ecke, den mag ich nicht. Mir liegt nicht viel an ihm, obwohl er auch nicht weiter weg wohnt als die anderen beiden. Aber mit ihnen verbindet mich etwas, mit dem anderen nicht.

Und wenn meine Mutter mir erzählt:

»Weißt du, wer gestorben ist? Mongo Picho ist gestorben.«

»So.«

»Er war öfter bei uns zu Besuch, erinnerst du dich?«

»Nein …«

»Wie, nein? Denk doch mal nach …«

»Doch, ja, ich erinnere mich. Und?«

»Er ist gestorben.«

Es bedeutet mir nichts. Ehrlich gesagt, bedeutet es mir überhaupt nichts. Aber meiner Mutter, die ich liebe, bedeutet es etwas, und deshalb sage ich dann manchmal, um meine Mutter zu trösten:

»Der arme Mongo …«

Und sie sagt:

»Ja, nicht wahr? Der Ärmste …«

Wenn ich mich so verhalte, scheint das zunächst allem zu widersprechen, was man uns beigebracht hat. Die anerzogene Moral scheint von einer Liebe auszugehen, die keinerlei Unterscheidungen macht, einer mystischen, scheinbar selbstlosen Liebe auch zu jenen, die ich nicht kenne und denen ich dennoch aus echter Sorge um ihr Wohlergehen helfe. Ich glaube, der Unterschied liegt darin, dass mein Interesse an ihnen in diesem Fall aus meiner egoistischen Freude am Helfen herrührt, in jedem Fall aber aus einer generischen Liebe zu anderen Menschen. Das heißt, der Nachbar um die Ecke, das Kind im Kosovo und der Obdachlose in Dallas bedeuten mir etwas, nicht um ihrer selbst willen, sondern schlicht und einfach, weil sie Menschen sind. Aber darum soll es hier nicht gehen, sondern um den Alltag, jenseits von Barmherzigkeit und der Erkenntnis, dass wir ein Teil des Ganzen sind und lernen, uns in den anderen zu lieben.

Wenn wir anfangen darüber nachzudenken, stellen wir fest, dass wir tatsächlich nicht alle gleich lieben und dass es unfair ist, uns daran zu messen, ob wir uns unterschiedslos um alle kümmern. Ich finde, die Menschheit als Ganzes zu lieben, ohne jemandem besondere Zuneigung entgegenzubringen, ist ein Gefühl, das Heiligen vorbehalten ist.

Wenn ich mir ohne Schuldgefühle eingestehe, dass ich manche Menschen mehr liebe als andere, beginne ich, den Dingen und Personen mehr Interesse entgegenzubringen, die mir am meisten bedeuten, und mich wirklich um die zu kümmern, die ich am meisten liebe.

Es klingt unglaublich, aber im tagtäglichen Leben verbringen viele Menschen mehr Zeit damit, sich mit Leuten zu beschäftigen, an denen ihnen nichts liegt, als mit denen, die sie angeblich aus ganzem Herzen lieben. Sie versuchen, es Leuten recht zu machen, die ihnen nichts bedeuten, statt sich zu bemühen, denen, die sie lieben, eine Freude zu machen.

Und das ist dumm.

Das muss in Ordnung gebracht werden. Man muss sich dessen bewusst werden.

Es ist nicht herzlos, wenn ich die wenige Zeit, die mir zur Verfügung steht, vor allem den Menschen widme, die ich liebe.

Ich muss mir darüber klarwerden, dass es verrückt ist, mehr Zeit mit Leuten zu verbringen, die ich nicht liebe, als mit den Menschen, die ich wirklich liebe.

Es ist eine Sache, wenn ich einen Teil meiner Aufmerksamkeit darauf ausrichte, Geschäfte zu machen und freundlichen Umgang mit Leuten zu pflegen, die ich nicht kenne und die mir nichts bedeuten. Eine andere ist es, wenn das System uns weismachen will, dass wir unser Leben in ihren Dienst zu stellen haben. Das ist krankhaft, ganz gleich, ob es sich um wichtige Kunden handelt, den einflussreichen Chef, einen fleißigen Angestellten oder wer auch immer es mir ermöglicht, mehr Geld zu verdienen oder zu mehr Ruhm und Macht zu kommen …

Nimm dir eine Minute, um herauszufinden, wer die fünfzehn, acht, zwei oder fünfzig Menschen auf der Welt sind, die dir wirklich etwas bedeuten. Denk nicht darüber nach, dass du womöglich jemanden vergessen könntest; wenn du jemanden vergisst, heißt das nur, dass er dir nicht wirklich wichtig ist. Erstell eine Liste (die Kinder kannst du außen vor lassen – wir wissen ja, dass sie uns mehr bedeuten als alles andere), und vielleicht bestätigt sie dir, was du bereits wusstest ... Aber vielleicht erlebst du auch eine Überraschung.

Du kannst noch einen Schritt weitergehen, indem du das Blatt umdrehst und, ohne auf die vorherige Liste zu sehen, die Namen der zehn Personen aufschreibst, von denen du glaubst, dass du ihnen wichtig bist (anders gesagt, die Liste all derer, auf deren Liste *du* stehen würdest). Dabei tut es nichts zur Sache, ob es dieselben Personen sind wie auf der Rückseite des Blattes; vielleicht stellt sich heraus, dass es Menschen gibt, die wir lieben, sie uns aber nicht besonders, und andere, die uns lieben, wir sie aber nicht besonders.

Es lohnt sich, dieser Frage nachzugehen. Die Überraschung hat einen Sinn, denn so können wir uns viel genauer einteilen, wie viel Zeit, Energie und Kraft wir auf diese Begegnungen verwenden.

Die Liebe ist man selbst

Es gibt viele Dinge, die ich tun kann, um zu beweisen, zu bekräftigen, dass ich dich will. Aber es gibt nur eine Sache, die ich mit meiner Liebe tun kann, und das ist, *dich zu wollen*, für dich Sorge zu tragen, so zu handeln, wie ich empfinde. Und das, was ich empfinde, ist meine Art, dich zu lieben.

Du kannst meine Liebe annehmen oder sie zurückweisen, du kannst erkennen, was das bedeutet, oder es völlig ignorieren. Aber dies ist meine Art, dich zu lieben. Eine andere gibt es nicht.

Jeder hat nur eine Art, zu lieben: seine eigene.

In der psychologischen Praxis begegnet man häufig Menschen, die verinnerlicht haben, dass Schläge Liebe bedeuten, und die letztendlich selbst einen Schläger heiraten, um sich geliebt zu fühlen (viele geschlagene Frauen sind geschlagene Töchter).

Jahrhundertelang wurden Kinder geschlagen und misshandelt, während man ihnen weismachte, es sei zu ihrem eigenen Besten: »Die Schläge sind für mich schmerzlicher als für dich«, sagen die Eltern.

Ein fünfjähriges Kind kann nicht beurteilen, ob das stimmt oder nicht.

Es wird in seinem Verhalten geprägt.

Und oft frisst es weiter Scheiße und glaubt, sie sei nahrhaft.

Während meiner Ausbildung zum Facharzt für Psychiatrie arbeitete ich mit Suchtkranken. Damals hatte ich mit einer Frau zu tun, deren Vater Alkoholiker gewesen war und die dann selbst einen Alkoholiker geheiratet hatte. Ich lernte sie in der Klinik kennen, in der ihr Mann einen Entzug machte. Sie hatte ihren Mann jahrelang zu den Treffen der Anonymen Alkoholiker begleitet, damit er von seiner Abhängigkeit loskam. Zwölf Jahre war das so gegangen. Nun war er seit vierundzwanzig Monaten trocken. Die Frau kam zu mir, um mit mir darüber zu sprechen, dass sie nun, nach sechzehn Jahren Ehe, das Gefühl hatte, ihren Teil geleistet zu haben. Schließlich war er nun geheilt ... Ich war damals siebenundzwanzig und noch nicht lange Arzt; ich interpretierte es so, dass sie in Wirklichkeit ihren Vater heilen wollte und das auf ihren Mann übertrug. Sie sagte: »Kann sein, aber mich verbindet nichts mehr mit meinem Mann. Ich habe so unter seiner Sauferei ge-

litten. Ich bin nur geblieben, weil ich ihn nicht während des Entzugs verlassen wollte. Aber jetzt will ich nichts mehr von ihm wissen.« Tatsächlich trennten sie sich. Ein Jahr später traf ich die Frau zufällig woanders wieder. Sie hatte mittlerweile einen neuen Partner. Und ja, sie hatte wieder einen Alkoholiker geheiratet.

Diese Geschichten, die sich logisch nicht nachvollziehen lassen, haben viel damit zu tun, dass man seine eigenen ungelösten Probleme auf einen anderen überträgt. Und damit, was es für einen selbst heißt, zu lieben.

Zu lieben und *dir zu zeigen, dass ich dich liebe*, können für dich und mich zwei völlig verschiedene Dinge sein. Und wie bei allem anderen können unsere Ansichten einander entgegengesetzt sein, ohne dass einer von beiden im Unrecht wäre.

Ein Beispiel: Ich weiß, dass meine Mutter dir auf ganz unterschiedliche Weise zeigen könnte, dass sie dich liebt. Wenn sie dich einlädt und dein Lieblingsessen kocht, heißt das, dass sie dich liebt. Wenn sie für den Tag, an dem du eingeladen bist, zwei oder drei von diesen köstlichen arabischen Gerichten vorbereitet, für die man fünf, sechs Tage in der Küche steht, um zu kneten, zu schälen und zu brutzeln, dann heißt das für meine Mutter, dass sie dich liebt. Und wenn man die Botschaft nicht entziffert, kann es sein, dass man nie erkennt, dass es für sie so viel bedeutet wie »Ich liebe dich« zu sagen. Ist das demonstrativ genug? Keine Ahnung. Jedenfalls ist es *ihre* Art, ihre Liebe zu zeigen. Wenn ich es nicht schaffe, die implizite Botschaft zu lesen, werde ich nie verstehen, was der andere damit zum Ausdruck bringt. (Einmal in der Woche, wenn ich auf die Waage steige, stelle ich fest, wie sehr meine Mutter mich liebt und wie gelehrig ich ihre Botschaft entziffere!)

Wenn dich jemand liebt, heißt das, dass du einen Teil seines Lebens, seiner Zeit und seiner Aufmerksamkeit einnimmst.

Die folgende Geschichte, die im Internet kursiert, bringt, so scheint mir, ganz gut zum Ausdruck, was ich sagen will:

Eines Nachts, als alle im Haus tief und fest schlafen, steht der fünfjährige Ernesto aus seinem Bett auf und tapst zum Zimmer seiner Eltern. Er bleibt neben dem Bett seines Vaters stehen und zupft an der Decke, bis er wach wird.

»Was verdienst du eigentlich, Papa?«, fragt er.

»Hä? Was …?«, stammelt der Vater schlaftrunken.

»Was du auf der Arbeit verdienst.«

»Kind, es ist zwölf Uhr nachts. Geh schlafen.«

»Ja, Papa, ich geh ja schon, aber was verdienst du denn jetzt?«

Der Vater setzt sich im Bett auf und schimpft leise vor sich hin:

»Du gehst jetzt auf der Stelle ins Bett! Das sind keine Themen, die dich was angehen. Und schon gar nicht um Mitternacht!« Damit weist er zur Tür.

Ernesto lässt den Kopf hängen und geht wieder in sein Zimmer.

Am nächsten Morgen überlegt der Vater, dass er zu streng zu Ernesto gewesen ist und man ihm seine Neugier nicht zum Vorwurf machen kann. Um das Ganze wiedergutzumachen, sagt der Vater beim Abendessen zu dem Kleinen:

»Was deine Frage von heute Nacht angeht: Ich bekomme 2800 Pesos Gehalt, aber nach Abzug der Steuern bleiben 2200 übrig.«

»Hui! Das ist aber viel, Papa!«, antwortet Ernesto.

»So viel ist das gar nicht, mein Sohn. Die Ausgaben sind hoch.«

»Aber du arbeitest viel.«

»Ja, sehr viel.«

»Wie viele Stunden?«

»Den ganzen Tag, mein Sohn.«

»Ah.« Der Sohn nickte und setzt dann hinzu: »Dann hast du viel Geld, oder?«

»Schluss jetzt mit der Fragerei. Du bist zu klein, um über Geld zu reden.«

Es wird still im Wohnzimmer, und alle gehen schweigend ins Bett. In dieser Nacht werden die Eltern erneut von Ernesto aus dem Schlaf gerissen. Diesmal hat er ein Blatt Papier mit darauf gekritzelten Zahlen in der Hand.

»Papa, kannst du mir fünf Pesos leihen?«

»Ernesto, es ist zwei Uhr nachts!«, schimpft der Vater.

»Ja, aber könntest du …?«

Der Vater lässt ihn nicht ausreden:

»Deshalb fragst du dauernd nach dem Geld, du Rotzbengel! Geh auf der Stelle ins Bett, bevor ich dir den Pantoffel um die Ohren haue! Raus hier! Ab ins Bett, los.«

Und wieder, diesmal schluchzend, tapst Ernesto zur Tür.

Eine halbe Stunde später geht der Vater zu seinem Sohn ins Zimmer, vielleicht, weil er gemerkt hat, dass er zu weit gegangen ist, vielleicht auf Vermittlung der Mutter oder ganz einfach, weil ihn die Schuldgefühle am Einschlafen hindern. Von der Tür aus hört er leises Schluchzen.

Der Vater setzt sich zu seinem Sohn auf die Bettkante und sagt:

»Tut mir leid, dass ich dich angeschrien habe, Ernesto. Aber es ist zwei Uhr nachts, alle schlafen, die Geschäfte haben geschlossen … Hätte das nicht Zeit bis morgen gehabt?«

»Doch, Papa«, antwortet der Junge schniefend.

Der Vater holt sein Portemonnaie und nimmt einen Fünf-Peso-Schein heraus. Er legt ihn auf den Nachttisch und sagt:

»Hier hast du das Geld, um das du mich gebeten hast.«

Der Junge wischt sich die Tränen am Bettlaken ab, klettert aus dem Bett und läuft zum Kleiderschrank. Er nimmt eine Dose heraus, fischt ein paar Münzen und Ein-Peso-Scheine heraus, tut die fünf Pesos dazu und zählt mit den Fingern ab, wie viel Geld er hat.

Dann nimmt er das Geld und legt es neben seinen Vater, der ihn lächelnd ansieht, aufs Bett.

»Jetzt reicht es«, sagt Ernesto. »Neun Pesos und fünfzig Centavos.«

»Sehr schön, mein Junge. Und was machst du mit dem Geld?«

»Verkaufst du mir eine Stunde von deiner Zeit, Papa?«

Wenn jemand dich liebt, zeigt er dir durch sein Handeln ganz deutlich, wie viel du ihm bedeutest.

Ich kann mich entscheiden, etwas zu tun, das dir Freude macht, damit du siehst, wie sehr ich dich liebe. Manchmal ja, manchmal nein. Auch wenn es so gar nicht meins ist, am 13. Dezember in aller Herrgottsfrühe aufzustehen, die Wohnung zu dekorieren und Frühstück für dich zu machen, Girlanden aufzuhängen, das Bett mit Geschenken zu überhäufen und für abends Gäste einzuladen ... kann ich es hin und wieder tun, weil ich weiß, wie viel Freude es dir macht. Wenn ich Lust dazu habe. Aber wenn ich mich jedes Jahr dazu zwinge, nur um dir eine Freude zu machen, dann erwarte nicht, dass ich Spaß daran habe. Wenn ich etwas nicht von mir aus gerne mache, dann ist es manchmal besser für beide, wenn ich es bleiben lasse.

Wenn ich aber nie Lust habe, etwas von all den Dingen zu tun, von denen ich weiß, dass sie dir eine Freude machen, dann stimmt etwas nicht.

Im Laufe des Zusammenlebens könnte ich lernen, Freude daran zu finden, hin und wieder Dinge zu tun, die du magst.

Und so ist es auch. Aber das hat nichts mit gewissen, allgemein akzeptierten Ansichten zu tun, die im Widerspruch zu dem stehen, was ich meine, und denen ich selbstverständlich nicht zustimme.

Ich rede insbesondere davon, aus Liebe Opfer zu bringen.

Manchmal wollen die Leute mir weismachen, dass außer dem Streben nach Glück jene Beziehungen die wichtigsten sind, in denen der eine bereit ist, sich für den anderen zu opfern. Ich glaube nicht, dass es eine Garantie für Liebe ist oder gar meine Liebe zum anderen bekräftigt, wenn ich mich für ihn aufopfere.

Liebe ist ein Gefühl, das uns die Möglichkeit gibt, Dinge gemeinsam zu genießen. Sie ist keine Messlatte dafür, in welchem Maße ich bereit bin, für dich zu leiden oder mich selbst aufzugeben.

Geteiltes Leid ist kein Maßstab für unsere Liebe, auch wenn das durchaus zum Leben gehört. Unsere Liebe bemisst sich an unserer Fähigkeit und wächst mit ihr, diesen Weg gemeinsam zu gehen, jeden Schritt so intensiv wie möglich zu genießen, eben weil wir zusammen sind.

Unterschiedliche »Arten« von Liebe – ein Irrglaube

Immer wenn ich bei einem Vortrag oder in einem Interview über dieses Thema rede, sagt jemand: »Kommt ganz darauf an, über welche Art von Liebe wir sprechen«.

Ich verstehe das, aber ich glaube nicht, dass es unterschiedliche Klassen oder Klassifizierungen von Liebe gibt, die sich an der Art der Beziehung festmachen lassen: *Ich liebe dich als Freund, als Bruder, als Cousin, als Katze, als Onkel … als Tür (?).*

Ich mache hier ein umfassendes Geständnis: Das mit den unterschiedlichen Arten von Liebe ist eine Erfindung meiner Generation. Vor vierzig, fünfzig Jahren gab es das nicht. Ich will es dir erklären: Damals knüpften wir jungen Leute erste Bande zum anderen Geschlecht, indem wir als »Clique« ausgingen. Wir zogen samstags zu zehnt oder zwölft los oder trafen uns bei jemand zu Hause, um Musik zu hören oder tanzen zu lernen. Dabei kam es zum Beispiel vor, dass ich ein Auge auf die hübsche Graciela warf. Ich erzählte meinen Freunden und Freundinnen (allen außer ihr), dass ich am nächsten Samstag mit Graciela reden und ihr gestehen würde, dass ich in sie verliebt war (mit Sicherheit bekam das auch Graciela mit, tat aber so, als wisse sie von nichts). Also machte ich mich am Samstag ein bisschen aufgedrehter als sonst an Graciela ran und fragte sie, ob sie mit mir gehen wolle (eine Art naiver Antrag). Sie wiederum hatte nicht die geringste Absicht, mit mir auszugehen, weil sie für Pedro schwärmte; aber wir waren in derselben Clique, was also sollte sie sagen? Womöglich würde sie aus der Clique ausgeschlossen, wenn sie mich verletzte, also konnte sie nicht sagen: »Zieh Leine, Dicker. Wie kommst du auf die Idee, ich könnte was von dir wollen?« Das ging nicht. Also sahen die Gracielas in unserem Viertel uns mit betretenen Gesichtern an und sagten: »Tut mir leid, aber ich *liebe dich als Freund*«, was in etwa hieß: »Schlag dir das aus dem Kopf, du Idiot.« Was uns Jungs in die unangenehme Lage versetzte, dass wir nicht wussten, ob wir uns freuen oder in Tränen ausbrechen sollten. Schließlich war es keine Abfuhr, sondern eine Liebesverwirrung.

Damals wusste ich nicht (und habe es auch später nicht wirklich begriffen), was das heißen sollte, *ich liebe dich als Freund*. Aber ich fing auch an, den Satz zu benutzen: *Ich liebe dich als Freundin*. Eine praktische Sache, um nicht sagen zu müssen, dass ich eigentlich nichts von dir wissen will. Eine bequeme Antwort, die natürlich sämtliche sexuelle Phantasien ausbremst – man will ja nicht mit einem guten Freund im Bett landen …

So hat es begonnen und ging dann noch weiter: Wenn nicht der Hauch einer Chance besteht, dann heißt es »*Ich liebe dich wie einen Bruder*« (was in etwa heißt: Könntest du mich mit Pedro bekannt machen …?). Und ist der Verliebte ein alter Sack oder eine alte Schachtel, dann muss die Antwort lauten: *Ich liebe dich wie einen Vater (oder wie eine Mutter)*, ein Satz, der den so Abgewiesenen natürlich trotzdem ins Unglück stürzt …

Wir kategorisieren unsere Gefühle nach der Art von Liebe, die wir empfinden …

Aber so ist es nicht.

Liebe ist immer Liebe. Was sich verändert, ist die Art der Beziehung, und das ist weit mehr als ein semantischer Unterschied.

Ich bringe immer folgendes Beispiel:

Wenn ich eine Schüssel mit grünem Salat habe, kann ich Tomaten und Zwiebeln dazugeben und einen gemischten Salat daraus machen. Oder ich kann rote Beete, Tomaten, Möhren, hartgekochte Eier und ein paar grüne Bohnen dazugeben, dann habe ich einen bunten Salat. Ich kann Hühnchen, Kartoffeln und Mayonnaise dazugeben und habe einen Hähnchensalat. Schließlich kann ich Honig, Zucker und Traktorenöl dazugeben, dann habe ich einen scheußlich schmeckenden Fraß.

Die Salatzutaten variieren, aber es ist und bleibt ein Salat.

Manche Salate schmecken mir, andere nicht.

Manche Gefühle gehen für mich zusammen, andere schließen sich schlicht und einfach gegenseitig aus.

Was sich ändert, ist die Art und Weise, wie ich meine Liebe

in der Beziehung, die ich zu dem anderen habe, zum Ausdruck bringe. Die Liebe selbst ändert sich nicht.

Es sind die anderen Zutaten, das, was ich emotional dazugebe, die bewirken, dass die Begegnung eine andere ist.

Kann sein, dass ich dich nicht nur liebe, sondern mich auch sexuell angezogen fühle. Kann sein, dass ich mit dir leben und den Rest meines Lebens mit dir teilen möchte, samt Kindern und allem anderen. Dann handelt es sich um Liebe, wie sie in einer Paarbeziehung üblich ist.

Kann sein, dass ich dich liebe und uns darüber hinaus eine gemeinsame Geschichte verbindet, ein ähnlicher Humor, dass wir über dieselben Dinge lachen. Dass wir Kumpels sind, dass wir uns aufeinander verlassen können und ich dir alles anvertrauen kann. Dann bist du mein Freund oder meine Freundin.

Für mich gibt es *meine Art* zu lieben und *deine Art* zu lieben. Natürlich gibt es unterschiedliche Verbindungen. Wenn ich dich liebe, ändert sich meine Beziehung zu dir, je nachdem, welche Zutaten wir der Liebe hinzufügen. Aber, ich betone es noch einmal, es gibt keine unterschiedlichen Arten von Liebe.

Letzten Endes ist die Liebe immer gleich. Meine Art zu lieben ist immer einzigartig und besonders, im Guten wie im Schlechten.

Wenn ich in der Lage bin, frei und konstruktiv zu lieben, dann liebe ich alle frei und konstruktiv.

Wenn ich meinen Freunden gegenüber eifersüchtig bin, dann bin ich auch meiner Frau und meinen Kindern gegenüber eifersüchtig.

Wenn ich besitzergreifend bin, bin ich es in all meinen Beziehungen. Je näher ich mich dem anderen fühle, desto besitzergreifender bin ich.

Wenn ich dem anderen die Luft zum Atmen nehme, dann

bedränge ich ihn umso mehr, je mehr ich liebe, und wenn ich zu Zweifeln neige, wachsen meine Zweifel mit der Liebe.

Wenn ich gelernt habe, auf ungute Art zu lieben, dann richte ich umso mehr Schaden an, je mehr ich liebe.

Und wenn ich gelernt habe, auf gute Art zu lieben, mache ich meine Sache umso besser, je mehr ich liebe.

Natürlich schafft das Probleme. Wenn ich meiner Partnerin sage, dass ich dieselbe Liebe für sie empfinde wie für meine Mutter oder eine Freundin, sind mit Sicherheit alle drei vor den Kopf gestoßen. Aber sie sind zu Unrecht verunsichert, denn es ist die Wahrheit.

Ich liebe meine Mutter, meine Frau oder eine Freundin mit der einzigen Liebe, zu der ich fähig bin: *meiner* Liebe. Doch daneben verbinden mich noch andere, unterschiedliche Dinge mit meiner Mutter, meiner Frau und der Freundin, und das ist der Grund dafür, dass die Beziehung und die Art und Weise, wie ich meine Gefühle ausdrücke, je nach der Person eine andere ist.

Gefühle verändern sich nur in ihrer Intensität. Ich kann mehr oder weniger lieben, ich kann sehr viel lieben oder nur ein kleines bisschen.

Ich kann so sehr lieben, dass ich diesen Zustand erreiche, den wir gemeinhin Liebe nennen: Wenn ich mich einfach freue, dass es dich gibt, ganz gleich, ob du mit mir zusammenbist oder nicht.

Ich kann nur ein kleines bisschen lieben, und das bedeutet, dass es mir nicht gleichgültig ist, ob du lebst oder nicht, dass es mir nicht gleichgültig ist, ob du von einem Zug überfahren wirst, dass ich aber auch nicht allzu viel tun würde, um es zu verhindern. Ich besuche dich so gut wie nie, ich rufe dich nicht an, ich frage nie nach dir, und wenn du mir etwas erzählst, bin ich immer mit etwas anderem beschäftigt oder schaue gleichgültig aus dem Fenster. Der Gedanke, dass du verletzt sein könntest, ist mir nicht egal, aber er raubt mir auch nicht den Schlaf.

Enttäuschung

Ist es so einfach, sich bewusst zu machen, dass man nicht geliebt wird?

Reicht es, dem anderen tief in die Augen zu schauen? Genügt es, zu sehen, wie er sich verhält? Genügt es, ihn zu fragen? Mich zu fragen?

Wenn es so wäre, wie erklärt sich dann die ganze Enttäuschung? Warum sind die Menschen ständig enttäuscht, wenn es doch so einfach ist, zu erkennen, was wir denen, die wir lieben, bedeuten oder eben nicht bedeuten?

Wie können wir überrascht sein, wenn wir entdecken, dass wir nicht geliebt werden?

Wie konnten wir glauben, dass wir geliebt werden, wenn es in Wahrheit nicht der Fall war?

Drei Gründe hindern uns daran, klarzusehen. Der erste spiegelt sich in der Geschichte ›Die Hinrichtung‹ wider, die ich in *Geschichten für Demián* erzähle.

In dieser wunderbaren Geschichte, die ihren Ursprung vor über 1500 Jahren im Orient hat, geht es kurz gesagt um einen mächtigen, tyrannischen König und einen weisen und gütigen Priester. Dieser Priester stellt dem Tyrannen eine Falle. Einige seiner Schüler wetteifern darum, als Erste vom König zum Tod durch Enthaupten verurteilt zu werden. Der König ist angesichts dieser selbstmörderischen Absichten überrascht und beginnt nachzuforschen, bis er in den heiligen Schriften einen Text »findet«, der besagt, dass derjenige, der am Tag nach

Vollmond durch die Hand des Henkers stirbt, wiedergeboren wird und unsterblich ist. Der König, der nichts so sehr fürchtet wie den Tod, beschließt, seinen Henker anzuweisen, ihn am Morgen des besagten Tages zu enthaupten.

So geschah es, und auf diese Weise wurde das Volk vom Tyrannen befreit. Die Schüler fragten:

»Wie konnte dieser Mann, der unser Volk unterdrückte und der schlau war wie ein Schakal, etwas so Kindisches glauben, wie dass er ewig leben werde, nachdem ihm der Henker den Kopf abgeschlagen hat?«

Und der Meister antwortete:

»Daraus lässt sich etwas lernen: Niemand ist so anfällig dafür, einem falschen Glauben aufzusitzen, wie der, der sich wirklich wünscht, *dass die Lüge die Wahrheit ist.«*

Wie kommt es, dass Tausende von Menschen in einer Partnerschaft leben in dem Glauben, dass sie vom anderen geliebt werden, obwohl der sie nicht liebt, vielleicht nie geliebt hat?

Ich wünsche mir so sehr, dass du mich liebst, bin derart davon abhängig, dass du mich liebst, dass ich in allem, was du tust, einen Beweis deiner Liebe sehen will.

Ich möchte so sehr an diese Lüge glauben (so wie der König in der Geschichte), dass ich das Offensichtliche nicht sehen will.

Schopenhauer fasst das Phänomen in einem Satz zusammen: »Der Mensch kann lieben, was er will, er kann aber nicht wollen, was er will.«

Dass wir in der Liebe nicht klarsehen, hat auch damit zu tun, dass wir uns selbst als Maßstab für die Liebe des anderen nehmen. Wir vergleichen, was wir selbst für den geliebten Menschen zu tun bereit sind und was er oder sie für uns tut.

Aber der andere liebt mich nicht so, wie ich ihn liebe, und schon gar nicht so, wie ich es gerne hätte, dass er mich liebt. Er liebt mich auf *seine* Weise.

Die Welt besteht aus lauter individuellen Persönlichkeiten, die einzigartig und absolut nicht reproduzierbar sind. Die Art des anderen ist nicht zwangsläufig auch meine; sie ist seine, denn er ist er und ich bin ich. Und würde er mich genau auf meine Art lieben, dann wäre er nicht er, sondern eine Erweiterung meiner selbst.

Zum Glück für uns beide liebt der andere auf seine Art und ich auf meine.

Wenn ich nun feststelle, dass er mich nicht so liebt wie ich ihn, weder genauso sehr noch auf dieselbe Weise, dann bin ich zunächst enttäuscht. Schließlich bin ich der festen Überzeugung, dass meine Art zu lieben die einzig wahre ist. Also folgere ich daraus, dass er mich schlicht und einfach nicht liebt. Ich glaube das, weil der andere seine Liebe nicht so zum Ausdruck bringt, wie ich es tun würde. Ich fühle mich darin bestätigt, weil er nicht so handelt, wie ich es tun würde.

Ich halte mich zwar nicht für den Nabel der Welt, wähne mich aber im Besitz der Wahrheit: Alle müssen ihre Gefühle genauso äußern wie ich es tue, und wenn sie es nicht tun, sind ihre Gefühle nichts wert und eine Lüge – eine Schlussfolgerung, die oft falsch ist und zu tiefen Missverständnissen führt.

Und dann gibt es noch die, die auf mangelnde Liebe reagieren, indem sie das, was sie sehen, nicht wahrhaben wollen, weil darin ein Angriff auf ihre Eitelkeit steckt.

Wenn ich den Weg der Begegnung gehe, lerne ich zu akzeptieren, dass du mich vielleicht nicht lieben könntest.

Ich akzeptiere es aus Demut und lasse mich auf den Schmerz ein, nicht geliebt zu werden.

Ich spreche von Demut, denn fehlende Demut ist ein weiteres Motiv dafür, nicht zu sehen:

Wie kannst du mich nicht lieben, wo ich doch so wundervoll, einzigartig und besonders bin? Wo willst du einen anderen, eine andere finden wie mich, der sich so um dich kümmert wie ich und der bereit gewesen wäre, dir die besten Jahre seines Lebens zu schenken? Wie kannst du mich nicht lieben …?

Liebe ist eines des wenigen Dinge im Leben, die nicht von uns und unseren Entscheidungen abhängen, sondern die einfach passieren.

Ich kann sie vielleicht verhindern, aber ich kann sie nicht forcieren. Es passiert oder es passiert nicht, und wenn es nicht passiert, dann können weder du noch ich etwas daran ändern.

Wenn ich mich aufopfere, mich selbst einschränke und mein Leben für dich aufgebe, kann ich dein Mitleid erregen, deine Verachtung und vielleicht sogar deine Dankbarkeit. Aber ich werde nicht erreichen, dass du mich liebst, denn es gibt nichts, was ich dafür tun könnte.

Wenn Mama oder Papa uns nicht gaben, was wir wollten, sagten wir »Du bist böse, ich mag dich nicht mehr«. Ende.

Die Entscheidung, nicht länger zu lieben, um den anderen zu bestrafen.

Aber als Erwachsene wissen wir, dass das nicht geht. Wir wissen, dass das alte Kinderspiel »Ene, mene, muh, und raus bist du« nicht funktioniert …

Der Glaube an die ewige Liebe

Der vielleicht gefährlichste und am weitesten verbreitete Mythos über die Liebe ist, dass »wahre Liebe« ewig währt. Seine Befürworter wollen uns weismachen, dass jemand, der dich wirklich liebt, dies ein Leben lang tun wird, und dass sich, wenn du jemanden liebst, nie etwas daran ändern wird.

Und doch schlafen Gefühle manchmal ein, erkalten und verschwinden ...

Und wenn das passiert, gibt es bedauerlicher- und schmerzlicherweise nichts, was man dagegen tun könnte.

Was ich sagen will, ist, dass Liebe enden kann.

Natürlich nicht immer, aber sie kann enden.

Wer glaubt, dass Liebe ewig währt, erliegt der kindlichen Täuschung, dass sich eine Beziehung ins Erwachsenenleben hinüberretten lässt, die es tatsächlich oder in meiner Phantasie einmal gab: die Liebe meiner Mutter, eine endlose, bedingungslose, ewige Liebe.

Jacques Lacan zufolge ist es diese Bindung, die wir unbewusst suchen und wiederherstellen wollen, eine Nachahmung in vielerlei Hinsicht.

Wir werden noch näher auf diese Suche und die angebliche Ewigkeit zu sprechen kommen, wenn es um das Thema Paarbeziehung geht, aber bis dahin sollten wir uns – wenn möglich, für immer – von der Idee der unanfechtbaren Liebe freimachen und als reife Menschen erkennen, um es mit Vinicius de Moraes zu sagen, dass ...

die Liebe eine Flamme ist, die verzehrt,
weil sie Feuer ist,
ewiges Feuer ... solange sie brennt.

Bei den Patienten, die mit Beziehungsproblemen zu mir kommen, unterscheide ich zwischen drei Gruppen: diejenigen, die mehr geliebt werden wollen, als sie tatsächlich geliebt werden, diejenigen, die sich von dem Menschen, der sie nicht mehr liebt, ent-lieben wollen, weil es für sie zu schmerzlich ist, und schließlich diejenigen, die gerne stärker lieben würden, als sie lieben, weil dadurch alles einfacher würde.

Bedauerlicherweise erhalten sie alle die gleiche schlechte Nachricht: Wir können nichts tun, um geliebt zu werden, und es liegt auch nicht in unserer Macht, uns zu ent-lieben.

Wie einfach wäre alles, wenn wir auf Knopfdruck mehr oder weniger lieben könnten oder so lange an einem Rädchen drehen, bis deine und meine Gefühle im Gleichklang sind.

Aber so läuft das nicht. Die Wahrheit ist, dass ich dich nicht mehr lieben kann, als meine Liebe hergibt, und auch du kannst mich kein Fitzelchen mehr oder weniger lieben, als du mich liebst.

Nun, damit wissen wir also, was **nicht ist**. Aber was ist die Liebe wirklich?

Anmerkungen über emotionale Bindungen

Du bist der Weg und du bist das Ziel;
es gibt keine Distanz zwischen dir und dem Ziel.
Du bist der Suchende und du bist das Gesuchte;
es gibt keine Distanz zwischen dem Suchenden und dem Gesuchten.
Du bist der Verehrer und das Verehrte.
Du bist der Schüler und du bist der Meister.
Du bist die Mitte und du bist das Ende.
Das ist der Große Weg.
Osho

Die Begriffe *Emotion* und *Bindung* verweisen auf Vorstellungen und Handlungen, die sowohl negativ als auch bejahend sein können. Sie sind im Grunde neutral, sie geben keine Auskunft darüber, ob die Beziehung zum anderen positiv oder negativ ist. Liebe ist ebenso eine emotionale Bindung wie Hass, und die Freude der Begegnung verbindet uns ebenso wie der Schmerz einer Trennung.

Schematisch betrachtet lassen sich Bindungen in drei große Gruppen klassifizieren, je nach der Ausrichtung emotionaler Hinwendung:

Die Bindung an eine metaphysische Entität (Gott, die kosmische Kraft, die Natur, usw.)

Die Bindung an ein Objekt (ein Kunstwerk, ein Wertgegenstand, usw.)

Die Bindung an einen Menschen (ein Freund, der Partner, Angehörige oder ich selbst).

Mit der ersten Klassifikation assoziieren wir gemeinhin Religion. Bei der zweiten kann man von Materialismus, Konsumverhalten oder sogar Fetischismus sprechen.

Bei der dritten, der Begegnung mit dem anderen, zeigt sich die Liebe, von der hier die Rede ist, vielleicht in ihrer ganzen Dimension. Sie ist Rousseau zufolge die Quelle wahrer, ursprünglicher zwischenmenschlicher Bindung.

Liebe und Freundschaft

Wenn ich hier meinen Gedanken freien Lauf lasse, frage ich mich, ob du, mein Leser, wohl meine Leidenschaft, die ich für den etymologischen Ursprung der Wörter hege, teilst.

Zu meiner Entschuldigung und Rechtfertigung möchte ich dir eine Geschichte erzählen:

Die Kinovorstellung beginnt gleich. Kurz vor knapp rauscht eine elegante Dame herein, zeigt ihre Eintrittskarte vor und tippelt dann den Gang entlang, um einen ihr genehmen Platz zu suchen, ohne auf den Platzanweiser zu warten.

In der Mitte des Saals sieht sie einen Mann, der mit seinen Stiefeln, dem breitkrempigen Hut, den Jeans und dem bunten Fransenhemd wie ein texanischer Cowboy aussieht. Er ist ganz offensichtlich betrunken und fläzt sich quer über die Mittelsitze der Nummern 13,14,15 und 16. Empört verlässt die Dame den Saal, sucht den Verantwortlichen und zerrt ihn mit sich, während sie mault:

»Das kann doch nicht wahr sein! Wo kommen wir denn da hin! So eine Unverschämtheit, bla, bla, bla ...«

Der Platzanweiser geht zu dem Kerl, der ihn alkoholtrunken anstiert, und fragt perplex, als er seine Aufmachung sieht:

»*Wo kommen* Sie *denn her?*«

Und der Betrunkene, der sich größte Mühe gibt, einigermaßen deutlich zu reden, zeigt mit dem Daumen nach oben und antwortet:

»SU...PER ... BETT...MÄN.«

Manchmal – nicht immer – hilft es, zu wissen, woher etwas kommt, damit wir verstehen, was es uns sagen will.

Der philosophische Diskurs über die Liebe beginnt mit den Griechen, die dem Wesen aller Dinge auf den Grund gingen (was impliziert, dass die Liebe ein Wesen besitzt, denn nur was ein Wesen besitzt, kann hinterfragt werden). Worin besteht nun dieses Wesen, oder mit unseren Worten: Was ist die Liebe? Viele halten eine Antwort darauf für unmöglich; für sie ist Liebe etwas Irrationales, das sich nicht mit rationalen Worten beschreiben lässt. Ihrer Meinung nach lässt sich die Liebe auf eine ungehemmte Gefühlsäußerung reduzieren, die sich einer rationalen Prüfung entzieht.

Das Wort *amor* (Liebe) ist vielleicht nicht direkt vom Lateinischen ins Spanische gekommen. Tatsächlich ist die Verwendung des entsprechenden Verbs (*amare* – lieben) in den meisten spanischsprachigen Ländern nicht sehr weit verbreitet. Ortega y Gasset zufolge entliehen es die Römer von den Etruskern, einem hochzivilisierten Volk, das großen Einfluss auf Rom, seine Sprache, Kunst und Kultur hatte. Doch woher kommt das etruskische Wort für Liebe? Kann es sein, dass es eine Verbindung zu dem Wort »Mutter« gibt? (Im Altspanischen, im Baskischen und einigen weiteren Sprachen bedeutet das Wort *ama* Amme). Der Sprachwissenschaftler Juan Corominas hingegen behauptet, das lateinische *amare* und all seine Ableitungen – *amor, amicus, amabilis* – stamme aus dem Indogermanischen und beziehe sich in seiner ursprünglichen Bedeutung auf das sexuelle Begehren (auch das Englische *love* leitet sich von der germanischen Form des Sanskrit-Wortes *lubh* = *Begehren* ab).

Selbst etymologisch ist es also schwer, den Begriff »Liebe« zu bestimmen. Vielleicht hilft es, den Blick auf drei weitere griechische Begriffe zu richten: Eros, Philia und Agape, die drei unterschiedliche Empfindungen von Liebe bezeichnen.

Der Begriff Eros (Ἔρως) meint häufig ein sexuelles Begehren (daher die moderne Bezeichnung »erotisch«). Die sokratisch-platonische Schule vertritt die Ansicht, dass der Mensch stets auf der Suche nach Eros ist, obwohl er von vornherein weiß, dass dieser ein Leben lang unerreicht bleibt. Und so wohnt dem Eros von Anfang an etwas Tragisches inne.

Eine Erwiderung des Gefühls ist nicht notwendig, denn es geht weniger um die Gesellschaft des anderen als vielmehr um die leidenschaftliche Bewunderung des Schönen.

Eros ist der Sohn des Poros (der Gott des Reichtums) und der Penia (die Göttin der Armut). In ihm vereinen sich also Bedürftigkeit und Begehren, Überfluss und Besitzgier.

Für Platon ist die Liebe dem Wahnsinn verwandt. Der Mensch strebt nach Erkenntnis eines durch die Seele bereits erworbenen Wissens. Erkenntnis als Erinnerung, die über die Gefühle zur Einheit der Idee führt.

In der griechischen und insbesondere in der platonischen Philosophie wird die Liebe im Sinne einer Suche verstanden, und Suchen bedeutet zugleich Erkenntnis.

Im Gegensatz zum Verlangen und der leidenschaftlichen Sehnsucht des Eros geht es bei der *Philia* um die Zuneigung und um die Hinwendung zum anderen. Für die Griechen umfasste *Philia* nicht nur die Freundschaft, sondern auch die Verbundenheit mit der Familie und der *Polis*, also dem Staat.

Um diese höhere Stufe zu erreichen, ist es laut Aristoteles zunächst notwendig, dass der Mensch sich selbst liebt. Ohne diese egoistische Basis ist keine *Philia* möglich.

Agape wiederum meint die ehrfürchtige, sorgende Liebe, wie sie vor allem zwischen Gott und dem Menschen bzw. dem Menschen und Gott stattfindet. Als brüderliche Liebe kann sie aber auch die ganze Menschheit umfassen. *Agape* verfügt sowohl über Elemente des *Eros* wie der *Philia*. Sie unterscheidet sich von diesen, weil sie eine perfekte Form von Liebe anstrebt, die über das Einzelne hinausgeht, eine *Philia*, die nicht auf Erwiderung angewiesen ist.

Fast alle Philosophen haben sich mit der Liebe und ihrer Bedeutung beschäftigt. Zwei Beiträge erscheinen mir besonders aufschlussreich: Freuds Psychoanalyse und Sartres Existentialismus. Für Freud bedeutet Liebe die Sublimierung eines Instinkts (eines Triebs), der uns mit dem Leben verbindet. »Eros«, dem »Lebenstrieb«, steht der »Todestrieb«, »Thanatos«, gegenüber. Es entspinnt sich ein Kampf zwischen diesen beiden antagonistischen Kräften, der erhaltenden und der vernichtenden Kraft.

Für Sartre heißt Lieben im Wesentlichen, geliebt werden zu wollen.

Da der andere uneingeschränkt frei ist, genügt es nicht, uns seinen Körper anzueignen, wenn wir sein Interesse und seine Aufmerksamkeit besitzen wollen. Wir müssen von seiner Subjektivität, das heißt von seiner Liebe Besitz ergreifen. Die Liebe, so behauptet der Existentialismus, ist eine in sich widersprüchliche, von vornherein zum Scheitern verurteilte Unternehmung. Die Unmöglichkeit liegt darin, dass man nicht gleichzeitig seine Subjektivität aufgeben, also lieben, und sich gegen den Verlust der Freiheit auflehnen kann.

Obwohl ... vielleicht ist es auch nicht so.

Eine alte Geschichte der Sioux-Indianer erzählt, dass eines Tages Wilder Büffel, der mutigste und angesehenste der jungen Krieger, und Leichte Wolke, die Tochter des Häuptlings und eine der schönsten Frauen des Stamms, Hand in Hand zum Zelt des alten Medizinmannes kamen.

»Wir lieben uns«, sagte der junge Krieger.

»Und wir wollen heiraten«, ergänzte das Mädchen.

»Unsere Liebe ist so groß, dass wir Angst um sie haben.«

»Deshalb möchten wir einen Zauber, einen Talisman.«

»Etwas, das uns garantiert, dass wir für immer zusammenbleiben.«

»Das uns die Gewissheit gibt, dass wir zusammenbleiben, bis Manitu den Tag unseres Todes bestimmt.«

»Bitte«, baten sie noch einmal, »gibt es etwas, das wir tun können?«

Der alte Medizinmann betrachtete die beiden und war ge-

rührt, als er sah, wie jung und verliebt sie waren und wie sehnsüchtig sie auf seine Antwort warteten.

»Es gibt da etwas …«, sagte er schließlich nach einer langen Pause. »Aber ich weiß nicht … Es ist eine sehr schwierige und aufopferungsvolle Aufgabe.«

»Das macht nichts«, beteuerten beide.

»Ganz gleich, was es ist«, betonte Wilder Büffel.

»Gut«, sagte der alte Medizinmann. »Leichte Wolke, siehst du den Berg dort, nördlich vom Lager? Du musst ihn alleine besteigen und mit bloßen Händen, nur mit Hilfe eines Netzes, den schönsten und stärksten Falken einfangen. Wenn du ihn gefangen hast, bring ihn am dritten Tag nach Vollmond hierher. Hast du verstanden?«

Das Mädchen nickte stumm.

»Und du, Wilder Büffel«, fuhr der Medizinmann fort, »du sollst die Donnerberge besteigen. Auf dem Gipfel wirst du den wildesten aller Adler vorfinden. Den fange mit bloßen Händen und einem Netz und bringe ihn unverletzt und lebend zu mir, und zwar am selben Tag, an dem auch Leichte Wolke zurückkehrt. Nun geht …«

Die beiden jungen Leute sahen sich verliebt an, und nach einem scheuen Lächeln machten sich beide auf den Weg, um ihren Auftrag zu erfüllen, sie nach Norden, er nach Süden …

Am verabredeten Tag erschien das junge Paar vor dem Zelt des Medizinmanns. Jeder von ihnen hatte einen Sack mit dem verlangten Raubvogel dabei.

Der Alte bat sie, die Tiere vorsichtig aus den Säcken zu holen. Die beiden taten es und zeigten dem Medizinmann die erbeuteten Vögel. Dieser nickte zustimmend. Es waren wirklich schöne Exemplare, wahrscheinlich die schönsten ihrer Rasse.

»Sind sie hoch geflogen?«, fragte der Medizinmann.

»Oh, ja. Es war alles, wie du gesagt hast. Und nun?«,

fragte der junge Krieger. »Töten wir sie und trinken ihr ehrenvolles Blut?«

»Nein«, sagte der alte Mann.

»Dann kochen wir sie und essen ihr mutmachendes Fleisch«, schlug der junge Krieger vor.

Der Alte verneinte auch diesmal.

»Tut, was ich euch sage. Nehmt die Vögel und bindet sie mit diesen Lederschnüren an den Füßen zusammen. Dann gebt sie frei und lasst sie fliegen.«

Der junge Krieger und das Mädchen taten, wie er geheißen, und ließen dann die Vögel frei.

Der Adler und der Falke versuchten, sich in die Lüfte zu erheben, aber sie flatterten lediglich hilflos am Boden. Außer sich darüber, begannen die Tiere aufeinander einzuhacken, bis sie beide bluteten.

»Das ist der Talisman. Vergesst nie, was ihr soeben gesehen habt. Ihr seid wie dieser Adler und dieser Falke; wenn ihr euch aneinanderfesselt, und sei es aus Liebe, werdet ihr nicht nur ein Leben lang voneinander abhängig sein, sondern ihr werdet euch früher oder später gegenseitig weh tun. Wenn ihr wollt, dass die Liebe zwischen euch bleibt, dann fliegt gemeinsam, aber niemals in Fesseln.«

Ich würde dieser Liste von Eros, Philia und Agape gerne noch einen weiteren Begriff hinzufügen, ein weiteres Modell der Begegnung: die Intimität.

Intimität, eine große Herausforderung

In einer intimen Beziehung zu sein bedeutet weder, dass man andere benutzt, noch, dass man immer glücklich ist. Es bedeutet, sich anständig zu verhalten und Erfolge wie Niederlagen zu teilen. Es bedeutet, an deiner Integrität festzuhalten, deine Selbstachtung zu nähren und deine Beziehungen zu stärken. Diese Art von Weisheit zu entwickeln erfordert eine lebenslange Suche, die unter anderem viel Geduld verlangt.

Virginia Satir

Wie wir bereits wissen, sind die emotionalen Bindungen, die wir mit anderen eingehen, unterschiedlich intensiv. Am einen Ende der Skala stehen die alltäglichen, eher belanglosen Beziehungen, ohne große Verpflichtungen, die für mich weniger Begegnungen als vielmehr zufällig sich kreuzende Wege sind. Ich nenne sie so, weil sie genau so funktionieren: Die Wege eines Mannes und einer Frau laufen aufeinander zu, bis sie sich schließlich berühren, doch schon im selben Moment beginnen sie sich wieder zu trennen.

Davon unterscheiden sich die intensiveren, beständigeren Bindungen. Unsere Wege treffen sich, und eine Zeitlang gehen wir ein Stück des Weges gemeinsam. Diese Begegnungen möchte ich, sofern sie eine tiefere Bedeutung haben, als intime Bindungen bezeichnen.

Ich rede nicht von Intimität als Synonym für Privatheit

oder Sexualität, von Bettgeschichten oder Paarbeziehungen, sondern von allen tiefergehenden Begegnungen. Ich spreche von Beziehungen zwischen Freunden, Geschwistern, Männern und Frauen, deren emotionale Tiefe erlaubt, weiterzugehen und mehr miteinander zu teilen als zum jetzigen Zeitpunkt.

In einer intimen Beziehung geht es darum, nicht an der Oberfläche zu bleiben. Es ist diese Suche nach Tiefe, die ihr die Stabilität verleiht, damit sie Bestand hat und die Zeit überdauert.

Eine intime Beziehung ist eine emotionale Bindung, die über das Übliche hinausgeht, denn sie gründet auf dem stillschweigenden Einverständnis, keine Angst davor zu haben, sich eine Blöße zu geben, und auf der Verpflichtung, ganz man selbst zu sein.

Diese Verpflichtung ist eine Art von Versprechen, das der Beziehung eine andere Tragweite verleiht. Eine Beziehung ist verbindlich, wenn man bereit ist, das, was man einander gesagt hat, in Ehren zu halten. Sie ist es, wenn ich von vornherein weiß, dass ich mich auf den anderen verlassen kann. Nur wenn ich ernsthaft den Wunsch verspüre, dass du mich kennenlernst, kann ich es wagen, mich so zu geben, wie ich bin, ohne die Angst zurückgewiesen zu werden, sobald du siehst, wie ich wirklich bin.

Um mit Carl Rogers zu sprechen: *Nur wenn ich merke, dass du mich ganz und gar annimmst, dann und nur dann kann ich dir mein liebevollstes, mein kreativstes und mein verletzlichstes Ich zeigen.*

Die intime Beziehung gibt mir wie keine andere die Möglichkeit, völlig authentisch zu sein.

Offenheit, Aufrichtigkeit und Vertrauen sind zu wichtig, um sie jedem zu schenken. Ich sage immer, dass es einen großen Unterschied zwischen Aufrichtigkeit und Hemmungslosigkeit gibt (meinem Chef zu sagen, dass er ein Rindvieh ist, zeugt von Dummheit und ist mitnichten eine wohlüberlegte Entscheidung).

Im täglichen Leben offenbare ich mich nicht jedem, denn Aufrichtigkeit ist etwas so Bedeutsames, dass man sie sich für einige wenige Beziehungen reservieren sollte, wie wir später noch sehen werden.

Intimität impliziert Hingabe und setzt ein sicheres Umfeld voraus, das es uns ermöglicht, uns zu öffnen. Nur in der Intimität kann ich dir alles geben, was ich zu geben habe.

Denn Hingabe und Offenheit haben einen Haken: Wenn ich mich öffne, mache ich mich zwangsläufig verwundbar.

Ja, natürlich, Intimität ist per definitionem ein Ort der Verletzlichkeit und folglich mit Risiko verbunden. Wenn ich mein Herz öffne, ist der Schmerz, den der andere, mit dem ich vertraut bin, mir zufügen kann, ungleich größer als in jeder anderen Art von Beziehung.

Hingabe bedeutet, meinen Panzer abzulegen und mich bloß und ungeschützt den Blicken des anderen auszusetzen.

Intimität zuzulassen bedeutet, dem anderen das Werkzeug an die Hand zu geben, mit dem er mir weh tun kann, und gleichzeitig die Sicherheit zu haben, dass er es nicht tun wird.

Deshalb geht man eine intime Beziehung nicht so ohne weiteres ein; sie entsteht vielmehr in einem ständigen Prozess der Entwicklung und Veränderung, bis sich in uns der Wunsch verfestigt, uns zu öffnen. Nach und nach gehen wir sämtliche Risiken ein, die Hingabe und Authentizität mit sich bringen, und offenbaren unsere Geheimnisse, je mehr Räume der Anerkennung und Öffnung wir uns erschließen.

In dieser Art von Beziehung ist der Respekt vor der Individualität des anderen ein grundlegendes Merkmal.

Intimität entsteht nur, wenn ich in der Lage bin, mich an unserer Wesensverwandtschaft und unseren Ähnlichkeiten zu erfreuen und gleichzeitig all deine Unterschiede anzuerkennen und zu respektieren.

Tatsächlich bin ich nur dann zu einer intimen Beziehung fähig, wenn ich mir bewusst mache, dass wir verschieden sind, und wenn ich diese Unterschiedlichkeit, die ich sehe, nicht nur akzeptiere, sondern darüber hinaus entschlossen bin, alles dafür zu tun, dass du weiterhin deine Andersartigkeit pflegen kannst.

Unsere Ähnlichkeiten führen uns zusammen.

Unsere Unterschiede bereichern unser Miteinander.

Natürlich kann es geschehen, dass ich während dieses Prozesses, wenn ich endlich nahe genug an die andere Kutsche herangekommen bin und den Passagier deutlich sehen kann, feststelle, dass mir das, was ich sehe, nicht gefällt.

Das kann passieren, und es passiert immer wieder. Aus der Entfernung betrachtet, erschien mir der andere wunderbar, aber nachdem wir ein kurzes Stück gemeinsam zurückgelegt haben, stelle ich fest, dass mir das, was ich gerade entdecke, ganz und gar nicht gefällt.

Die Frage ist: Kann ich eine intime Beziehung zu jemandem haben, den ich nicht mag?

Die Antwort ist: NEIN.

Eine intime Beziehung aufzubauen setzt voraus, dass bestimmte Dinge passieren *müssen*.

Jede intime Beziehung stützt sich auf drei Aspekte menschlicher Bindung.

Diese drei Pfeiler sind:

Liebe
Anziehung
Vertrauen

Man kann daran arbeiten, besser miteinander zu reden, man kann lernen, den anderen zu respektieren, man kann lernen, sein Herz zu öffnen ... Aber es gibt Dinge, die kann ich nicht lernen, sie müssen einfach passieren.

Ohne diese drei Pfeiler gibt es keine Intimität. Wenn aus einer intimen Beziehung die Liebe, das Vertrauen oder die Anziehung verschwinden, ist es keine intime Beziehung mehr. Sie wird zu einem guten zwischenmenschlichen Verhältnis, zu einer intensiven oder angenehmen Freundschaft, aber sie besitzt nicht länger die Merkmale einer intimen Beziehung.

Damit eine intime Beziehung Bestand hat und die Pfeiler, auf denen sie ruht, tragfähig sind, muss ich in der Lage sein, dich zu lieben, ich muss dir vertrauen können, und du musst nach wie vor attraktiv für mich sein.

Wenn zwischen uns Intimität herrschen soll, musst du mich lieben, du musst mir vertrauen, und ich muss dir gefallen.

Das mit den drei Pfeilern wäre nicht weiter problematisch, wäre da nicht diese irritierende Kleinigkeit: Auf keines dieser drei Dinge (Liebe, Vertrauen, Anziehung) haben wir Einfluss.

Das wirklich Dramatische ist, dass ich nichts dafür tun kann, damit eines dieser drei Dinge passiert. Es hängt nicht von meiner Entscheidung ab. Ich entscheide mich nicht, dich zu lieben, dir zu vertrauen oder dich attraktiv zu finden. Sosehr ich mich auch bemühe, es gibt nichts, was ich tun kann, wenn es nicht von selbst eintritt.

Intimität entsteht also, wenn in einer Beziehung beide sich lieben, beide einander vertrauen und beide sich zueinander hingezogen fühlen. An allem anderen kann man arbeiten.

Aber es liegt nicht in unserer Hand, jemanden zu lieben, den wir nicht mehr lieben, wieder Gefallen an jemandem zu finden, der uns nicht mehr gefällt, oder wieder Vertrauen zu jemandem zu fassen, dem wir nicht mehr vertrauen.

Das soll natürlich nicht heißen, dass es nicht auch vom Verhalten des anderen abhängt, ob ich so empfinde oder nicht. Wir können uns ohne weiteres vorstellen, dass ich zwar keinen Einfluss darauf habe, ob ich dich liebe, mich zu dir hingezogen fühle oder dir vertraue. Du hingegen schon.

Du kannst etwas dafür tun, damit ich merke, dass du vertrauenswürdig bist, du kannst versuchen, mir zu gefallen und meine Liebe zu dir zu wecken.

Wenn jemand Einfluss auf meine Liebe, mein zu dir Hingezogen-Sein und mein Vertrauen hat, dann du.

Damit eine wirklich intime Beziehung entstehen kann, muss ich mich zum anderen hingezogen fühlen.

Dabei tut es nichts zur Sache, ob es sich um einen Mann, eine Frau, einen Freund oder einen Bruder handelt: Der andere muss attraktiv für mich sein. Mir muss gefallen, was ich sehe, was ich höre, was der andere ist. Nicht alles, aber er oder sie muss mir gefallen.

Wenn der andere mir absolut nicht gefällt, wenn er nichts hat, was mich anzieht, dann können wir ein herzliches Verhältnis haben, wir können zusammen arbeiten, wir können uns treffen und Dinge miteinander unternehmen, aber wir können keine intime Beziehung haben.

Um intim und vertraut miteinander zu sein, braucht es neben Offenheit, Vertrauen, auch die Fähigkeit, mich zu öffnen, Liebe, Wesensverwandtschaft, die Fähigkeit zur Kommunikation, gegenseitige Toleranz, gemeinsame Erfahrungen und Pläne, den Wunsch zu wachsen und vieles andere mehr. Und vor allem eines: Der andere muss mir gefallen, ich muss mich zu ihm hingezogen fühlen.

Dieses Gefallen muss nicht zwangsläufig körperlich sein. Mir kann gefallen, wie der andere sich ausdrückt, wie er Dinge tut; seine Art zu denken, sein Herz. Aber noch einmal: die Anziehung muss da sein.

Es gibt Paare, die nur zu gerne Intimität hätten, aber feststellen müssen, dass die gegenseitige Anziehung verlorengegangen ist. Dann gehen sie zu einer Paarberatung oder schütten einem befreundeten Paar ihr Herz aus oder wenden sich an den Pfarrer. Sie sagen: »Ich weiß nicht, was mit uns los ist. Nichts ist mehr, wie es mal war. Wir haben keine Lust mehr, uns zu sehen. Ich weiß nicht, ob wir uns noch lieben oder nicht.« Oft hat einfach vor langer Zeit die Anziehung nachgelassen, das ist alles.

Trau dich, die folgende Übung zu machen.

Suche dir jemanden, von dem du glaubst, dass ihr eine intime Beziehung miteinander habt. Nun macht jeder für sich eine Liste mit all den Dingen, die er heute am anderen anziehend findet. Vorsicht, ich sagte HEUTE. Nicht, was man früher einmal anziehend fand, sondern das, was einem *hier und jetzt* am anderen gefällt. Dann setzt euch zusammen und vergleicht eure Listen. Nutzt die Gelegenheit, um das Geschriebene in Worte zu fassen. Es ist so wunderbar, den anderen sagen zu hören: »Mir gefällt an dir …«

Von Liebe und Vertrauen unterscheidet sich die Anziehung durch eine Besonderheit: Sie kennt keine Erinnerung.

Ich fühle mich nicht zu dem hingezogen, was du einmal warst, sondern zu dem, was du bist.

Natürlich erinnere ich mich an den Tag, als ich dich kennenlernte. Wenn ich an diesen Moment zurückdenke, wird mir warm ums Herz. Doch das ist keine Anziehung, sondern Nostalgie.

Ich kann dich für das lieben, was du einmal warst, für das, was du für mein Leben bedeutest, um unserer gemeinsamen Geschichte willen. Ich vertraue dir wegen dem, was zwischen uns war und was du mir gegeben hast. Die Anziehung jedoch funktioniert nur in der Gegenwart, denn sie leidet an *Vergesslichkeit*.

Der dritte Pfeiler ist das Vertrauen. Um über Vertrauen zu sprechen, müssen wir zunächst einige andere Begriffe klären.

Als ich vor vielen Jahren zum ersten Mal über diese Fragen nachdachte, weil ich im Rahmen meiner Tätigkeit als Dozent in der therapeutischen Ausbildung darüber sprechen wollte, entwickelte ich ein Konzept, das (wie jedes Konzept) die Wirklichkeit zwar nicht eins zu eins abbildet, es aber hoffentlich erlaubt, unsere Beziehungen zu den anderen besser zu verstehen.

Ich bin der Ansicht, dass sich unsere Beziehungen nach drei großen Gruppen klassifizieren lassen, abhängig davon, wie wir mit dem Wissen über uns und den anderen umgehen:

Alltägliche Beziehungen
Intime Beziehungen
Offene Beziehungen

In der ersten Gruppe, und dazu gehören die meisten meiner Beziehungen, bin ich es, der entscheidet, ob ich ehrlich bin, ob ich lüge oder etwas für mich behalte. Es ist meine Entscheidung, die mein Handeln bestimmt, nicht die festgesetzten Regeln der Beziehung.

Aber ist es zulässig zu lügen? Auch nach zwanzig Jahren denke ich immer noch, was ich damals in *Briefe an Claudia* schrieb: Zu wissen, dass ich lügen könnte, macht die Tatsache, dass ich die Wahrheit sage, zu etwas Besonderem.

In intimen Beziehungen hingegen gibt es keinen Platz für Lügen. Ich kann die Wahrheit sagen oder sie für mich behalten, doch solche Beziehungen lassen per definitionem keine Unaufrichtigkeit zu.

Aber was ist der Unterschied zwischen Lügen und Etwas-für sich-Behalten?

Behalte ich etwas für mich im Sinne von etwas nicht sagen wollen, ist es Teil meiner Freiheit und meines Privatlebens. Dass ich eine intime Beziehung zu jemandem habe, bedeutet nicht, dass ich damit meine Freiheit oder mein Recht auf Privatheit aufgebe. Eng und vertraut mit jemandem sein heißt nicht, dass kein Rückzugsort mehr für mich selbst bleibt.

Wenn ich eine intime Beziehung mit meiner Frau führe, dann ist es Teil der Abmachung, dass ich sie nicht belüge und sie mich nicht belügt. Nehmen wir mal an, ich treffe mich mit meinem Bruder und unterhalte mich mit ihm. Nun beschließe ich aus irgendeinem Grund, dass ich Perla nicht erzählen will, was ich mit Cacho besprochen habe, zum Beispiel, weil ich annehme, dass es ihm nicht gefallen würde. Dann ist es selbstverständlich mein Recht, ihr nicht zu sagen, worüber ich mich mit meinem Bruder unterhalten habe, weil es eine Sache zwischen mir und meinem Bruder ist. Aber als ich nun nach Hause komme, fragt mich meine Frau ganz unschuldig: »Woher kommst du?« Wir haben die Abmachung, uns nicht zu belügen, deshalb kann ich nicht sagen »Von der Bank«, denn das wäre gelogen. Also sage ich: »Ich war bei meinem Bruder«, in der Hoffnung, dass sie nicht weiter nachfragt. Aber in diesem Fall erkundigt sie sich weiter: »Aha ... Und, was sagt dein Bruder?« Ich kann nun nicht zu ihr sagen »Nichts«, denn dann würde ich sie anlügen. Ich kann auch nicht sagen »Das kann ich dir nicht sagen«, denn das wäre ebenfalls gelogen (natürlich könnte ich es ihr erzählen, wenn ich wollte). Was also tun? Ich will es ihr nicht erzählen, aber ich will sie auch nicht anlügen. Da ich ein intimes Verhältnis zu ihr habe, eine Beziehung, die es erlaubt, Dinge für mich zu behalten, nicht aber zu lügen, sage ich einfach zu ihr: »*Das will ich dir nicht erzählen.*« Was ich mit Cacho besprochen habe, gehört zu meinem persönlichen Leben, und ich habe beschlossen, es für mich zu behalten. Aber ich bin nicht bereit zu lügen.

Wäre eine kleine, harmlose Lüge nicht einfacher als diese ganze Geschichte? So was wie »er hat mich gebeten, es nicht zu erzählen« oder »wir haben über Geschäftliches geredet«? Natürlich wäre es einfacher. Aber auch wenn es eine Bagatelle zu sein scheint, würde diese eine Lüge die ganze Struktur unserer Intimität zerstören. Wenn du dir das Recht herausnimmst, zu entscheiden, wann eine kleine Lüge besser ist, dann kann ich nicht mehr wissen, wann du mir die Wahrheit sagst.

Auf dieser Beziehungsebene weiß ich zwar nicht, ob du mir die ganze Wahrheit sagst, aber ich kann sicher sein, dass alles, was du mir erzählst, die Wahrheit ist.

Was den letzten Punkt angeht, die offene Beziehung, so ist dieser Begriff einigen wenigen Beziehungen vorbehalten, einer oder zwei im Leben, wie man sie zu seinem besten Freund, seiner besten Freundin hat. In einer solchen Beziehung gibt es per se keinen Platz, um etwas für sich zu behalten.

Wenn ich im Kontext der Intimität von Vertrauen spreche, dann meine ich damit die grundlegende Gewissheit, dass du mich nicht belügen wirst. Kann sein, dass du beschließt, mir etwas nicht zu erzählen, etwas nicht mit mir zu teilen. Das ist dein gutes Recht; aber du wirst mich nicht belügen. Das, was du mir erzählst, ist die Wahrheit oder zumindest das, was du für die Wahrheit hältst. Du magst dich täuschen, aber du belügst mich nicht.

Vertrauen in einer intimen Beziehung setzt ein so hohes Maß an Aufrichtigkeit dem anderen gegenüber voraus, dass ich die Möglichkeit, ihn zu belügen, überhaupt nicht in Betracht ziehe.

Es ist wichtig, sich dieser Herausforderung zu stellen. Sich bewusst zu machen, dass Liebe, Anziehung und Vertrauen Dinge sind, die passieren oder eben nicht. Wenn sie nicht passieren, kann die Beziehung durchaus eine gute sein, aber sie ist eben keine tiefe, intime Beziehung.

Ich sage immer, das Leben ist ein nicht-kommerzieller Handel, ein Geben und Nehmen. In einer intimen Beziehung ist das Verhältnis zwischen dem, was ich gebe, und dem, was ich nehme, ausgewogen. Und das ist etwas, das man manchmal austarieren muss.

Es gibt Menschen, die in dem Glauben durch die Welt gehen, dass sie die ganze Zeit geben müssen, ohne den anderen die Möglichkeit zu lassen, etwas zurückzugeben, weil sie glauben, dass sie mit dieser aufopfernden Haltung dazu beitragen, die Beziehung zu erhalten. Sie wären sehr überrascht, wenn sie wüssten, wie furchtbar es ist, wenn man mit jemandem zusammen ist, der die ganze Zeit gibt und nichts annehmen will.

Sie halten sich für vorbildhaft, weil sie unablässig geben, »ohne etwas dafür zu verlangen«.

Etwas ganz anderes ist es, etwas zurückzuweisen, das man mir gibt, weil ich der Meinung bin, es nicht verdient zu haben. In dieser Haltung schwingt die Botschaft mit: »Das, was du gibst, ist nichts wert«, »deine Meinung zählt nicht«, »du hast keine Ahnung«.

Man muss wissen, welchen Schaden man beim anderen anrichtet, wenn man sich weigert anzunehmen, was der andere uns von Herzen zu geben hat.

Das Geschäft des Lebens ist ein Geben und Nehmen, das uns den Weg zur Intimität öffnet.

Pfeiler haben immer einen Sinn. In diesem Fall aber sind alle drei Pfeiler wirklich unerlässlich.

Ich glaube nicht, dass aus allen Begegnungen intime Beziehungen werden müssen. Aber nur sie geben dem Weg einen Sinn.

Die Liebe zu den Kindern

Der Mechanismus der projektiven Identifikation, durch den ich mich mit dem Objekt meiner Projektion identifiziere, ist oft der Anfang von dem, was wir gemeinhin »jemanden lieben« nennen. Das gilt für alle Arten von Beziehungen: zum Partner, zu Freunden, Cousins, Geschwistern, Neffen und Nichten, Onkel und Tanten, Schwagern und Geliebten – für alle, nur nicht für die Beziehung zu unseren Kindern. Und für diese Ausnahme gibt es einen einzigen Grund: Die eigenen Kinder erlebt man nicht als *andere*.

Wie ich schon in meinem Buch *Selbstbestimmt leben* schrieb: Wenn ein Kind geboren wird, empfinden wir dieses Ereignis buchstäblich als eine Erweiterung unserer selbst, obwohl dieses Kind doch ein eigenständiges Wesen ist.

Es gibt eine psychische Erkrankung, die sich psychopathische Persönlichkeitsstörung nennt. Ganz gleich, ob es sich um Kriminelle, Verbrecher, Folterer etc. handelt: Das Einzige, was diese Psychopathen interessiert, ist die Befriedigung ihrer persönlichen Ziele. Da sie eine asoziale Persönlichkeitsstruktur besitzen, haben sie keine Skrupel, einen anderen zu töten, wenn sie dadurch bekommen, was sie wollen.

Es handelt sich um Menschen, die keine Grenzen akzeptieren. Ein Psychopath kann nicht sagen »wenn ich an seiner Stelle wäre«, er kann sich nicht in den anderen hineinversetzen; er denkt nur an sich. Da er sich nicht mit anderen identifizieren kann, kann der Mechanismus der projektiven Identifikation nicht greifen, und da Liebe mit Identifikation beginnt, kann ein Psychopath nicht lieben.

Hat ein Folterer jedoch selbst Kinder, kann er sehr wohl liebevoll mit ihnen umgehen. Ein Psychopath kann für seine Kinder Dinge tun, die er für niemanden sonst tun würde, während er gleichzeitig die Mutter dieser Kinder misshandelt, schlägt, demütigt oder sie einfach nicht beachtet. Die Kinder werden von ihm als Teil seiner selbst erlebt, und folglich behandelt er sie genauso gut oder schlecht wie sich selbst.

Darin liegt für mich die Bestätigung, dass der Mechanismus der projektiven Identifikation bei allen greift außer bei den eigenen Kindern. Oder um es in den Worten von Atahualpa auszudrücken, der über die Freundschaft sagte, ein Freund sei »wie man selbst, nur in einer anderen Haut«.

Wir alle behandeln unsere Kinder genauso, wie wir es mit uns selbst tun, mit derselben Liebe und manchmal leider auch mit derselben Lieblosigkeit, die wir für uns selbst empfinden.

Jemand, der gut mit sich selbst umgeht, wird auch gut mit seinen Kindern umgehen.

Jemand, der nicht gut mit sich umgeht, wird auch nicht gut mit seinen Kindern umgehen.

Und jemand, der keinen Draht zu sich selbst hat, hat wahrscheinlich auch keinen Draht zu seinen Kindern.

Denn wir können unseren Kindern nur geben, was wir selbst in uns tragen.

Umgekehrt erleben Kinder ihre Eltern jedoch nicht als Erweiterung ihrer selbst, und das sind sie auch nicht.

Meine Kinder sind ein Teil von mir, und deshalb liebe ich sie bedingungslos. Umgekehrt aber gilt das nicht.

Eltern hegen für ihre Kinder das Gefühl bedingungsloser Zugehörigkeit. Die Kinder tun dies aber keineswegs für ihre Eltern.

Werden die Kinder irgendwann einmal solche Gefühle entwickeln?

Ja. Für ihre Kinder. Aber nicht für mich.

Elternliebe ist eine ungleiche Liebe, die erst in der nächsten Generation zum Ausgleich kommt. Es handelt sich um einen Fall von aufgeschobener oder vielmehr verschobener Gegenseitigkeit: du gibst an deine Kinder weiter, was ich dir gegeben habe.

Es ist kein Verdienst, seine Kinder zu lieben; sie hingegen müssen sich ganz schön anstrengen, um uns zu lieben … Sie müssen ein Stück von uns entdecken, das sie auf sich projizieren können … sich dann damit identifizieren … und schließlich diese Identifikation in Liebe umwandeln. Dann werden sie uns lieben (oder auch nicht), je nachdem, wie es ihnen in dieser Beziehung ergangen ist.

Ich spreche hier von Mutter- *und* Vaterliebe. Das Erleben der Kinder als Erweiterung der eigenen Persönlichkeit ist nicht allein der Mutter vorbehalten.

Es gibt jedoch Frauen, die nicht nur das Privileg der Geburt für sich beanspruchen, sondern uns Männern auch das Recht absprechen, dasselbe für unsere Kinder zu empfinden wie sie.

Bei einem meiner Vorträge sagte einmal eine Frau zu mir:

»Angeblich ist die Liebe der Mutter zu ihrem Kind ja eine natürliche Sache, während die Liebe des Vaters zu seinem Kind erst durch die Liebe zur Mutter entsteht.«

Als sich alle Blicke im Saal auf sie richteten, setzte sie hinzu:

»Das stammt nicht von mir, das hat man in Untersuchungen herausgefunden …«

Ich weiß nicht, wie das Verhältnis dieser Meinungsforscher zu ihren Kindern war, aber was ich weiß, ist, dass ich und alle Männer, die ich kenne, ihre Kinder uneingeschränkt lieben, unabhängig von der Liebesbeziehung zu deren Mutter. Anders wäre es nicht nachvollziehbar, weshalb ein Vater imstande ist, sein Leben für sein Kind zu geben, aber nicht unbedingt für seine Frau. Das passt nicht zusammen. Vielmehr glaube ich, dass im Kopf von jemandem, der sein Kind nur liebt, weil er seine Frau liebt, etwas sehr Kompliziertes abläuft.

Wenn es stimmt, dass statistisch gesehen mehr Kinder von ihren Vätern verlassen werden, müsste man fragen, ob es die Unfähigkeit der Väter beweist, ihre Kinder als Erweiterung ihrer selbst zu lieben, oder ob dieses Verhalten darauf zurückzuführen ist, dass die Gesellschaft dem Vater einen bestimmten Platz zuweist.

Ließen wir es zu, dass Väter dieselben Empfindungen haben können, die angeblich ausschließlich den Müttern vorbehalten sind, dann gäbe es vielleicht nicht so viele Väter, die ihre Kinder verlassen.

Wenn die Mutter glaubt, das alleinige Recht an und den alleinigen Anspruch auf die Kinder zu besitzen, und die Gesellschaft sie darin bestärkt, welcher Platz bleibt da für den Vater? Die Aufgabe des Vaters ist es, für den finanziellen Unterhalt zu sorgen, die der Mutter, für ihre Kinder da zu sein.

Die Gesellschaft behauptet also (völlig zu Recht), man dürfe eine Mutter nicht von ihrem Kind trennen. Warum das allerdings für den Vater nicht gelten sollte, ist mir schleierhaft.

Und doch behaupten die Experten genau das. Sollen wir ihnen glauben?

In dem Film *Verführe mich* erzählt ein einfacher Mann die folgende Geschichte vor der Kamera:

Als ich acht Jahre alt war, entdeckte ich den Verborgenen Fluss. Niemand wusste, wo er war, niemand in der ganzen Gegend konnte sagen, wie man dort hinkam, aber alle sprachen davon. Als ich zum ersten Mal an den Verborgenen Fluss kam, wusste ich gleich, dass ich ihn gefunden hatte. Man weiß es, wenn man hinkommt. Es war der schönste Ort, den ich je gesehen hatte. Bäume neigten sich über den Flusslauf, und riesige Fische schwammen im glasklaren Wasser. Ich zog meine Kleider aus und sprang hinein. Ich schwamm zwischen den Fischen, sah die Sonne auf dem Wasser glitzern und fühlte mich wie im Paradies. Nachdem ich den ganzen Nachmittag dort verbracht hatte, ging ich nach Hause, nicht ohne den Weg zu markieren. Zu Hause angekommen sagte ich zu meinem Vater:

»Papa, ich habe den Verborgenen Fluss gefunden.«

Mein Vater sah mich an und erkannte sofort, dass ich nicht log. Er strich mir über den Kopf und sagte:

»Ich war ungefähr in deinem Alter, als ich ihn zum ersten Mal sah. Ich habe nie wieder dorthin zurückgefunden.«

Und ich rief:

»Aber ich habe den Weg markiert. Ich habe Zeichen zurückgelassen und Zweige abgeknickt, wir können zusammen hingehen.«

Als ich am nächsten Tag wieder hingehen wollte, fand ich die Wegweiser nicht wieder, die ich zurückgelassen hatte, und so blieb der Fluss auch für mich verborgen. Mir blieben nur die Erinnerung und das Gefühl, dass ich noch einmal nach ihm suchen musste.

Zwei Jahre später gingen wir an einem Herbsttag zur Parkverwaltung, weil mein Vater auf Arbeitssuche war. Während mein Vater in einer Schlange auf sein Gespräch wartete, sah ich, dass an der Wand eine riesige Karte von der gesamten Gegend hing. Jeder Berg, jeder Fluss, jede geographische Besonderheit

derheit waren darauf verzeichnet. Ich ging mit meinen jüngeren Geschwistern näher heran, um nach dem Verborgenen Fluss zu suchen und ihn ihnen zu zeigen. Wir suchten und suchten, aber ohne Erfolg.

Da kam ein riesiger, schnauzbärtiger Parkwächter auf uns zu und sagte zu mir:

»Was suchst du da, Kleiner?«

»Wir suchen den Verborgenen Fluss«, sagte ich, auf seine Hilfe hoffend.

»Diesen Fluss gibt es nicht.«

»Aber ich bin doch darin geschwommen!«

Daraufhin sagte er:

»Du bist im Roten Fluss geschwommen.«

Und ich entgegnete:

»Ich bin in beiden geschwommen, ich kenne den Unterschied.«

Aber er blieb dabei:

»Diesen Fluss gibt es nicht.«

Inzwischen war mein Vater wieder zu uns gekommen. Ich zupfte an seinem Hosenbein und sagte:

»Sag's ihm, Papa! Sag ihm, dass es den Verborgenen Fluss gibt!«

Daraufhin sagte der Mann in Uniform:

»Schau mal, mein Junge, dieses Land ist darauf angewiesen, dass die Landkarten der Realität entsprechen. Alles, was tatsächlich existiert und nicht auf der Karte der offiziellen Parkverwaltung verzeichnet ist, wäre eine Bedrohung für die Sicherheit des Landes. Wenn der Verborgene Fluss nicht auf dieser Karte ist, dann gibt es ihn nicht.«

Ich zupfte meinen Vater erneut am Ärmel und bat ihn:

»Papa, sag's ihm …«

Mein Vater brauchte den Job, also senkte er den Kopf und sagte:

»Mein Junge, er ist der Experte. Wenn er sagt, dass es ihn nicht gibt …«

An diesem Tag lernte ich also: Vorsicht vor Experten. Wenn du in einem Fluss geschwommen bist, deinen Körper in sein Wasser getaucht und dich an seinem Ufer gesonnt hast, dann lass dir nicht von Experten einreden, dass es ihn nicht gibt. Vertraue deinen Empfindungen mehr als den Experten, denn Experten sind Leute, die sich nur selten nassmachen.

Wie viele Kinder hatten es wohl mit solchen Experten zu tun, die Väter aus der gefühlsmäßigen Bindung ausklammern?

In wie vielen Flüssen sind sie nicht geschwommen?

Ganz ehrlich: Was tut es zur Sache, was die Psychologen sagen? Was tut es zur Sache, was ich, die Bücher oder wer auch immer sagt? Das einzig Wichtige in der Liebe ist das, was der Einzelne empfindet.

Die erste Schwangerschaft meiner Frau wurde nicht von der Hebamme festgestellt, sondern in der Klinik, in der ich arbeitete. Ich hatte innerhalb von zwei Wochen fünf Kilo zugenommen, mir war schlecht und ich fühlte mich elend, also ging ich zu meinem Arzt. Er untersuchte mich und fragte dann:

»Kann es sein, dass Perla schwanger ist?«

Ich verneinte, weil wir wirklich nichts wussten. Als ich nach Hause kam, fragte ich meine Frau:

»Bist du vielleicht schwanger?«

»Nein. Ich bin zwar seit einer Woche überfällig, aber ich glaube nicht …«

Acht Monate später wurde Demián geboren.

Alle Männer empfinden Neid, weil sie keine Kinder austragen können. Dieser Neid hat viele Gesichter und zeigt sich in den unterschiedlichsten Verhaltensweisen. Angesichts einer Gesellschaft, die dem Mann große Verantwortung aufbürdet, die bei einer Schwangerschaft zu den Frauen sagt »Wie schön, herzlichen Glückwunsch!« und zu den Männern »Jetzt ist der Spaß vorbei, Junge, jetzt fängt der Ernst des Lebens an«, stellt sich mir aber vor allem die Frage: Wie sollte der Mann da keine Lust haben, sich aus dem Staub zu machen? Sind nicht wir es, die diese Sätze sagen und so dafür sorgen, dass der Mutterliebe eine so große Vorrangstellung eingeräumt und die Liebe des Vaters hintangestellt wird?

Aus meiner beruflichen Erfahrung als Arzt, Psychiater und Gestalttherapeut weiß ich, dass immer eine schwere Störung die Ursache ist, wenn jemand sein eigenes Kind nicht liebt. Aber ich weiß auch, dass nicht zwingend eine ernsthafte Bindungsstörung vorliegen muss, wenn ein Kind keine Liebe für seinen Vater oder seine Mutter empfindet. Es wird darunter leiden und damit leben müssen, sie nicht zu lieben, aber das bedeutet nicht zwangsläufig, dass es eine Persönlichkeitsstörung hat.

Man könnte annehmen, dass nur leibliche Kinder als Erweiterung der eigenen Persönlichkeit empfunden werden. Aber das ist nicht so. Adoptivkinder werden ganz genauso geliebt, mit derselben Intensität und Bedingungslosigkeit, und das ist ganz wunderbar. Adoptieren heißt, nicht einfach nur ein Kind großzuziehen und es offiziell ins Familienstammbuch aufzunehmen. Es bedeutet, dieses neue Kind als Fortsetzung der eigenen Persönlichkeit zu erleben.

Wenn ich wirklich von Herzen adoptiere, erlebe ich dieses Kind, als wäre es ein Stück von mir, mit derselben Liebe und derselben innigen Verschmelzung, die ich bei einem leiblichen Kind empfinde.

Da beide durch eine bewusste Entscheidung in unser Leben kamen, erleben wir unsere Kinder, leibliche wie adoptierte, als Verwirklichung unserer Wünsche und als Antwort auf ein Gefühl der Unvollkommenheit oder das Bedürfnis nach Wiedergutmachung. Wir prägen sie mit unseren Geschichten, den guten wie den schlechten. Wir erziehen sie mit all unseren guten Seiten und auch mit unseren schlimmsten Neurosen – was vielleicht gar nicht so schlecht für sie ist, wie ich immer halb im Scherz, halb im Ernst sage. Wie furchtbar wäre es gewesen, wenn meine armen Kinder zwei völlig normale Eltern ohne die kleinste Neurose gehabt hätten. Man stelle sich das vor: Ohne jede einschlägige Erfahrung in eine Welt voller Neurotiker geschubst zu werden ... Ein Albtraum!

Mit Perla und mir als Eltern konnten meine Kinder rausgehen und sich sagen:

»Ah, ist ja wie zu Hause hier! Alles gut!« ...

Scheidung der Eltern

Bis unsere Kinder erwachsen sind, sind sie fast vollständig auf uns angewiesen. Das bedeutet, dass wir in gewissem Maße verpflichtet sind, die Familie als Institution für sie zu erhalten.

Als meine älteren Kollegen mit der Psychologie anfingen, war die Leitlinie, was Trennungen betraf, viel einfacher. Sie lautete:

»Lieber glücklich getrennte Eltern als Eltern, die zusammenbleiben, sich aber ständig streiten.«

Man sagte das mit einer Ungezwungenheit und Leichtfertigkeit, die an Unverschämtheit grenzte und uns heute erstaunt.

Die meisten Paartherapeuten sind inzwischen der Ansicht, dass die Familienstruktur und die Liebesbeziehung zwischen

Vater und Mutter wichtig für die Entwicklung einer eigenen Identität und letztlich die seelische Gesundheit des Kindes sind.

Niemand kann genau sagen, was die Trennung der Eltern mit der Psyche eines zweijährigen Kindes macht. Sehr wahrscheinlich sind die Folgen nicht sehr groß, sofern es kein »Gezerre« um das Kind gibt. Aber selbst wenn die Wahrscheinlichkeit einer Schädigung nur gering ist, glaube ich, dass man vorsichtig mit dieser Verantwortung umgehen muss, die in dem Moment beginnt, in dem man die Entscheidung trifft, Kinder zu bekommen.

Wenn ein Paar zu mir in die Praxis kommt und erzählt:

»Wir wollen heiraten und Kinder bekommen ...«

Dann sage ich zu ihnen:

»Ist Ihnen bewusst, dass Sie sich, wenn Sie jetzt schwanger werden, in den nächsten Jahren nicht trennen können, ganz egal, was zwischen Ihnen passiert?«

»Wieso nicht? Wer sagt das?«

»Ich.«

Auch wenn sie nicht auf mich hören: Das ist es, was ich glaube. Ich bleibe dabei: Die Bedrohung, die ein Kind in einer solchen Situation empfindet, lässt sich gar nicht ermessen.

Denk daran:

Ein Kind zu haben ist etwas Wunderbares, aber es bedeutet auch, eine gewaltige Verantwortung zu tragen, die viele Jahre andauern wird. In den ersten zwei Jahren ist sie riesengroß, bis das Kind fünf ist hat sie absolute Priorität, ist besonders relevant, bis es zehn ist, nach wie vor groß, bis es fünfzehn ist, und immer noch beträchtlich, bis es fünfundzwanzig wird.

Und dann?

Dann kannst du mit deinem Leben machen, was du willst. Die Wahrheit ist nämlich, dass du danach keinen großen Einfluss mehr auf das hast, was dein Kind ist, denkt oder sagt.

Ist es für das Kind also besser, wenn Eltern sich weiter streiten und mit Tellern nacheinander werfen?

Kommt ganz auf den Fall an, meine ich.

Wenn der Vater die Mutter mit einem Messer durch die Wohnung verfolgt, ist es sicherlich besser, wenn die beiden sich trennen, keine Frage.

Aber:

Ich erinnere mich, wie ich vor Jahren während einer familientherapeutischen Weiterbildung durch eine Glasscheibe hindurch als Beobachter an einer paartherapeutischen Sitzung eines genialen Kollegen teilnahm.

Er und sie, beide um die fünfundzwanzig, führten ganz ähnliche Argumente an: »Es geht einfach nicht mehr ... Wir wollen uns trennen ... Es ist vorbei.« Der Therapeut erkundigte sich nach dem Alter der Kinder, und die Frau sagte: »Der Große ist drei, und das Baby ist sechs Monate alt.« Als der Therapeut daraufhin zu bedenken gab, dass die Trennung den Kindern schaden könne, sagte der Mann: »Aber wir sind nicht glücklich ...«

»Wenn Sie nicht glücklich sind«, sagte der Kollege, »sollten Sie sich trennen, damit Sie sich besser fühlen. Aber ich frage mich, wer sich um das Unglück der Kinder kümmert. Sie sind nicht glücklich? Halten Sie aus, warten Sie ein bisschen ab, suchen Sie einen Weg zusammenzuleben, seien Sie freundlich zueinander ... Es tut mir leid, aber es geht hier auch um Verantwortung. Wenn Sie nicht bereit sind, sie zu tragen, hätten Sie früher darüber nachdenken sollen. Jetzt ist es zu spät. Mag sein, dass der Moment wiederkommen wird, aber ich denke

nicht jetzt. Ich weiß … Es ist Schicksal. Sie konnten und wollten es nicht verhindern, Sie sind zwei verantwortungslose Tagträumer, Sie haben nicht darüber nachgedacht, es ist einfach so passiert, Sie haben sich getäuscht … Wirklich schade … Aber jetzt, jetzt stehen Sie zu Ihrer Verantwortung. Nichts von dem, was Sie anführen, ist eine Entschuldigung dafür, dass Sie denen weh tun, die sich nicht wehren können … Tut mir leid.«

Bevor man sich trennt, sollte man genau abwägen. Vor allem, wenn die Kinder jünger als zwei Jahre sind. Nicht diesen Unsinn nachbeten: »Je eher, desto besser.« Wirklich? Ich glaube das nicht.

Man sollte nicht unterschätzen, welchen Schaden man bei einem Baby anrichten kann, das alles wie ein Schwamm aufsaugt und alles versteht, aber keine Fragen stellen kann.

Ein Paar, das Kinder, gleich welchen Alters, hat, sollte sich erst trennen, wenn *alle* Mittel ausgeschöpft sind … Alle.

Natürlich kommt es manchmal vor, dass wirklich nichts mehr zu retten ist. Alle Möglichkeiten sind ausgeschöpft, und das Paar trennt sich. Und auch wenn ich zum Thema Trennung meine feste Meinung habe, finde ich, wenn es vorbei ist, sollte man sich klarmachen, dass das Leben nicht vorbei ist, nur weil ein Projekt gescheitert ist.

Wenn die Eltern nicht wegen der Kinder zusammenbleiben konnten oder wollten, ist es gut, daran zu denken, dass Papa oder Mama von einem anderen Menschen geliebt werden und einen neuen Partner finden könnten. Kinder wissen das zu schätzen, auch wenn sie sich zunächst dagegen sträuben.

Denn wenn Mama für immer allein bleibt, werden die Kinder irgendwann ihren Vater für diese Einsamkeit verantwortlich machen.

Die Kinder werden größer

Wenn ein Paar zueinanderfindet und beschließt, Kinder zu bekommen, trifft es damit eine wunderbare, aber auch dramatische Entscheidung für die Zukunft. Und ich sage »dramatisch«, weil es immer dramatisch ist, mir bewusst zu machen, dass der Mensch, den ich genauso liebe wie mich selbst oder sogar noch mehr, mich irgendwann verlassen, kritisieren oder verachten wird und sich entscheidet, sein Leben ohne mich zu leben.

Und genau das werden und müssen unsere Kinder tun. Und wir müssen sie darin bestärken. Mit ein bisschen Glück sehen wir, wie sie das Nest verlassen, obwohl sie an unseren Fehlern tragen und manchmal auch unter dem zu leiden haben, was wir richtig gemacht haben.

Ich empfehle eine kleine Übung.

Nimm ein Blatt Papier und lege zwei Spalten an. Über die eine schreibst du »Was ich bekommen habe« und über die andere »Was mir gefehlt hat«. In der ersten Spalte notierst du nun alles, was du in deiner Herkunftsfamilie bekommen hast, und in der zweiten das, von dem du glaubst, dass es dir gefehlt hat.

Wenn ich eine solche Liste machen müsste, würde ich schreiben, dass es viel Liebe, Geborgenheit und Inspiration gab und verbindliche Regeln und dass die Arbeit einen hohen Stellenwert hatte. Auf der anderen Seite würde ich sagen, dass es mir an gemeinsam verbrachter Zeit, Anerkennung, Zärtlichkeit und spielerischer Leichtigkeit fehlte.

Das ist meine Geschichte, so wie ich sie mir erzähle. Deine mag eine ganz andere sein.

Das, was ich bekommen habe, und das, was mir gefehlt hat, ist bestimmend für mein weiteres Leben. Dass ich heute die Person bin, die ich bin, hängt damit zusammen, was ich mitbekommen und was ich vermisst habe.

Deine Liste ist der Grund dafür, dass du so bist, wie du bist. Hättest du andere Dinge bekommen und hätten dir andere Dinge gefehlt, wärst du heute ein anderer.

Und nun ziehen wir unsere Lehre aus der Übung.

Wenn ich mein Elternhaus verlasse, um mein eigenes Leben zu leben, neige ich dazu, mir einen oder mehrere Menschen zu suchen, der oder die mir das geben, was mir bislang gefehlt hat.

Und so zog ich, Jorge Bucay, in die Welt hinaus, um nach jemandem zu suchen, der immer für mich da ist, der mich wertschätzt und mir Anerkennung gibt, der mir die Zuwendung schenkt, die mir manchmal fehlte, und mit dem ich unbeschwert sein und Spaß haben kann (Dinge, die mir, soweit ich mich erinnere, gefehlt haben).

Wenn wir erwachsen werden, brechen wir auf und begeben uns auf die Suche nach dem, was wir vermisst haben, anstatt unseren Eltern einen Vorwurf daraus zu machen.

Keine Frage, unser Blick auf das, was uns gefehlt hat, wird dadurch beeinflusst, wer wir sind. Aber es geht hier nicht mehr um meine Eltern, sondern um mich. Diese spielerische Übung zeigt, welchen Einfluss meine persönliche Lebensgeschichte auf meine freie Wahl haben kann, aber sie zeigt auch, dass diese Freiheit unumgänglich ist.

Wenn ich mich auf die Suche nach dem mache, was mir gefehlt hat, dann nehme ich gleichzeitig das mit, was mir mitgegeben wurde. Und so habe ich im Austausch gegen das, was ich suche, auch Dinge zu geben: meine Liebe, meine Fürsorge, meine Inspiration, meine Vorliebe für verbindliche Regeln und meine große Wertschätzung der Arbeit.

Das ist es, was mich ausmacht.

Wir machen uns auf die Suche nach dem, was uns gefehlt hat, um im Austausch dafür das zu bieten, was wir bekommen haben.

Ich selbst bin ganz zufrieden damit, meine Liebe, meine Fürsorge, meine Sicherheit weiterzugeben, wenn dafür der andere zu mir kommt und sagt: Ich bin für dich da, ich gebe dir Anerkennung, komm her, ich streichle dich, lass uns unbeschwert sein und Spaß haben … Daran ist nichts Schlechtes.

Fatal wäre es, wenn ich empört entgegnen würde:

»Oh, nein, jetzt nicht. Ich muss arbeiten! …«

Manchmal ist das Gefälle zwischen dem, was wir erwarten, und dem, was wir im Austausch dafür zu bieten haben, ziemlich groß. Man kann natürlich auch andere Dinge geben als die, die man von zu Hause mitbekommen hat.

Mag sein, dass ich durch das geprägt bin, was mir mitgegeben wurde, aber mit etwas Glück stelle ich fest, dass ich mich davon befreien und selbst entscheiden kann, was ich geben will. Und wenn ich es allein nicht schaffe, kann ich um Hilfe bitten.

Aber Vorsicht: Hilfe ist nicht gleichbedeutend mit Therapie. Leider gibt es Dinge, die man in einer Therapie nicht lernt. Die einem nur das Leben beibringen kann. Eine Therapie ist nur sinnvoll, wenn alle anderen Instanzen gescheitert sind.

Die meisten meiner Kollegen sind derselben Ansicht und

nehmen aus Berufung und Verantwortungsgefühl die Rolle des Unterstützers oder Stellvertreters ein, die der Patient benötigt. Ich glaube, wenn jemand zu Hause nicht bekommen hat, was er braucht, wird er woanders danach suchen. Und wenn man sucht, wird man immer fündig. Aber fest steht auch: Der Patient wird nur dann durch die Therapie etwas erhalten, wenn er sich dem Therapeuten menschlich verbunden fühlt.

Im Rahmen einer Gruppentherapie machte eine Frau, die sehr niedergeschlagen und traurig wirkte, die zuvor geschilderte Übung. Nachdem sie lange nachgedacht hatte, sagte sie: »Was ich bekommen habe? Nichts. Was mir gefehlt hat? Alles.«

Als ich das Ganze nun umkehrte, musste sie feststellen, dass sie in einer Welt lebte, von der sie »alles« verlangte, aber »nichts« dafür gab.

Und natürlich fand sie nicht, was sie suchte.

Sie jammerte die ganze Zeit, weil sie sich immer wieder täuschte und einsam war.

Und sie beklagte sich darüber, wie ungerecht es war, dass niemand ihr geben wollte, was sie suchte.

Sie hing in dieser Schleife fest: Sie suchte jemanden, der bereit war, ihr im Austausch gegen »nichts« »alles« zu geben.

Aber das Leben ist ein Tauschhandel. Geben und Nehmen sind zwei Seiten einer Medaille. Hat die Münze nur eine Seite, ist sie falsch, egal, welche der beiden Seiten fehlt. Aber es ist tragisch, wenn jemand »nichts« bekommt, nachdem er »alles« gegeben hat.

Vor den Toren eines Dorfes stand einmal ein großer, ausladender Baum, der allen, die vorüberkamen, kühlenden Schatten spendete und sie mit seinem Blütenduft und dem herrlichen Gezwitscher der Vögel erfreute, die in seiner Krone nisteten.

Alle im Dorf liebten den Baum, ganz besonders aber die Kinder, die den Stamm hinaufkletterten und sich von seinen Zweigen schaukeln ließen.

Auch dem Baum war die Gesellschaft der Allerkleinsten die liebste, aber ein Kind gab es, das er ganz besonders mochte. Dieser Junge kam immer gegen Abend, wenn die anderen nach Hause gingen.

»Hallo, mein kleiner Freund«, sagte der Baum und neigte mühsam seine Zweige zum Boden, um dem Kind beim Hinaufklettern zu helfen. Er erlaubte ihm, ein paar junge Triebe abzubrechen, damit es sich einen Kranz daraus flechten konnte, obwohl ihm das Gezupfe ein wenig weh tat. Der Junge schaukelte fröhlich in den Zweigen und erzählte dem Baum, was er so erlebt hatte.

Doch als der Junge größer wurde, hörte er von einem Tag auf den anderen auf, den Baum zu besuchen.

Als der Baum ihn Jahre später von ferne vorübergehen sah, rief er ihm freudig zu:

»Mein Freund … mein kleiner Freund! Komm her zu mir, du bist so lange nicht mehr hier gewesen. Steig in meine Zweige, dann können wir uns ein wenig unterhalten.«

»Ich habe keine Zeit für diesen Blödsinn«, sagte der Junge.

»Aber wir hatten doch so viel Spaß miteinander, als du klein warst …«

»Damals wusste ich nicht, dass man Geld braucht, um im Leben zurechtzukommen. Heute bin ich schlauer. Hast du Geld, das du mir geben kannst?«

Der Baum wurde ein wenig traurig, fasste sich aber rasch wieder.

»Geld habe ich nicht, aber meine Zweige hängen voller Früchte. Du kannst hinaufklettern und dir welche mitnehmen. Du könntest sie verkaufen und so das Geld verdienen, nach dem dir der Sinn steht.«

»Gute Idee«, sagte der Junge und stieg auf den Ast, den der Baum ihm entgegenneigte, damit er hinaufklettern konnte wie damals, als er noch klein war.

Der Junge pflückte sämtliche Früchte vom Baum, auch die, die noch nicht reif waren, füllte sie in Säcke und ging damit zum Markt. Der Baum wunderte sich, dass sein Freund kein Wort des Dankes für ihn übrig hatte, aber er vermutete, dass der Junge es eilig hatte, bevor der Markt schloss.

Fast zehn Jahre vergingen, bis der Baum seinen Freund wiedersah. Aus dem Jungen war ein Mann geworden.

»Wie groß du geworden bist!«, stellte er gerührt fest. »Komm, klettere hinauf, wie du es als Kind getan hast, und erzähl mir von dir.«

»Du kapierst nichts. Ich bin zu alt, um auf Bäumen herumzuklettern … Was ich brauche, ist ein Haus. Kannst du mir eines beschaffen?«

Der Baum dachte eine Weile nach.

»Nein, aber meine Äste sind stark und biegsam. Du könntest dir ein stabiles Haus daraus bauen.«

Der junge Mann rannte davon. Eine Stunde später kehrte er mit einer Säge zurück und begann Äste abzusägen, trockene wie grüne. Der Baum spürte den Schmerz, doch er beklagte sich nicht, denn er wollte nicht, dass sein Freund sich schuldig fühlte. Einer nach dem anderen fielen die Äste zu Boden, bis nur noch der nackte Stamm übrig war. Der Baum schwieg, bis die Holzernte beendet war und der junge Mann davonging. Er wartete vergeblich auf einen Blick oder eine Geste der Dankbarkeit, die niemals kam.

All seiner Äste beraubt, begann der Baum zu verdorren. Er war zu alt, um erneut auszuschlagen und neue Blätter hervorzubringen. Vielleicht sagte er deshalb nur, als er den Mann zehn Jahre später wiederkommen sah:

»Was brauchst du diesmal?«

»Ich möchte reisen. Aber wie könntest du mir dabei helfen? Du hast weder Äste noch Früchte, die ich verkaufen könnte.«

»Das macht nichts, mein Junge«, sagte der Baum. »Du kannst meinen Stamm fällen, ich brauche ihn sowieso nicht mehr. Du könntest dir ein Kanu daraus bauen, um damit die Welt zu bereisen.«

»Gute Idee«, sagte der Mann.

Einige Stunden später kehrte er mit einer Axt zurück und fällte den Baum. Er baute sein Kanu und ging. Von dem Baum blieb nur ein Stumpf zurück.

Es heißt, dass der Baum noch immer auf die Rückkehr seines Freundes wartet, damit dieser ihm von seiner Reise erzähle.

Er begriff nie, dass er nicht zurückkommen würde. Das Kind war erwachsen geworden, und solche Männer kehren niemals dorthin zurück, wo es nichts zu holen gibt. Und der Baum wartet, obwohl er weiß, dass er nichts mehr zu geben hat.

Noch einmal: Unsere Prägung hat uns zu dem gemacht, was wir sind. Aber wir haben immer noch die Wahl.

Wenn ich einsehe, dass es unmöglich ist, jemanden zu finden, der mir Nähe, Anerkennung, Zärtlichkeit und Lockerheit geben kann und der im Gegenzug meinen Hang zu verbindlichen Regeln, meine hohen Ansprüche und mein enormes Arbeitspensum erträgt ... Vielleicht fange ich dann an, etwas an dem zu verändern, was ich gebe. Vielleicht lerne ich, andere Dinge zu geben. Vielleicht lerne ich etwas Neues dazu.

Es kann sein, dass dir bei dieser Übung klarwird, dass du genau das gibst, was dir selbst am meisten gefehlt hat. Das kommt vor ...

Auf meinem Weg lerne ich zu geben, was ich brauche.

Das ist eine höchst interessante Entdeckung. Ein meisterhafter Schachzug, damit ich das bekomme, was ich haben möchte.

Es kann zum Beispiel sein, dass ich mich bemühe, jeden so zu nehmen, wie er ist, weil es das ist, wonach ich im Grunde selbst suche: jemanden, der mich bedingungslos annimmt. Es ist ein kleiner Versuch, zu sehen, ob das, was ich brauche, zu mir zurückkommt.

Zurück zu den Kindern. Ich sagte, dass wir für unsere Kinder verantwortlich sind, bis sie erwachsen sind. Wenn man nicht bereit ist, diese Verantwortung zu übernehmen, sollte man keine Kinder bekommen. Man wird ja nicht dazu gezwungen.

In vielen europäischen Ländern geht die Geburtenrate zurück. Weltweit entscheiden sich immer mehr Paare gegen Kinder. Auch in Argentinien ist diese Tendenz zu beobachten. Das häufigste Argument lautet:

»Es gibt so viel Leid und Unglück auf der Welt, die Werte gehen den Bach runter … Warum sollten wir Kindern dieses Leid zumuten?«

Auch in Spanien, wo ich häufig bin, höre ich das gelegentlich. Im Gespräch sagte ich den Paaren, dass ich ihre Haltung nachvollziehbar fände, vom Kopf her könne ich sie verstehen, aber:

»Adoptieren Sie doch ein Kind«, schlug ich vor. *»Dieses Kind ist schon da und wird noch mehr leiden, wenn Sie es nicht aufziehen …«*

»Nein … Also … Wir wollen noch so viel erleben, und eigentlich …«

Der wahre Grund ist also ein anderer. War es immer.

»Wir wollen keine Kinder, weil wir das Leben genießen wollen. Mein Partner und ich sind uns selbst genug, da ist kein Platz für einen Dritten …«

Eine solche Einstellung mag für uns, die wir Eltern sind, schwer nachvollziehbar erscheinen, aber ich kann sie verstehen. Das erste Argument hingegen nicht. Vielleicht neige ich, weil ich Arzt bin, zu der Ansicht, dass Leben immer besser ist, als nicht zu leben. Vielleicht auch, weil ich nicht so sicher bin, dass die Welt ein so furchtbarer Ort ist.

Ich sehe keine schreckliche, düstere Welt voraus, sondern eine Welt voller Unsicherheit.

Vieles, was passiert und womit wir uns auseinandersetzen müssen, hat seine Ursache in der Geschwindigkeit der Kommunikation.

Das Wissen der Menschheit hat sich zwischen dem Jahr 400 und dem Jahr 1500 verdoppelt. Zweihundertfünfzig weitere Jahre vergingen, bis sich das Wissen ein weiteres Mal verdoppelte. Das heißt, es dauerte elfhundert Jahre, bis sich das Wissen erstmals verdoppelte, aber nur zweihundertfünfzig Jahre, bis es sich erneut verdoppelte.

Das nächste Mal wurde das weltweite Wissen im Jahr 1900 erfasst, und diesmal lag der Quotient bei 2,5 (also mehr als eine Verdopplung), die Zeitspanne hingegen hatte sich verkürzt: diesmal waren es nur hundertfünfzig Jahre. Von da an breitete sich das Wissen rasend schnell aus. Man geht heute davon aus, dass sich das Wissen der Menschheit alle zwanzig Jahre verdoppelt; in einigen Bereichen der Wissenschaft geht es noch schneller. Man schätzt, dass sich im Jahr 2020 das globale Wissen alle sechs Monate verdoppeln wird. Alle sechs Monate wird die Menschheit in nahezu allen Bereichen doppelt so viel wissen, wie sie hundertachtzig Tage zuvor wusste.

Da stellt sich mir die Frage: Was kann ich meinen Kindern da noch erklären? Was?

Alles, was ich ihnen beibringen kann, wird ihnen, wenn sie erwachsen sind, nicht mehr viel nützen.

Es sei denn, ich bringe ihnen bei, nach eigenen Antworten zu suchen.

»Papa, woraus besteht Wasser?«

»Schau mal, hier ist ein Atlas, hier ist ein Lexikon, lass uns mal nachsehen …«

Obwohl ich es weiß! Wozu das Ganze? Um dem Kind vorzumachen, dass ich es nicht weiß? Nein. Um ihm zu zeigen, wie man selbst an Informationen kommt.

Klar, dafür muss ich auf die väterliche Eitelkeit verzichten zu sagen:

»Das kann ich dir sagen, mein Junge … H_2O, Carlitos. H_2O!«

Ich muss akzeptieren, dass mein Wissen mir nützlich ist, aber nicht jedem weiterhilft. Ich kann es an meine Kinder weitergeben, aber ich muss ihnen klarmachen, dass es mein Wissen ist. Ich kann nicht so tun, als wäre es ihres, und davon ausgehen, dass sie es übernehmen.

Wir sollten unseren Kindern vermitteln, was wir wissen, aber uns gleichzeitig darüber im Klaren sein, dass es ihnen womöglich nicht weiterhilft. So bescheiden müssen wir sein: Uns klarzumachen, dass sie von uns übernehmen können, was ihnen weiterhilft, um den Rest über Bord zu werfen.

Eine sinnvolle Erziehung beruht nicht allein auf akademischer Bildung, sondern auch auf der Entwicklung emotionaler Intelligenz und auf Lebenserfahrung.

Und darin liegt die Unsicherheit. Eine Unsicherheit, die nichts mit Bildung zu tun hat. Wir können einfach nicht wissen, wie die Welt aussehen wird, in der wir leben werden.

Als ich aufs Gymnasium ging, sagte mein Vater zu mir:

»Ich kann dir nicht versprechen, dass du reich wirst, wenn du studierst und ehrlich, fleißig und zielstrebig bist. Aber du wirst deine Familie ernähren können, du wirst ein Haus und ein Auto haben, du wirst in Urlaub fahren können, und du wirst es deinen Kindern ermöglichen können, etwas zu lernen und zu heiraten, damit es ihnen gutgeht.«

Als mein Vater das sagte, stimmte das. Er sprach aus seiner Lebenserfahrung heraus. So hatte er es erlebt, und es stimmte. Würde ich dasselbe heute zu meinem Sohn sagen, ich würde ihn anlügen. Ich kann ihm nämlich nicht versprechen, dass er immer was zu essen haben wird, wenn er studiert und fleißig arbeitet. Und er weiß das.

Die Welt unserer Kinder ist unsicher. Das ist nicht unsere Schuld, aber es ist so.

Die Welt ist heute eine andere, weil sich das Wissen rasend schnell verändert.

Ich muss meinem Sohn meinen Standpunkt verständlich machen, wozu auch meine Werte und meine emotionalen Fähigkeiten zählen, aber ich muss bescheiden genug sein, zu wissen, dass mein Kind das alles in Frage stellen kann.

Mein Vater sagte früher immer zu mir: »*Wenn ich sage, das ist so, dann ist das so!*«

Wenn ich das heute zu meinem Sohn sage, schüttet er sich aus vor Lachen! Und er hat recht. Denn warum sollte etwas so sein, nur weil ich es behaupte?

Aber Vorsicht: Das soll nicht heißen, dass man gar nichts mehr sagt und insgeheim denkt: »Sie werden schon klarkommen.«

Um unsere Werte und das, woran wir glauben, noch eindrücklicher zu vermitteln, müssen wir uns dieser Situation bewusst sein. Aber immer in dem Wissen, dass unsere Kinder diese Werte auf ihre eigene Welt übertragen und für ihr eigenes Verhalten übersetzen müssen. Denn sie leben in einer zunehmend unsicheren Welt.

Immer wenn ich bei einem Vortrag auf dieses Thema zu sprechen komme, steht jemand auf und sagt:

»Aber meine Generation war noch viel beschissener dran …«

Jede Generation glaubt von sich, dass sie der Dreh- und Angelpunkt ist, dass sie am meisten durchgemacht hat … Es gibt keine Generation, nicht eine, die mir das nicht erzählt hätte.

Natürlich erheben sie Einspruch! Sie erheben Einspruch, weil ich ihnen sage: Eure Bemühungen sind völlig umsonst. Warum hört ihr nicht auf, die armen Kinder zu piesacken?

Ich wasche jetzt mal meiner eigenen Generation den Kopf, indem ich sage:

Nicht die heutige Elterngeneration ist am schlimmsten dran. Am schwersten hatte es die Generation meiner Eltern. Warum? Weil ihre Generation einen unglaublichen Wertewandel mitgemacht hat.

Als mein Vater ein Kind war, war es ein Ereignis, wenn es Hühnchen gab. Meine Großmutter stellte es auf den Tisch, und weil mein Großvater am liebsten die Schenkel aß, löste er die Hühnerbeine aus, tat sie sich auf den Teller und ließ den Kindern den Rest. Keiner wäre auf die Idee gekommen, dieses Vorrecht meines Großvaters in Frage zu stellen. Es war das Vorrecht des Familienoberhaupts, sich zuerst zu nehmen.

Als dann mein Vater Kinder bekam, hatten sich die Regeln auf einmal verändert. Nun verteilte meine Mutter das Hühnchen: Ein Hühnerbeinchen für meinen Bruder, das andere für mich … und vom Rest konnte sich mein Vater nehmen. Der

Arme! Sein ganzes Leben lang hatte er nie die Wahl! Die Regeln wurden einfach über den Haufen geworfen! Frechheit!

Was die Generation meines Vaters erlebte, trifft für meine Generation nicht zu.

Meine Generation ist privilegiert. Und die meiner Kinder auch.

Wir hatten irgendwann die Wahl. Unsere Eltern nie!

Mein Großvater mochte als Kind nichts zu sagen gehabt haben, aber als Erwachsener schon. Das heißt, irgendwann kriegte er, was er wollte. Und wir auch. Bei der Generation hingegen, die im ersten Viertel des 19. Jahrhunderts geboren wurden, war das nie der Fall. Sie kriegte nie, was sie wollte.

Die Familie als Sprungbrett

Das Zuhause, in dem ich als Kind lebte, und die Menschen, mit denen ich mein Leben teilte, waren das Sprungbrett in mein Erwachsenenleben.

Die Familie ist immer ein Sprungbrett. Irgendwann müssen wir uns hinstellen und in die Welt hinausspringen.

Wenn ich mich beim Absprung am Brett festklammere, bleibe ich abhängig und mache nie meinen Weg.

Es wäre gut, wenn man sich traut, Anlauf zu nehmen und einfach zu springen. Das geht, wenn es ein stabiles Sprungbrett gibt. Wenn die Beziehung zur Familie stabil ist. Wenn der Partner einen unterstützt.

Dieses Sprungbrett ruht auf vier wichtigen Stützen. Wenn sie nicht tragen, kann das Kind nicht darauf stehen, ohne herunterzufallen.

Die erste Stütze ist die Liebe

Ein Kind, das sich von seinen Eltern nicht geliebt fühlt, hat eine schwierige Ausgangsposition, denn es wird große Probleme haben, sich selbst zu lieben. Sich selbst zu lieben lernt man durch die Liebe, die man von den Eltern bekommt. Das bedeutet nicht, dass man es nicht auch sonstwo lernen könnte; aber das Elternhaus ist der beste Ort dafür. Ein Kind, das nicht geliebt wurde, kann nicht lieben; warum sollte es also hinausgehen und die Begegnung mit anderen suchen?

Ein Sprungbrett, das über diese Stütze nicht verfügt, ist gefährlich. Es ist schwierig, darüberzulaufen. Es ist instabil.

Die zweite Stütze ist die Wertschätzung

Wenn ein Kind aus einem Elternhaus kommt, in dem es keine Anerkennung findet, fällt es ihm schwer, sich selbst wertzuschätzen. Elternhäuser, in denen das Selbstwertgefühl großgeschrieben wird, bieten hingegen ein gutes Sprungbrett. Virginia Satir schreibt: »In guten Familien ist der Topf der Selbstachtung gut gefüllt.« Das heißt, die Eltern halten sich für wertvoll, und sie halten ihre Kinder für wertvoll. Papa findet, dass Mama ein wertvoller Mensch ist, Mama findet, dass Papa ein wertvoller Mensch ist, Papa und Mama finden, dass ihre Familie wertvoll ist, und beide sind stolz auf die Gemeinschaft, die sie geschaffen haben.

Wenn ein Kind nach Hause kommt und sagt: »Was für eine tolle Familie!«, dann wissen wir, dass das Sprungbrett intakt ist.

Kommt das Kind hingegen nach Hause und sagt: »Kann ich zu Tante Margarita ziehen?«, dann haben wir ein Problem.

Und wenn ein Vater zu seinem Kind sagt: »Warum ziehst du nicht zu Tante Margarita?«, wird es auch schwierig.

Die dritte Stütze sind Regeln

Es muss Regeln geben, aber diese sollten nicht starr sein, sondern flexibel; man sollte sie hinterfragen, diskutieren und verhandeln können. Aber es muss sie geben.

Ich glaube, Familienregeln sind dazu da, verletzt zu werden, und es ist unsere Aufgabe, neue zu schaffen. Aber ich glaube auch, dass dieser Prozess erst stattfinden sollte, nachdem man gelernt hat, in einer sicheren und geschützten Umgebung heranzureifen. Und diese Umgebung ist die Familie. Regeln sind der sichere, vorhersehbare Rahmen, den ein Kind für seine Entwicklung braucht. Ein Zuhause ohne Regeln ist ein Sprungbrett, auf dem das Kind nicht stehen kann …

Die letzte Stütze ist die Kommunikation

Damit ein Kind den Absprung schafft, muss man ständig in einem aufrichtigen Austausch miteinander stehen.

Über kein anderes Thema wurden so viele Ratgeber geschrieben wie über das Thema Kommunikation. Lies sie gemeinsam mit deinem Partner, diskutiere mit deinen Kindern darüber, lasst den Fernseher ausgeschaltet und nehmt sie zum Anlass, euch zu unterhalten … Es ist eine Möglichkeit, die Kommunikation zu fördern, aber es ist nicht die wichtigste. Am wichtigsten sind jene Fragen, die aus dem Herzen kommen: Wie geht's dir? Wie war dein Tag? Willst du reden? …

Und: Nur über diese Stütze ist es möglich, die übrigen Stützen zu reparieren.

Liebe, Wertschätzung, Regeln und Kommunikation sind für ein Kind das Sprungbrett ins Leben, um sich auf den Weg der Selbstbestimmung und dann auf den Weg der Begegnung mit anderen zu machen.

Denk an dein eigenes Zuhause ... Welche Stützen waren stabil? Welche ein bisschen wacklig? Welche fehlten?

Wenn ich einmal den Absprung geschafft habe, sollte ich als Sohn oder Tochter wissen, dass ich von nun an selbst für mein Leben verantwortlich bin. Ich entlasse meine Eltern aus ihrer Verantwortung. Ihre Liebe zu mir wird bleiben, nicht aber ihre Verpflichtung mir gegenüber. Ich meinerseits befreie mich von jeder Verpflichtung und allen Ansprüchen, die ich ihnen gegenüber zu haben glaube. Und ich bin mir völlig bewusst, was ich da sage. Wenn ein Vater oder eine Mutter ihren erwachsenen Kindern etwas geben wollen, ist das immer ihre freie Entscheidung, niemals aber ihre Pflicht. Davor sind wir selbstverständlich für unsere Kinder verantwortlich, das steht völlig außer Frage.

Wenn man meine Mutter fragt, wer alles zu ihrer Familie gehört, wird sie mit Sicherheit sagen: »Mein Mann, meine beiden Söhne, meine beiden Schwiegertöchter und meine drei Enkelkinder.« Wenn ich gefragt werde, wer zu meiner Familie gehört, sage ich: »Meine Frau und meine beiden Kinder.« Ich sage nicht: »Meine Frau, meine beiden Kinder, meine Mutter und mein Vater.«

Das bedeutet nicht, dass meine Mutter nicht zu meiner Familie gehört oder dass ich sie nicht lieben würde.

Meine Mutter möchte immer noch, dass wir alle zur Familie gehören. Und sie hat recht.

Aber das ist für sie anders als für mich.

Als Vater muss ich wissen, dass das Sprungbrett für meine

Kinder bereitstehen muss. Die Begegnung mit ihnen ist eine Begegnung auf Zeit. Danach muss man ihnen auf andere Weise begegnen, ohne Zwänge und Verpflichtungen. Es werden Begegnungen sein, die ausschließlich auf Freiheit und Liebe beruhen.

Wenn ein Kind groß wird, müssen wir Eltern den letzten Schritt auf dem Weg zum Abschied akzeptieren.

Wir verabschieden uns schrittweise von unseren Kindern. Das erste Mal, wenn ein Kind geboren wird, wenn es zur Schule geht, wenn es zum ersten Mal ins Ferienlager fährt und nicht zu Hause schläft, wenn es seinen ersten Freund oder seine erste Freundin hat, wenn es seinen Schulabschluss macht, und das letzte Mal, wenn es erwachsen ist und beschließt, von zu Hause auszuziehen.

Mit diesem letzten Schritt bestätigen wir dem Kind, dass es nun erwachsen ist. Wir akzeptieren, dass es selbständig ist und uns nicht länger um Erlaubnis fragen muss, sondern tun und lassen kann, was es will.

Irgendwann geben wir ihm den letzten kleinen Schubs, wünschen ihm das Allerbeste und überlassen ihm von da an das Ruder.

Du bist jetzt für dich selbst verantwortlich, du bist dafür verantwortlich, wie es dir geht, du bist dafür verantwortlich, deine Familie zu ernähren, du bist dafür verantwortlich, das Schulgeld für deine Kinder zu zahlen, du bist für alles verantwortlich, was du für dich und deine Lieben willst. Und auf das, was du nicht hinbekommst, musst du verzichten.

Vor einigen Jahren kam einmal ein Paar zu mir, das einen Sohn hatte, dem es helfen wollte. Sie meinten es »sooo gut« …

Der Sohn, ein frischgebackener Mediziner, verdiente auf seiner Stelle im Krankenhaus 1200 Pesos. Die Schwiegertochter verdiente 700 Pesos als Erzieherin im örtlichen Kindergarten. Beide zusammen kamen also auf fast 2000 Pesos, was nicht gerade wenig ist. Aber die beiden Eltern kamen überein, »den Kindern« ein Appartement zu finanzieren, dessen monatliche Unkosten sich auf 1650 Pesos beliefen.

Was ist das für eine Hilfe?

Wenn die beiden die Nebenkosten bezahlen, Strom, Gas, Telefon, bleibt ihnen kein Peso mehr zum Leben. Manchmal ist elterliche Unterstützung völlig sinnlos oder, schlimmer noch, verhängnisvoll, denn sie verurteilt die Kinder dazu, von den Eltern abhängig zu sein.

Man muss lernen, nicht länger als Vater oder Mutter, als Sohn oder Tochter zu funktionieren. Das bedeutet, dass man sich auf die Liebe konzentrieren muss, die man füreinander empfindet. Alle gegenseitigen Verpflichtungen (Meine: dich zu unterstützen, dich zu finanzieren, dir zu helfen. Deine: mir zu gehorchen, mich um Erlaubnis zu fragen, zu tun, was ich sage.) sind beendet.

Die Kinder müssen ihre eigenen Fehler machen. Man muss hinnehmen, dass sie manches nicht hinkriegen und auch mal eine Niederlage verkraften müssen. Dass sie enttäuscht sind und leiden. Dass sie lernen zu verzichten, wenn es angesagt ist. Dass sie es nicht von den Eltern verlangen, um selbst nicht verzichten zu müssen.

Ich wäre froh, wenn ich die Gewissheit hätte, dass Demián und Claudia alleine zurechtkommen, wenn ich nicht mehr da bin. Ich fände das sehr beruhigend. Und ich werde alles dafür tun, dass ich noch selbst erlebe, wie sie ohne mich zurechtkommen.

Was unsere Kinder brauchen, ist, dass wir alles dafür tun, dass sie uns nicht brauchen. Das ist unsere Aufgabe als Eltern.

Meine Kinder als Geschwister

Als ich über dieses Kapitel des Buchs nachdachte, fiel mir auf, wie selten sich die Fachliteratur über Familie mit der Beziehung zwischen Geschwistern beschäftigt.

Ein merkwürdiger Umstand, wenn man bedenkt, dass diese Beziehung tatsächlich die erste Erfahrung unter Gleichen ist und die Überzeugungen und Prägungen, die uns unsere Erziehung mitgibt, für alle übrigen individuellen und Gruppenbeziehungen, die wir im Laufe unseres Lebens machen, wichtig sein werden.

Neben dem bereits erwähnten Umstand, dass Geschwister es mit ihresgleichen zu tun haben, ist das Geschwisterthema auch aus folgendem Grund hochinteressant: Ein Bruder, eine Schwester sind in vielerlei Hinsicht der einzige Zeuge, die einzige Zeugin meiner Kindheit. Meine Freunde und Schulkameraden waren nicht dabei, als sich dieses oder jenes ereignete, das mich vielleicht damals als Kind verletzte.

Ungeachtet dessen, dass wir Ereignisse durch den Filter unserer Erinnerung wahrnehmen und sich Geschwister mit Sicherheit nicht an dieselben Dinge erinnern oder ihnen eine andere Bedeutung beimessen, wirkt sich die Tatsache, dass wir Erlebtes teilen können, positiv auf unsere seelische Gesundheit aus.

Die Statistiken sprechen eine deutliche Sprache. Was die Häufigkeit neurotischer Störungen angeht, so sind Einzelkinder am häufigsten betroffen. Und an zweiter Stelle folgen die Erstgeborenen, diejenigen also, die ja zunächst einmal Einzelkinder waren.

Dass ich einen (Zeit)raum mit einem anderen teile, macht mich offensichtlich für zukünftige, kompliziertere Begegnungen fit. Neid, Eifersucht, Zank und Streit zwischen Geschwistern haben die Funktion eines Trainingslagers für ein zukünftiges soziales Miteinander.

Natürlich wirkt sich die Geschwisterbeziehung umso vorteilhafter aus, je besser das Verhältnis der Geschwister untereinander ist. Häufig wird die Beziehung von dem geprägt, was die Eltern bewusst oder unbewusst zwischen den Geschwistern gesät haben. Eltern sehen in ihren Kindern oft ideale Stellvertreter, um durch sie alte Familienkonflikte auf neue Weise zu lösen. Oder die Geschwister werden bei Konflikten zwischen den Eltern von der einen oder der anderen Seite als Verbündete benutzt. In allen Familien aber wird den Kindern eine bestimmte Rolle im Drehbuch der Eltern zugewiesen. Das heißt, Eltern benutzen ihre Kinder als Projektionsfläche, Verbündete oder Schauspieler mit verteilten Rollen, und niemand kann sich von diesen Zuweisungen freimachen.

Während ich, wenn Kinder neurotische Verhaltensweisen entwickeln, die Eltern weniger in der Verantwortung sehe, weil ich der Ansicht bin, dass die Wissenschaft den Einfluss der Eltern in dieser Hinsicht überbewertet, finde ich, dass ihre Verantwortung im Hinblick auf das Geschwisterverhältnis unterschätzt wird.

Ich glaube, dass fast immer die Eltern für ein schlechtes Verhältnis unter Geschwistern verantwortlich sind. Denn wie sie diese erzogen haben und insbesondere, wie sie ihre Beziehung zu den eigenen Brüdern und Schwestern vorgelebt haben, daraus ergibt sich ein direkter Zusammenhang. Und von diesem Gesichtspunkt aus, bin ich immer wieder erstaunt, wie erbittert Geschwister ums Erbe streiten, um Geld, um die Liebe der Eltern, um die Geschichte von Sätzen wie »Schau dir deinen Bruder an …« oder »Warum nimmst du dir nicht ein Beispiel an deiner Schwester?« …

Wer einen Bruder oder eine Schwester hat, ohne dass ihn etwas mit ihm oder ihr verbindet, dem fehlt in gewisser Weise ein Stück seines Lebens.

Das Geschwisterverhältnis ist katastrophal, wenn eines der Kinder von der Liebe der Eltern oder doch zumindest von ihrer Fürsorge und Aufmerksamkeit ausgeschlossen wird.

Ich sage nicht, dass man alle Kinder auf die gleiche Weise liebt, denn das stimmt nicht. Mit der Zeit entwickeln sich Affinitäten, und die Eltern fühlen sich jedem einzelnen ihrer Kinder in unterschiedlichen Momenten auf unterschiedliche Weise verbunden.

Ausgeschlossen zu werden ist immer schlimm, aber noch schlimmer ist es, wenn diese Geschichten erst nach dem Tod der Eltern zur Sprache kommen, so dass sich nichts mehr daran ändern lässt.

Mit der Zeit kommen weitere Personen ins Spiel, wie etwa Schwiegersohn oder Schwiegertochter, die für gewöhnlich das Verhältnis noch weiter komplizieren, mit wenig glücklichem Ausgang …

Die Probleme mit dem Schwiegersohn, der Schwiegertochter rühren daher, dass die Schwiegereltern ihnen gerne unterstellen, unaufrichtig zu sein, sich in die Familie einzuschleichen, den Eltern den Sohn oder die Tochter abspenstig zu machen … Und natürlich sind sie für alles verantwortlich, was unsere Kinder falsch machen.

Werden Kinder als Erweiterung der eigenen Persönlichkeit erlebt, erscheinen angeheiratete Verwandte oft als Eindringlinge, die mit am Tisch sitzen, ohne dazuzugehören.

So passiert es, dass dieser Fast-Fremde lediglich als die Person betrachtet wird, die mein Sohn, meine Tochter sich für ein gemeinsames Leben ausgesucht haben, nicht mehr und nicht weniger.

Sobald ich von Liebe und Konkurrenz zwischen Geschwistern spreche, fällt mir die Geschichte vom Bauern und seinem Testament ein.

Als der alte Nicasio zum ersten Mal ein Stechen in der Brust spürte, erschrak er so, dass er sofort den Notar kommen ließ, um sein Testament zu machen.

Der Alte hatte nie die hässlichen Szenen vergessen, die sich nach dem Tod seiner Eltern zwischen den Geschwistern abgespielt hatten. Und er hatte sich damals geschworen, dass es zwischen seinen beiden Söhnen Fermín und Santiago nie so weit kommen sollte. Schriftlich hielt er fest, dass nach seinem Tod ein Landvermesser kommen und alles auf den Millimeter genau vermessen und dann das Land in zwei exakt gleich große Parzellen teilen sollte. Den östlichen Teil sollte Fermín bekommen, der mit Frau und zwei Kindern bereits in einem kleinen Häuschen auf dieser Hälfte lebte, und die andere Santiago, der noch unverheiratet war und hin und wieder in dem alten Haus schlief, das auf dem westlichen Teil des Landes stand. Die Familie hatte ein Leben lang von dem gelebt, was das Land hergab, und der alte Mann hatte keinen Zweifel, dass der Boden genug abwarf, damit beide immer genug zu essen hatten.

Wenige Wochen, nachdem er sein Testament gemacht und seinen Söhnen von seiner Entscheidung erzählt hatte, starb Nicasio.

Wie zuvor festgelegt, kam der Landvermesser und teilte das zuvor vermessene Land in zwei gleich große Hälften, indem er auf jeder Seite des Grundstücks einen Pflock einschlug und eine Schnur dazwischen spannte.

Sieben Tage waren vergangen, als Fermín, der ältere der beiden Brüder, in die Kirche kam und um ein Gespräch mit dem Pfarrer bat, einem weisen und gütigen alten Mann, der ihn seit seiner Taufe kannte.

»Pater«, sagte er, »ich komme voller Schmerz und Reue. Ich glaube, ich begehe gerade einen Fehler, um einen zuvor gemachten Fehler zu korrigieren.«

»Worum geht es?«, erkundigte sich der Pfarrer.

»Ich will es Ihnen sagen, Pater. Bevor mein Vater starb, bestimmte er, dass das Land in zwei gleich große Teile geteilt werden sollte. Und ehrlich gesagt, Pater, erscheint mir das ungerecht. Ich habe eine Frau und zwei Kinder, mein Bruder hingegen lebt allein in dem Haus auf dem Hügel. Ich wollte keinen Streit vom Zaun brechen, als ich davon erfuhr, aber in der Nacht nach Vaters Tod stand ich auf und versetzte die Pflöcke dorthin, wo sie eigentlich stehen sollten … Und jetzt kommt's, Pater. Am nächsten Morgen waren die Pflöcke und die Schnur wieder an ihrem alten Platz. Ich dachte, ich hätte das alles nur geträumt, also versuchte ich es in der nächsten Nacht wieder, und am Morgen war die Schnur wieder an ihrem alten Platz. Ich wiederholte das Ganze Nacht für Nacht, aber das Ergebnis war immer das gleiche. Und jetzt denke ich, dass mein Vater mir vielleicht zürnt, weil ich gegen seinen Willen verstoßen habe. Ist es möglich, Pater, dass die Seele meines Vaters durch meine Schuld keine Ruhe findet?«

Der alte Priester sah ihn über seine Brillengläser hinweg an und fragte:

»Weiß dein Bruder von der Sache?«

»Nein, Pater«, antwortete der junge Mann.

»Dann lauf und sag ihm, er soll herkommen. Ich möchte mit ihm reden.«

»Aber Pater ... mein Vater ...«

»Darüber reden wir später. Jetzt hol deinen Bruder her.«

Als nach einer Weile Santiago, der jüngere Bruder, in das kleine Arbeitszimmer eintrat und dem Pfarrer gegenüber Platz nahm, kam dieser gleich zur Sache:

»So ... Du warst also nicht einverstanden mit der Entscheidung deines Vaters, das Land in zwei gleich große Hälften aufzuteilen, nicht wahr?« Der junge Mann verstand nicht, wie der Pfarrer von seinen Gedanken wissen konnte. »Und obwohl du nicht einverstanden warst, hast du nichts gesagt, stimmt's?«

»Ich wollte Vater nicht verärgern«, erklärte er.

»Und um ihn nicht zu verärgern, bist du Nacht für Nacht aufgestanden, um das Recht in die eigenen Hände zu nehmen und die Pflöcke zu versetzen, ist es nicht so?«

Überrumpelt und beschämt nickte der junge Mann.

»Dein Bruder wartet draußen. Sag ihm, er soll reinkommen«, befahl der Priester.

Wenig später saßen die beiden Brüder nebeneinander vor dem Priester und blickten schweigend zu Boden.

»Ihr solltet euch schämen! Euer Vater wird bittere Tränen euretwegen vergießen. Ich habe euch getauft, ich habe euch die erste Kommunion gereicht, ich habe dich getraut, Fermín, und deine Kinder getauft, während du, Santiago, sie übers Taufbecken gehalten hast. In eurer Dummheit habt ihr geglaubt, euer Vater kehre aus dem Jenseits zurück, um seine Entscheidung durchzusetzen, aber das ist nicht so. Euer Vater ist im Himmel und wird für immer dort bleiben. Ihr seid Brüder, und wie viele Geschwister seid ihr euch sehr ähnlich. Und so seid ihr beide, geleitet von niederen Beweggründen, Nacht für Nacht aufgestanden, um die Pflöcke zu versetzen. Natürlich waren die Pflöcke am nächsten Morgen wieder am alten Ort. Kein Wunder, wenn der andere sie wieder zurückversetzt hatte!«

Die beiden Brüder sahen auf, und ihre Blicke trafen sich.

»Fermín, du hast wirklich ...?«

»Ja, Santiago. Aber ich hätte nie gedacht, dass du ... Ich dachte, es wäre Papa, der mir böse ist ...«

Der Jüngere begann zu lachen und steckte seinen Bruder damit an.

»Ich liebe dich, kleiner Bruder«, sagte Fermín bewegt.

»Und ich liebe dich«, antwortete Santiago und stand auf, um Fermín zu umarmen.

Der Pfarrer lief zornesrot an.

»Was soll das? Ihr begreift gar nichts. Ihr gottlosen Sünder! Ihr wart beide auf euren eigenen Vorteil bedacht, und jetzt beglückwünscht ihr euch auch noch dazu. Es ist wirklich eine Schande!«

»Immer mit der Ruhe, Pater ... Bei allem Respekt, aber Sie sind es, der nicht begreift«, sagte Fermín. »Ich dachte jede Nacht, dass es nicht gerecht ist, wenn ich genauso viel Land bekomme wie mein Bruder. Ich habe Frau und Kinder, und irgendwann, sagte ich mir, wenn die Kinder älter sind, werden sie sich um uns kümmern; aber Santiago wird alleine sein. Und da dachte ich, es wäre nur gerecht, wenn er ein bisschen mehr bekäme, weil er es nötiger haben wird als ich. Deshalb stand ich jede Nacht auf und versetzte die Pflöcke auf meine Seite zurück, um sein Stück Land zu vergrößern ...«

»Und ich«, sagte Santiago mit einem breiten Grinsen, »wozu brauchte ich so viel Land? Ich fand es nicht gerecht, dass ich als Alleinstehender den gleichen Anteil erhielt wie Fermín, der vier Mäuler zu stopfen hat. Und da ich zu seinen Lebzeiten nicht mit Vater streiten wollte, stand ich Nacht für Nacht auf, um die Pflöcke umzusetzen und die Parzelle meines Bruders zu vergrößern.«

Die Liebe zu sich selbst

Wenn ich nicht an mich denke, wer dann?
Wenn ich nur an mich denke, wer bin ich dann?
Wenn nicht jetzt, wann dann?
Aus dem Talmud

Selbstachtung und Egoismus werden normalerweise als gegensätzliche Begriffe verstanden, obwohl beide eine ganz ähnliche Bedeutung haben: sich selbst zu lieben und wertzuschätzen, sich seiner selbst bewusst zu sein und auf sich selbst zu achten.

Es war einmal ein ziemlich dummer Mann, der immer alles verlor. Eines Tages sagte jemand zu ihm:

»Du musst dir aufschreiben, wo du deine Sachen hintust, damit du sie nicht immer verlierst.«

Als der Mann an diesem Abend ins Bett ging, nahm er einen Zettel. »Damit ich nicht immer alles verlege …«, dachte er.

Er zog das Hemd aus, hängte es an die Garderobe, nahm einen Stift und notierte: »Das Hemd hängt an der Garderobe.« Dann zog er die Hose aus, legte sie ans Fußende des Betts und schrieb: »Die Hose liegt am Fußende des Betts.« Er zog die Schuhe aus und notierte: »Schuhe unterm Bett.« Dann zog er die Strümpfe aus und notierte: »Strümpfe in den Schuhen unterm Bett.«

Als er am nächsten Morgen aufstand, fand er die Strümpfe genau dort, wo er sie laut Zettel hingelegt hatte, genauso die Schuhe, Hemd und Hose. Doch dann fragte er sich:

»Und wo bin ich?«

Er sah immer wieder auf dem Zettel nach, aber da er nicht aufgeschrieben hatte, wo er selbst war, fand er sich nie mehr wieder.

Manchmal haben wir große Ähnlichkeit mit diesem dummen Kerl. Wir wissen von allen möglichen Dingen, wo sie sich befinden, wir wissen, wer die Menschen sind, die wir lieben, haben aber oft keine Ahnung, wo wir selbst stehen. Wir haben vergessen, wo unser Platz in der Welt ist. Den Platz, den die anderen in unserem Leben einnehmen, finden wir sofort; manchmal können wir sogar sagen, welchen Platz wir in ihrem Leben einnehmen. Aber darüber vergessen wir, welchen Platz wir selbst in unserem Leben einnehmen.

Wir behaupten gern, dass wir ohne diesen oder jenen geliebten Menschen nicht leben könnten. Ich schlage vor, dass wir uns den folgenden Satz zu eigen machen, der unser tatsächliches Verhältnis zu uns selbst zusammenfasst:

Ich kann ohne mich nicht leben.

Wenn wir jemanden lieben, wollen wir ihn beschützen, uns kümmern, zuhören, ihm eine Freude machen, dafür sorgen, dass er das Leben genießt, ihm seine größten Wünsche erfüllen, ihm die schönsten Plätze zeigen, ihm Dinge abnehmen, die ihm schwerfallen, es ihm so angenehm wie möglich machen, ihm Verständnis schenken.

Wenn der andere uns ebenfalls liebt, macht er das Gleiche für uns.

Nun frage ich mich: Warum tun wir all diese Dinge nicht für uns selbst?

Es wäre gut, auf mich selbst zu achten, auf mich zu hören, mir hin und wieder eine Freude zu machen, mir die Dinge einfacher zu machen, mir meine Wünsche zu erfüllen, mich bequem einzurichten dort, wo ich bin, mir die Kleider zu kaufen, die mir gefallen, in mich hineinzuhorchen und Verständnis für mich selbst zu haben.

Mich so zu behandeln, wie ich die behandle, die ich liebe.

Aber klar, wenn ich meine Liebe dadurch unter Beweis stelle, dass ich mich dem anderen auf Gedeih und Verderb ausliefere, die schrecklichsten Dinge mit ihm teile und mein Leben für ihn aufgebe, wird mein Verhältnis zu mir selbst mit Sicherheit so aussehen, dass ich mir von morgens bis abends das Leben schwermache.

Heute wissen wir, dass das Lebensmotto meiner Großmutter (»Leben heißt Leiden«), nicht nur falsch, sondern auch gemein ist (und so manchem Seelenverkäufer in die Hände spielt).

Ich habe in den letzten Jahren oft über diese Thematik gesprochen. Einen Großteil meiner Überlegungen habe ich bereits in meinem Buch *Drei Fragen. Wer bin ich? Wohin gehe ich? Und mit wem?* dargelegt.

Es gibt einen Menschen, der immer bei mir sein sollte, und das bin ich selbst.

Und um bei mir sein zu können, muss ich anfangen, mich so zu akzeptieren, wie ich bin. Das heißt nicht, dass ich mich weigere, mich im Lauf der Zeit zu verändern. Es bedeutet, eine innere Haltung einzunehmen. Wenn mir ein Charakterzug an mir nicht gefällt, gibt es immer zwei Möglichkeiten, das Problem zu lösen.

Die erste ist die klassische Lösung: Ich versuche, etwas daran zu ändern.

Die zweite Möglichkeit, die ich vorschlage, ist folgende: Ich sehe diese Eigenschaft nicht länger als negativ an und lasse einfach nur zu, dass sich der Zustand wandelt.

Auch wenn ich etwas verändern will, beginnt der Weg im Grunde damit, dass ich aufhöre, mich gegen etwas zu sträuben. Ich werde nie abnehmen, wenn ich nicht akzeptiere, dass ich dick bin.

Ein gutes Beispiel ist die folgende wahre Geschichte, deren Protagonist ich bin:

Ich bin ziemlich zerstreut. Als ich meine erste Praxis hatte, vergaß ich häufig die Schlüssel und stand dann vor der Tür und stellte fest, dass ich den Schlüsselbund zu Hause liegen gelassen hatte. Das zog einige Unannehmlichkeiten nach sich: Ich musste den Schlüsseldienst rufen und ihn bitten, die Tür zu öffnen, ich musste mir einen Schlüssel nachmachen lassen … Das ganze Programm.

Nachdem es mir zum zweiten Mal passiert war, beschloss ich wütend, dass das nicht noch mal vorkommen sollte. Ich legte einen Zettel hinter die Windschutzscheibe des Autos, auf dem stand: »Schlüssel!«. Wenn ich morgens ins Auto stieg, sah ich den Zettel, ging ins Haus zurück und holte die Schlüssel. In den ersten vier Wochen klappte das prima. Bis ich mich an den Zettel gewöhnt hatte. Wenn man sich an etwas gewöhnt, sieht man es nicht mehr. Irgendwann vergaß ich die Schlüssel wieder. Also bat ich meine Frau, mich daran zu erinnern. Jeden Morgen fragte sie mich: »Hast du die Schlüssel?« Aber als sie es irgendwann vergaß, vergaß ich den Schlüssel wieder, und natürlich gab ich ihr die Schuld. Den Schlüsseldienst musste ich trotzdem bezahlen.

Irgendwann wurde mir klar, dass es sinnlos war; ich war

ein Schussel und würde hin und wieder die Schlüssel vergessen. Deshalb ging ich die Sache jetzt ganz anders an:

Ich ließ die Schlüssel ein paarmal nachmachen und gab einen dem Portier, einen dem Eisverkäufer an der Kreuzung (der ein Freund von mir war) und einen weiteren einer Kollegin, die ihre Praxis um die Ecke hatte. Einen hängte ich an den Schlüsselbund mit dem Autoschlüssel und einen trug ich lose bei mir. Es waren also fünf Ersatzschlüssel im Umlauf.

An der Geschichte wäre an und für sich nichts Witziges, aber von diesem Tag habe ich ***nie wieder den Schlüssel vergessen****.*

Noch heute sagt der Portier des Hauses in der Calle Serrano zu mir, wenn er mich sieht: »Ich weiß nicht, warum Sie mir damals diesen Schlüssel gegeben haben. Sie haben ihn doch nie gebraucht.«

Das Paradoxon der Veränderung besagt, dass sich nur dann etwas verändern kann, wenn man aufhört, krampfhaft etwas verändern zu wollen.

Wenn mein Verhältnis zu mir selbst vor allem von dem Wunsch geprägt ist, anders zu sein, als ich bin, dann kann man sich denken, dass auch mein Verhältnis zu den anderen von der Vorstellung bestimmt wird, dass sie sich ändern müssen.

Eine der Lehren auf dem Weg der Begegnung besteht aber genau darin, den anderen so zu akzeptieren, wie er ist. Doch das ist nur möglich, wenn ich vorher lerne, mich selbst zu akzeptieren.

Wenn ich mich über den anderen ärgere, weil er so ist, wie er ist, bedeutet das, dass er so sein muss, wie *ich* es möchte, damit ich ihn lieben kann. Wenn deine Freundin unpünktlich ist und du jedes Mal eine Stunde warten musst, wenn du mit ihr verabredet bist, dann ärgere dich nicht. Wer zwingt dich, auf sie zu warten? Wenn ich auf jemanden warte, der ständig zu spät kommt, dann warte ich, weil ich es so *will*, und nicht, weil der andere zu spät dran ist. Wieso sollte ich den anderen für meine Entscheidung verantwortlich machen?

Meine Frau und ich beschlossen zu einer ungewöhnlichen Uhrzeit zu heiraten, nämlich pünktlich, wie es auf der Einladung stand.

Wir warteten fünfzehn Minuten. Über die Hälfte der Gäste kam nicht. Vielmehr kamen sie viel zu spät und warteten eine halbe Stunde vor der Tür, weil sie dachten, wir wären noch nicht da. Dabei waren wir schon wieder weg.

So verschieden können Herangehensweisen sein.

Jeder wartet so lange, wie er warten will.

Deine Vorstellung von Pünktlichkeit ist deine, ich teile sie nicht.

Du musst nicht so sein wie ich, aber erwarte nicht von mir, dass ich so bin wie du.

Erwachsen zu sein bedeutet, die Verantwortung für das eigene Leben zu übernehmen. Sich klarzumachen, dass man selbst für fast alles verantwortlich ist, was einem widerfährt, und von nun an dafür zu sorgen, dass man sich selbst liebt, auch wenn das egoistisch erscheinen mag.

Als ich eines Tages Enrique Mariscal zuhörte, kam mir die Idee, eine seiner Geschichten weiterzuspinnen. Ich nannte sie »Der gefürchtete Feind«[2], und ich möchte sie dir hier noch einmal erzählen:

2 In: *Geschichten zum Nachdenken.* Ü. Stephanie von Harrach. Fischer 2009.

Es war einmal ein König, der sich in seiner Macht suhlte und großen Wert darauf legte, dass alle ringsum ihn für seine Macht bewunderten. Eines Tages ließ er einen Weisen zu sich rufen, um ihn zu fragen, ob es einen mächtigeren Menschen auf der Welt gebe als ihn. Der Weise antwortete, ihm sei zugetragen worden, dass es im Dorf einen Magier gebe, der eine Macht besitze, über die sonst niemand verfüge: Er könne in die Zukunft sehen.

Der König raste vor Eifersucht und begann Nachforschungen über diesen Magier anzustellen. Eines Tages hatte er genug davon, dass man ihm immer wieder erzählte, wie mächtig und beliebt der Magier sei, und schmiedete einen Plan: Er würde den Magier zu einem Festmahl einladen und ihn vor allen Höflingen fragen, an welchem Tag der Magier sterben werde, der in sein Königreich gekommen sei. In dem Moment, da er antwortete, würde er ihn eigenhändig mit dem Schwert niederstrecken, um zu beweisen, dass sich der Magier mit seiner Weissagung geirrt hatte. So wäre ein und für alle Mal Schluss mit dem Magier und seinen sagenhaften Kräften …

Schließlich war der Tag des Festes gekommen, und nach dem großen Festmahl stellte der König seine Frage:

»Ist es wahr, dass du die Zukunft vorhersagen kannst?«

»Ein bisschen«, sagte der Magier.

»Wann wird der Magier des Königreichs sterben?«

Der Magier lächelte, sah ihm in die Augen und antwortete:

»Einen Tag vor dem König.«

Als der König diese Antwort hörte, traute er sich nicht mehr, ihn zu töten. Aus Angst, ihm könne etwas zustoßen, lud er den Magier ein, die Nacht im Palast zu verbringen, da er einen Ratgeber brauche, der ihm bei einigen königlichen Entscheidungen zur Seite stehe.

Am nächsten Morgen ließ der König seinen Gast zu sich kommen und stellte ihm, um seine Anwesenheit im Palast zu rechtfertigen, eine Frage. Und der Magier, der ein weiser Mann war, gab ihm eine angemessene, einfallsreiche und gerechte Antwort.

Der König lobte die Klugheit seines Gastes und bat ihn, noch einen Tag länger zu bleiben, und dann noch einen und noch einen. Jeden Tag nahm sich der König die Zeit, zu dem Magier zu gehen, um sicherzugehen, dass er noch lebte, und ihm eine Frage zu stellen. Er merkte, dass die Ratschläge seines neuen Beraters so gut waren, dass er sie schließlich bei all seinen Entscheidungen berücksichtigte.

Monate und Jahre vergingen. Und wie immer wurde der Unwissende durch den Umgang mit dem Weisen ein wenig weiser … Und so wurde der König mit der Zeit gerechter und war nicht länger darauf angewiesen, sich mächtig zu fühlen. Er war nun ein gütiger Herrscher, und das Volk begann ihn zu lieben. Er ging nicht mehr zu dem Magier, um sich nach dessen Gesundheit zu erkundigen, sondern weil er wirklich etwas lernen wollte. Mit der Zeit wurden der König und der Magier enge Freunde.

Bis sich der König eines Tages, vier Jahre nach dem Festmahl, ins Gedächtnis rief, dass der Magier, den er nun als seinen besten Freund ansah, einmal sein ärgster Feind gewesen war. Und er erinnerte sich an den Plan, den er geschmiedet hatte, um ihn zu töten. Da er dieses Geheimnis nicht für sich behalten konnte, ohne sich scheinheilig zu fühlen, nahm er all seinen Mut zusammen, klopfte an die Tür des Magiers und sagte, kaum dass er eingetreten war:

»Ich muss dir etwas gestehen, mein lieber Freund. Etwas, das schwer auf meiner Seele lastet.«

»Nur zu, erleichtere dein Herz«, ermunterte ihn der Magier.

»An jenem Abend, als ich dich zum Essen einlud und dich fragte, wann du sterben würdest, war mir nicht an deiner Zu-

kunft gelegen. Ich wollte dich töten, ganz gleich, was du antworten würdest, um durch deinen Tod den Mythos deines Ruhms zu zerstören. Ich hasste dich, weil alle dich liebten … Ich schäme mich so …«

Der Magier sagte:

»Du hast lange gebraucht, um es mir zu sagen. Aber ich freue mich, weil es mir die Möglichkeit gibt, dir zu sagen, dass ich es längst wusste. Deine Absicht war so klar, dass man kein Wahrsager sein musste, um zu wissen, was du vorhattest … Aber weil ich deine Ehrlichkeit mit Ehrlichkeit vergelten will, muss ich dir gestehen, dass ich dich ebenfalls belogen habe. Ich habe diese absurde Geschichte, dass du einen Tag nach mir sterben würdest, erfunden, um dir eine Lektion zu erteilen, die zu begreifen du erst jetzt imstande bist:

Wir hassen und verabscheuen Dinge an anderen und sogar an uns selbst, die uns verwerflich, bedrohlich oder nutzlos erscheinen. Aber wenn wir uns Zeit lassen, erkennen wir irgendwann, wie schwer es uns fallen würde, ohne diese Dinge zu leben, die wir früher verurteilten.

Die Freundschaft und das Leben sind es, die uns verbinden, nicht der Tod.«

Der König und der Magier umarmten sich und tranken auf das Vertrauen in einer Beziehung, die sie gemeinsam geschaffen hatten.

Die Legende besagt, dass der Magier geheimnisvollerweise in jener Nacht im Schlaf starb. Als der König davon erfuhr, hob er unter seinem Fenster eigenhändig ein Grab im Garten aus und hockte schluchzend neben dem Erdhügel, bis er erschöpft vom Weinen und Trauern in seine Gemächer zurückkehrte.

Die Legende besagt auch, dass der König noch in derselben Nacht, keine vierundzwanzig Stunden nach dem Tod des Magiers, in seinem Bett starb, während er schlief.

Vielleicht war es Zufall … Vielleicht der Kummer … Vielleicht aber auch die Bestätigung der letzten Lehre des Meisters.

In dieser Geschichte geht es um zwei Dinge: um Liebe und Egoismus.

Egoismus ist krankhaft, wenn er dem anderen schadet, wenn er mich daran hindert zu teilen. Aber weshalb sollte es den anderen stören, wenn ich mich selbst liebe?

Wir wissen ja, dass die Fähigkeit zu lieben sich nicht erschöpft und der Mensch unbegrenzt Liebe zu geben hat. Es ist also lächerlich zu glauben, dass kein Platz mehr für die anderen bleibt, nur weil ich mich selbst liebe.

Mit dem Egoismus ist es genauso wie in der Geschichte mit dem König:

Egoismus ist ein mächtiger Magier, der uns so einige Wahrheiten über uns selbst offenbaren kann. Wir aber weisen ihn zurück und wollen ihn vernichten, ohne zu merken, dass wir ohne ihn nicht leben könnten.

Wenn es uns wie in der Geschichte gelingt, uns den Magier zum Freund zu machen und uns mit unserem Egoismus anzufreunden, dann können wir mit seiner Hilfe nicht nur an Größe gewinnen, sondern auch großzügiger, edler, weiser, mitfühlender und klüger werden.

Wir alle lieben uns viel zu wenig. Man kann sich selbst nicht genug lieben.

Wenn ein Mensch sich jeden Egoismus versagt, um Liebe, Fürsorge und Zuwendung von anderen zu bekommen, kann es sein, dass er kleinlich, gewinnsüchtig und gemein wird. Er wird so, weil er glaubt, dass er eine Entscheidung treffen muss, für sich oder den anderen, und sollte er sich nun für sich selbst entscheiden, denkt er, dass er damit gegen die geltende Moral verstößt. Der Gedanke, dass Egoismus den anderen schadet, hat mit der Vorstellung zu tun, dass das Leben ein ständiger Kampf ums Überleben ist. Aber das ist nicht immer der Fall. Es mag solche Kämpfe gegeben haben und wird sie sicherlich auch in Zukunft geben, aber das ist eine sehr beschränkte Sicht auf die Welt, die ich nicht teile.

Wenn der Mensch keinen gesunden Egoismus entwickelt, wenn er nicht den mächtigen Magier in sich entdeckt, hat er seine Mitte noch nicht gefunden. Das heißt, sein Leben dreht sich um andere Dinge. Um Äußerlichkeiten.

Natürlich teilen wir gewisse Aspekte unseres Lebens. Wir können miteinander reden, wir können einer oder auch unterschiedlicher Meinung sein, wir können Raum im Leben des anderen einnehmen, können uns gemeinsame Räume schaffen. Aber wenn du gehst, nimmst du deine Welt mit und ich bleibe mit meiner zurück.

Wenn ich nicht der Mittelpunkt meiner Welt bin, wird ein anderer diesen Raum einnehmen. Wenn mein Leben um dich kreist, begebe ich mich in Abhängigkeit von dem, was du sagst oder tust. Mein Leben ist das, was du mir zugestehst, was du mir gibst, was du mir beibringst, was du mir zeigst, was du mir vorenthältst …

Stelle ich umgekehrt fest, dass sich die Welt des anderen nur um mich dreht, fühle ich mich eingeengt, ich werde seiner überdrüssig und versuche, mich zu entziehen …

Meine Vorstellung von Begegnung ist folgende: Zwei Menschen, die in sich selbst ruhen, teilen ihren Weg, ohne sich deshalb aufzugeben. Wenn ich nicht in mir selbst ruhe, ist es, als würde ich nicht existieren. Und wenn ich nicht existiere, wie sollte ich dir begegnen?

Weshalb ist es so schwer, diese Vorstellung von Begegnung zu akzeptieren?

Weil sie gegen alles verstößt, was wir gelernt haben. Wir haben gelernt: Wenn dir etwas wichtig ist, sollte es auch mir wichtig sein. Wir sind darauf gedrillt, den anderen bevorzugt zu behandeln.

Und da komme ich, Jorge Bucay, und provoziere, indem ich sage: Von wegen! Das, was ich sehe, ist wichtiger als das, was der andere sieht. Mein Blick ist wichtiger als der Blick des anderen.

Immer wenn ich diese Ansicht äußere, erhebt jemand empört Einspruch: Aber das ist egozentrisch! Und ich sage dann: Ja, klar ist das egozentrisch. Wie jede individualistische Haltung ist diese Einstellung egozentrisch. Sie ist individualistisch, egozentrisch und gesund, alles zusammen.

Um sich diese Vorstellung von Begegnung zu eigen zu machen, muss man sich zunächst aus der Abhängigkeit lösen. Das geht sicherlich nicht von heute auf morgen, aber man muss daran arbeiten.

Man muss den Mut haben, die Hauptperson in seinem Leben zu sein. Denn ohne Hauptdarsteller gibt es keinen Film.

Wenn wir in einer Verhandlung stecken, kann es sein, dass der andere wütend sagt:

»Am Ende machst du ja doch, was dir gefällt.«

Ja, ich verhandle, um das zu machen, was mir gefällt. Worüber sollte ich sonst verhandeln?

Aus welcher Perspektive würde ich verhandeln, wenn ich mich nicht wichtiger nähme als dich?

Ich verhandle mit anderen, weil ich nicht alles machen kann, was ich will. Aber wenn ich es könnte, ohne dem anderen zu schaden, würde ich es vielleicht tun. Warum nicht?

Ich kann dich lieben und bereit sein, ein wenig nachzugeben, weil ich nicht nur mich liebe, sondern auch dich. Aber wenn ich zwischen uns beiden entscheiden muss, steht außer Frage, dass ich mir den Vorzug gebe.

In meinem Buch *Selbstbestimmt leben* habe ich dargelegt, dass es zwei Formen von Egoismus gibt: einen Egoismus, der nicht mit Solidarität vereinbar ist (Egoismus als Einbahnstraße), und einen anderen, anerzogenen Egoismus, der das durchaus ist (Egoismus als Geben und Nehmen).

Man kommt nicht als soziales Wesen auf die Welt, das gerne teilt. Das ist auch nicht nötig, aber man kann es lernen. Wie vieles andere auch.

So empfindet man beispielsweise klassische Musik am Anfang als Gefiedel, doch dann lernt man, Tschaikowsky zu hören, und wenn man sich noch ein bisschen weiter vorwagt, findet man irgendwann Gefallen an Barockmusik und noch später an sinfonischer Musik. Man schult sein Gehör. Man lernt dazu, bis man irgendwann vielleicht Geschmack an der Oper findet …

Wenn wir nicht daran gewöhnt sind, Bilder zu betrachten, sehen wir ein berühmtes Gemälde und begreifen nichts. Aber genauso, wie man lernen kann, Musik zu hören, kann man auch lernen, Bilder zu verstehen. Man liest etwas über Malerei und lernt zu sehen.

Auch Moral lässt sich lernen.

Niemand kann mich zwingen, Goya zu mögen oder Picasso gut zu finden. Aber wenn ich dazulerne und meinen Geschmack schule, steigt die Wahrscheinlichkeit, dass mir diese

Künstler gefallen. Ich kann das Wesentliche erkennen und Freude daran haben.

Je mehr Freude ich empfinden kann, desto mehr wächst meine Liebe zu mir selbst. Wenn es mir Freude bereitet, aus Liebe zu geben, warum nicht denken, dass ich dich auch deshalb liebe, um diese Freude zu empfinden?

Die Liebe zum anderen entsteht aus der Liebe zu mir selbst.

Denn ob es uns gefällt oder nicht, jeder von uns ist das Zentrum der Welt, in der er lebt.

Wenn du anderen gegenüber äußerst:

»Ich achte gut auf meine Bedürfnisse, weil ich eine hohe Selbstachtung besitze« ...

... Dann sagt der andere:

»Hey, klasse! Wer ist dein Therapeut?«

Sagst du hingegen:

»Ich achte gut auf meine Bedürfnisse, weil ich ziemlich egoistisch bin« ...

... Dann sagt der andere:

» Such dir einen anderen Therapeuten! Dieser Bucay ist echt ein Bekloppter.«

Ich setze aus ganzem Herzen auf uns. Aber wenn du mich zwingst, mich zu entscheiden ...

... Dann entscheide ich mich für mich.

DRITTER TEIL

Horizontale Begegnungen

Sexualität – eine besondere Begegnung

Sexualität beginnt mit dem erotisch-sinnlichen Erleben des eigenen Körpers. Masturbation ist nichts Schlechtes; sie ist etwas Wunderbares, eine tiefe Quelle unabhängiger Lust. Aber da ist ein Problem: Sie erfüllt nicht. Wer mehr will, muss sich weiter auf die Suche begeben, und das Erste, wonach man sucht, ist eine andere Hand, die der eigenen gleicht.

Das ist die Entdeckung der Homosexualität, eine Phase, die wir alle durchlaufen, unabhängig davon, ob wir sie praktizieren oder nicht. Homosexualität ist nichts Schlechtes; sie ist etwas Wunderbares und kann große Lust bereiten. Aber da ist ein Problem: Sie erfüllt nicht. Wer mehr will, muss es sich schwerer machen und das Andersartige suchen. Und das bedeutet, sich auf das andere Geschlecht einzulassen.

Das ist die Entdeckung der Heterosexualität. Natürlich ist Heterosexualität nichts Schlechtes; sie ist etwas Wunderbares und kann große Lust bereiten. Aber da ist ein Problem: Sie erfüllt nicht. Wer mehr will … muss abstinent leben und meditieren.

Doch bevor man an diesen Punkt gelangt, sollte man jede Form von Sex praktiziert haben, die man möchte. Denn zur Abstinenz findet man nur, wenn man spürt, dass alle Lust, die man empfunden hat, keine Erfüllung gibt …

Osho

Ich stelle diesem Kapitel über die Sexualität ein Zitat von Osho voran, auch wenn ich nicht immer mit ihm übereinstimme. (Ich kann mir nicht vorstellen, dass Sexualität nicht erfüllend ist und ich dann als Abstinenzler ende …) Doch es besteht kein Zweifel daran, dass Sexualität eine Menge Probleme aufwirft. Aber da die Natur zweckorientiert ist, muss auch hinter diesen Problemen ein Sinn stecken. Aber welcher?

Fortpflanzung allein reicht als Erklärung nicht aus, denn die gab es bereits vor der Sexualität. Schon bevor sich verschiedene Spezies mit Geschlechtsorganen entwickelten, erbringt die Biologie den Nachweis für die Fortpflanzung von Lebewesen durch Zellteilung, Knospen usw.

Die Frage muss neu formuliert werden: Wozu »erfindet« die Natur die sexuelle Fortpflanzung?

Eine der Antworten, die uns die Biologie gibt, lautet: Wegen der Evolution.

Wenn eine Zelle sich teilt, entstehen zwei neue, junge Zellen, die jedoch in ihrem genetischen Code mit der Ursprungszelle identisch sind.

Um Nachkommenschaft hervorzubringen, die sich vom Erzeuger unterscheidet, muss es Unterschiede im Genmaterial der verschiedenen Generationen geben. Die Natur löste das Problem, indem sie zwei unterschiedliche Zellen miteinander verschmolz und ihre Erbinformationen mischte, um so Zellen hervorzubringen, die sich grundlegend von den Ursprungszellen unterscheiden.

Kreuzung führt zu Variation und folglich zu Evolution.

Nur durch den Austausch der Geschlechter kann es zu einer Fortpflanzung kommen, die Evolution erst möglich macht.

Dieser Weg der Evolution führt für die Biologie über die Heterosexualität. Gleichwohl bildet die Homosexualität oft einen Übergang zur Heterosexualität.

Meiner persönlichen Meinung nach ist das Einzige, was Homosexuellen entgeht (falls ihnen etwas entgeht), der Kontakt mit dem anderen Geschlecht. Es ist nicht dasselbe, mit einem Freund zu sprechen wie mit einer Freundin. Es ist nicht dasselbe, berufliche Erfahrungen mit einer Kollegin zu teilen oder mit einem Kollegen. Und natürlich ist es nicht dasselbe, ob wir mit einem Partner des eigenen Geschlechts zusammenleben oder mit einem des anderen Geschlechts (ich hasse den Begriff »das andere Geschlecht«, aber mir kommt jede Bezeichnung so unangemessen vor, dass ich mich einfach damit abfinde).

Der Kontakt zwischen Mann und Frau bedeutet per se Evolution, denn er eröffnet die Möglichkeit, sich aus dem Anderssein heraus neue Entwicklungsräume zu erobern.

Die Summe aus weiblichem und männlichem Blick ist immer eine Bereicherung, die zum großen Teil auf der simplen Tatsache beruht, dass man einem anderen Geschlecht angehört.

Das legt den Gedanken nahe, dass Sexualität neben der Fortpflanzung noch eine weitere wichtige Funktion für uns hat: Sie begünstigt die Begegnung zwischen mir und dem anderen.

Die Sexualität ist ein weiterer Ort der Begegnung zwischen Menschen und somit Teil seiner Kommunikationsmöglichkeiten.

Und natürlich, ob Osho es gutheißt oder nicht: die Lust.

Sexualität ist für den Menschen, mehr als für jedes andere Lebewesen, eine Quelle der Lust.

Bei der menschlichen Spezies finden sexuelle Begegnungen in den allermeisten Fällen statt, ohne an eine Fortpflanzungsabsicht gebunden zu sein.

Aber da es in unserer Kultur kein Vergnügen ohne Schuld gibt, muss man, wenn man von Sexualität spricht, auch auf die Geschichte der schuldbeladenen Lust eingehen.

Als wir Kinder waren, galt Selbstbefriedigung als etwas Schreckliches und Gefährliches, das von den Vätern und Müttern abgelehnt und verurteilt wurde.

Man drohte den Jungs damit, dass Gott sie strafen würde, indem er ihnen Haare in der Handfläche wachsen ließ ... Oder dass Selbstbefriedigung verblöde und zum Wahnsinn führe (manchmal waren wir wirklich ein bisschen verrückt, aber ich bezweifle, dass es damit etwas zu tun hatte).

Und die Mädchen warnte man, sie könnten sich verletzen oder später keine Kinder bekommen.

Die Eltern von heute haben gelernt, dass Selbstbefriedigung zur normalen Entwicklung eines Kindes gehört, und begegnen der kindlichen Erforschung des eigenen Körpers nicht mehr mit Ablehnung oder strafenden Blicken.

Zum Glück ist Sexualität heute nichts Verbotenes mehr, über das Kinder nicht sprechen dürfen.

Ohne etwas ausklammern zu wollen, finde ich es doch wichtig, zu betonen, dass hier von der heterosexuellen Begegnung gesunder (oder vielmehr nicht allzu neurotischer) Erwachsener die Rede sein soll.

Ich hörte einmal die folgende, äußerst amüsante Geschichte:

Eine Frau geht zu einer Fluglinie, um zwei Erste-Klasse-Flüge nach Madrid zu buchen. Als der Schalterbeamte nach den Namen der Passagiere fragt, muss er feststellen, dass es sich bei dem Begleiter der Dame um einen Affen handelt. Die Airline weigert sich, ihn zu transportieren; das Argument der

Frau, sie zahle schließlich dafür und dürfe folglich reisen, mit wem sie wolle, wird nicht akzeptiert.

Nachdem die Airline zunächst überhaupt nicht mit sich reden lässt, willigt sie auf Fürsprache eines bekannten Politikers schließlich doch in die Mitnahme des Affen ein. Zwar nicht auf einem Sitzplatz, sondern vorschriftsmäßig in einem mit einem Tuch verhüllten Käfig, allerdings im Aufenthaltsbereich der Stewardessen im hinteren Teil der Flugzeugkabine.

Die Frau stimmt wohl oder übel dem Deal zu. Am Abflugtag erscheint sie mit einem Käfig an Bord; auf dem grünen Tuch, mit dem der Käfig verhängt ist, ist der Name des Affen eingestickt: Federico. Die Frau trägt ihn eigenhändig zu dem Regal hinter der Falttür und verabschiedet sich von ihm. »Bald sind wir in deiner Heimat, Federico, wie ich es Joaquín versprochen habe.«

Sie sieht sich prüfend in dem Raum um und kehrt dann an ihren Platz in der Ersten Klasse zurück.

Während des Flugs kommt eine aufmerksame Stewardess auf die Idee, dem Affen eine Banane anzubieten, aber zu ihrem Entsetzen liegt das Tier leblos auf dem Käfigboden. Die Stewardess unterdrückt einen Schrei und ruft den Kabinenchef, weniger in Sorge um den Affen als um ihren Job. Schließlich ist ja bekannt, dass die Besitzerin einflussreiche Freunde hat.

Im Flugzeug entsteht ein heilloses Durcheinander. Alle laufen kopflos hin und her. Der Kabinenchef beugt sich über Federico und verpasst ihm eine Mund-zu-Mund-Beatmung und eine Herzmassage. Über eine Stunde versuchen sie, das Tier zu reanimieren, aber der Affe regt sich nicht. Er ist definitiv tot.

Die Besatzung beschließt, ein Telegramm an die Bodenstation zu schicken, um die Situation zu schildern. Eine halbe Stunde später trifft die Antwort ein: Es müsse unbedingt vermieden werden, dass die Passagierin von dem Zwischenfall erfährt. »Wenn die Dame einen Skandal macht, werden womöglich alle gefeuert. Wir haben einen Vorschlag: Macht ein Foto von dem Affen und schickt es per Fax an den Flughafen Barajas in Madrid. Wir leiten alles in die Wege, damit der Affe sofort nach der Landung durch ein ähnliches Exemplar ersetzt wird.«

Das Flugpersonal befolgt die Anweisungen aufs Wort. Sie schicken das Foto, und am Flughafen wird alles für den Austausch in die Wege geleitet. Während das Bodenpersonal darauf wartet, dass das Flugzeug landet, vergleichen sie das Foto von dem Affen der Passagierin mit dem Affen, den sie aufgetrieben haben. Dem toten Affen fehlt ein Zahn, also nehmen sie eine Zange und reißen auch dem falschen Federico einen Zahn aus. Dann sehen sie, dass der tote Affe einen roten Fleck auf der Stirn hat, also malen sie auch dem neuen Affen mit Farbe einen Fleck auf. Detailliert kümmern sie sich um sämtliche Unterschiede; sogar der Schwanz wird mit einem raschen Axthieb entsprechend gekürzt. Pünktlich zur Landung sind sie mit der Arbeit fertig. Die Helfer stürzen ins Flugzeug, nehmen Federico aus dem Käfig, werfen ihn in den Müll und ersetzen ihn durch den neuen Affen. Dann decken sie den Käfig mit dem Tuch zu, und der Kabinenchef wird dazu auserkoren, ihn zu übergeben.

Mit einem Lächeln überreicht der Mann der Dame den Käfig und sagt:

»Ihr Affe, gnädige Frau.«

Die Frau hebt das Tuch hoch und flötet:

»Ach, Federico! Wir sind wieder in deiner Heimat.«

Aber als sie genauer hinsieht, ruft sie:

»Das ist nicht Federico!«

»Wie meinen Sie das? Sehen Sie doch, der rote Fleck, der fehlende Zahn …«

»Das ist nicht Federico!«

»Gnädige Frau … Affen sehen immer gleich aus. Woher wissen Sie, ob das hier Federico ist oder nicht?«

»Weil Federico tot war.«

Und so erfahren sie eine unglaubliche Geschichte: Die Frau wollte den Affen nach Spanien bringen, um ihn dort zu beerdigen. Das hatte sie ihrem Mann versprochen, bevor dieser starb.

Ich habe diese Geschichte an den Anfang gestellt, weil ich damit sagen will, dass man nur aus der eigenen Erfahrung heraus über Sex sprechen kann. Denn ich weiß am besten, was ich im Gepäck habe.

Da es auf diesem Gebiet keine allgemeingültigen Wahrheiten gibt (und falls es sie gibt, kenne ich sie nicht), halte ich an dieser Stelle fest, dass ich hier meine Ansichten als Therapeut, Mensch und sexuelles Wesen vertrete. Man kann ihnen zustimmen oder auch nicht; sie müssen nicht für jeden Gültigkeit besitzen.

Zunächst einmal sollen einige überkommene Vorstellungen von Sexualität entmystifiziert werden.

Die erste lautet, dass ein gesunder, erfüllter, genussvoller Sex zwangsläufig mit Liebe einhergehen *muss*.

Das ist eine interessante Vorstellung. Falsch, aber interessant.

So eng verbinden wir Sex mit Liebe, dass wir von »Liebe machen« sprechen, als sei Liebe ein Synonym für die sexuelle Begegnung. Aber es sind keine Synonyme.

Sex ist eine Sache. Liebe eine andere.

Manchmal kommt beides zusammen. Manchmal auch nicht.

Sexualität geht nicht zwangsläufig mit Liebe einher.

Liebe geht nicht zwangsläufig mit Sex einher.

So wie ich an anderer Stelle sagte, dass Liebe eine Frage des Empfindens ist und nicht mit sexuellem Verlangen verbunden sein muss, so sage ich hier, dass Sex nicht mit Liebe einhergehen muss, um aufrichtig zu sein.

Man kann sich entscheiden, beides miteinander zu verbinden.

Man kann entscheiden, dass dies der eigene, persönliche Weg ist, Sex und Liebe zu leben. Aber es ist eine persönliche Entscheidung, die nicht für alle gilt.

Liebe und Sex unterscheiden sich genauso voneinander wie Jacke und Hose. Man kann beides zusammen anziehen, und wenn das eine zum anderen passt, wird vielleicht ein schicker Anzug daraus. Aber man kann auch Jeans und Hemd tragen oder eine schwarze Hose zum grünen Poloshirt; die Kombination kann gut aussehen oder schlecht, aber es sind und bleiben zwei unterschiedliche Dinge.

Wenn wir über sexuelle Beziehungen sprechen, müssen wir zunächst deutlich machen, was wir darunter verstehen.

Das erinnert mich an einen witzigen Dialog, von dem man mir einmal erzählte:

Eine etwas unbedarfte Dame kommt aus einem meiner Vorträge und fragt ihren Mann:

»Sag mal, haben wir eigentlich sexuelle Beziehungen?«

Der Mann sieht sie an und sagt:

»Na klar, Liebling, natürlich haben wir die!«

Darauf sie:

»Und warum laden wir sie nie ein?«

Wir müssen wissen, worüber wir sprechen. Wenn man über Sex reden will, muss man sich trauen, die Dinge beim Namen zu nennen. Nicht um den heißen Brei herumreden, nur um Begriffe zu vermeiden, die verboten oder unschön sind, oder gar pornographisch oder obszön klingen könnten.

Ich verweise warnend darauf, dass in diesem Kapitel ein Arsch ein Arsch ist. Nicht das Ende des Rückens, nicht die Kehrseite, nicht das Hinterteil, nicht der Popo, kein unbekannter, ungenannter Ort … Ein Arsch ist ein Arsch.

Tut mir leid – ich weiß, dass für einige Leser diese Wörter verletzend klingen können. Ich finde es auch nicht schlimm, wenn der eine oder andere die folgenden Seiten überblättert bis zu dem Kapitel, in dem es um Partnerschaft geht. Wenn einem etwas unangenehm ist, sollte man sich davor schützen. Für all jene, die sich zum Weiterlesen entschließen, soll auf den nächsten Seiten das Tabu aufgehoben sein, das es verbietet, gewisse Wörter zu benutzen.

Im alltäglichen Leben spricht man nicht von »sexuellen Beziehungen«. Es gibt noch andere Wörter, die wir ebenfalls nicht verwenden und die noch furchtbarer klingen. Zum Beispiel das medizinische »Koitus«, das nach einem chirurgischen Eingriff klingt und nicht nach Berührung. Oder »Kopulation«, das an einen Hund im Labor denken lässt. Oder »Rammeln«, das ziemlich flegelhaft und zudem antiquiert klingt. Das Problem mit dem Ausdruck »ins Bett gehen« ist, dass es eher den Ort beschreibt als den Vorgang. Und was die berühmte »Nummer« angeht, so glaubt mein Onkel Fernando immer noch, die gehöre auf eine Kreditkarte.

Für mich gibt es drei Möglichkeiten, um eine sexuelle Beziehung zu bezeichnen; gleichzeitig sind es die drei Begriffe, die wir in Argentinien am häufigsten verwenden.

Ich finde, es lohnt sich, zwischen »Es miteinander treiben«,

»Ficken/Vögeln« und »Liebe machen« zu unterscheiden, damit man weiß, worüber man spricht.

Es miteinander treiben

Es miteinander treiben ist in der Umgangssprache von Buenos Aires ein vulgäres, aber sympathisches Wort für eine flüchtige sexuelle Begegnung, die zufällig, unverbindlich und in gewisser Weise sportlich zu nehmen ist. Bei der zwei Menschen sich treffen und aus irgendeinem Grund miteinander im Bett landen.

Ein typischer Dialog danach könnte lauten:

Sie: I love you darling.

Er: ???

Der eine versteht nicht, was der andere sagt. Die beiden sind sich begegnet, aber es entsteht keine Verbindung zwischen ihnen, kein wirklicher Austausch. Es kann befriedigend oder weniger befriedigend sein, mehr nicht.

Ficken/Vögeln

Miteinander ficken hingegen, das wir in Argentinien umgangssprachlich benutzen, umfasst ein bisschen mehr. Es ist für mich ein Wort, das zu Unrecht in Verruf geraten ist. Es wird oft als »schlimmes Wort« angesehen, dabei ist es der Begriff, den wir tagtäglich verwenden, wenn wir über Sex sprechen. Und das ist kein Zufall.

In fast allen Sprachen der Welt enthält das beliebteste Wort für den sexuellen Akt, das auf der Straße verwendet wird, einen oder auch mehrere der Laute /k/, /j/ oder /f/, weil diese drei Phoneme dem Wort die Kraft verleihen, die es braucht, um das wiederzugeben, wofür es steht: »coucher« im Französischen, »fuck« im Englischen, »litfok« im Hebräischen.

Der sexuelle Austausch hat eine zu lange Geschichte, um ihn mit einem schwachen Wort wiederzugeben. Phonetisch gesehen hat »Ficken« diese Kraft.

Andererseits bedeutet »Ficken« ursprünglich so viel wie Reibung zwischen zwei Dingen herstellen. Es heißt also im reinen Wortsinn auch, dass ich mich aus irgendeinem Grund für eine Sache entscheide, sie auswähle, um mich an ihr zu reiben und so eine Nähe zu ihr herzustellen.

»Ficken« bezeichnet eine Form der Begegnung, bei der man es nicht aus rein sportlichen Gründen miteinander treibt. Es besteht eine Verbindung zwischen den beteiligten Personen; da ist etwas zwischen ihnen.

Dieses »Etwas« kann vieles sein: Zuneigung, Sympathie, eine tiefe oder auch nur flüchtige Anziehung, eine gemeinsame Erfahrung oder Ähnliches mehr, aber es muss nicht zwangsläufig eine feste Beziehung sein.

Man kann es mit jedem treiben, aber man kann nicht mit jedem ficken oder vögeln.

Um zu vögeln, muss man sich auf etwas einlassen. Es muss eine Verbindung bestehen.

Liebe machen

Liebe machen ist Vögeln, wenn das, was uns verbindet, Liebe ist.

Wenn ich nicht liebe, kann ich keine Liebe machen. Ich kann es nennen, wie ich will, aber es ist kein Akt der Liebe. Und wenn es kein Akt der Liebe ist, ist es nicht »Liebe machen«.

Es ist nichts Schlechtes daran, es ohne Liebe zu machen.

Liebe machen ist nicht besser als vögeln.

Vögeln ist nicht besser als es miteinander treiben.

Es sind drei verschiedene Dinge, von denen keines besser oder schlechter ist als das andere.

Es wäre allerdings gut zu wissen, was wir da gerade tun, um zu klären, was zwischen uns ist. Und nicht zu glauben, dass man unbedingt »Liebe machen« muss, um sexuell aktiv zu sein. Letzten Endes ist es eine persönliche Entscheidung.

Ich kann zum Beispiel entscheiden, dass ich, Jorge Bucay, nicht mehr daran interessiert bin, es mit wem auch immer zu treiben. Dass ich kein Vergnügen dabei empfinde. Dass es mich nicht berührt. Ich kann zu dem Schluss kommen, dass der Vorgang selbst mich nicht mehr interessiert und ich nur daran interessiert bin, Liebe zu machen, und mich auf diese Wahl konzentrieren. Tatsächlich ist Vögeln für mich viel lustvoller, als es zu treiben, und Liebe machen viel schöner als Vögeln. Aber deswegen muss ich den anderen nicht weismachen, dass Sex, der mit Liebe einhergeht, der einzig wahre, gute und gesunde Sex ist. Das gilt nur für mich.

Dass ich mehr will, wenn ich Liebe mache, um die Beziehung vollständiger, tiefer, intensiver und für mich motivierender zu machen, heißt nicht, dass die anderen Formen nichts taugen.

Keine der drei Formen körperlicher Begegnung schließt ein lustvolles Erleben aus.

Man kann ein Softeis essen.

Man kann ein Softeis essen und es vorher in Schokolade tunken.

Man kann ein Softeis essen, es in Schokolade tunken und noch eine Erdbeere obendrauf setzen.

Vorausgesetzt, dass man alle drei Dinge mag, wird das Eis jedes Mal leckerer.

Aber das heißt nicht, dass ein Softeis ohne alles kein Eis wäre oder dass es ohne Erdbeere nicht schmeckt.

Je älter man wird, desto höhere Ansprüche stellt man an die eigene Sexualität. Als gebe man sich mit den Jahren nicht länger mit der reinen Lust zufrieden, sondern suche zunehmend nach solchen Begegnungen, die wirklich befriedigen.

»Liebe machen« impliziert eine Verbindung von Sex und Liebe, die nicht immer vorhanden ist. Nicht einmal zwischen zwei Menschen, die sich lieben.

Das bedeutet glücklicherweise auch, dass der Sex in einer festen Partnerschaft nicht immer gleich aussehen muss. Auch in einer Partnerschaft gibt es Hochs und Tiefs, Harmonie und Unstimmigkeiten, Distanz und Nähe, eine ganze Reihe von Situationen, die nicht unbedingt ein Problem darstellen müssen.

Wenn jemand natürlich den Anspruch hat, nicht einfach Sex zu haben, sondern Liebe zu machen, wird er an dem Tag, an dem er feststellt, dass er seit einer Weile nur noch mit seinem Partner vögelt, das Gefühl haben, dass etwas fehlt. Und dann wird er sich fragen müssen, wo das geblieben ist, was man einmal gemeinsam hatte.

Sex und Unterdrückung

Die Vorstellung, dass Sex gleichbedeutend mit Liebe machen ist, beherrscht unsere Kultur. Davon sind vor allem die Frauen betroffen. Viele Jahre lang (und erstaunlicherweise auch heute noch) wurde den Frauen beigebracht, dass Sex nur dann erlaubt ist, wenn er mit Liebe verbunden ist.

Man sagte ihnen, Sex ohne Liebe sei etwas Ungehöriges, schlecht, schädlich, pervers ... Zumindest nichts für anständige Mädchen. Liebe vor der Ehe war erlaubt. Aber Sex vor der Ehe? Nein.

Zu Recht werden nun viele sagen, dass die Zeiten sich geändert haben.

Und es stimmt: Frauen werden heute anders erzogen, sie haben sich von vielem befreit und emanzipiert, was ihre Mütter und Großmütter ihnen beigebracht haben.

Aber es gibt nach wie vor Beispiele dieser Ungleichbehandlung in sexuellen Dingen, die ungerecht und diskriminierend sind.

Auch wenn es uns nicht gefällt, hat die sexuelle Erziehung von Männern und Frauen in unserer Kultur nach wie vor zwei Gesichter.

Die spanische Journalistin Mercedes Medrano schreibt in ihrem Artikel *Wozu braucht man einen Mann?* sinngemäß:

»Ich bin eine ledige Frau, ich bin vierzig Jahre alt, ich bin Journalistin, ich lebe allein, ich habe eine eigene Wohnung, ich verdiene mein eigenes Geld und lebe so, wie es mir gefällt. Und dann sage ich mir jedes Mal, wenn ich Lust habe, mit jemandem zu schlafen, dass ich ein Recht darauf habe, ins Bett zu gehen, mit wem ich will. Dass mein Körper mir gehört und meine Lust und mein Orgasmus meine Sache sind. Dass ich keinem Rechenschaft schuldig bin und mich nicht an einen Mann gebunden fühlen muss, nur weil ich mit ihm im Bett war. Dass ich dieselben Freiheiten habe wie ein Mann. Also suche ich mir einen Kerl, der mir gefällt, lade ihn zu mir in die Wohnung ein, gehe mit ihm ins Bett und habe Sex, weil ich es so beschlossen habe und ich mit meinem Körper machen kann, was ich will. Ich gehe also mit dem Kerl ins Bett, und wenn ich wieder aufstehe … bin ich verliebt.«

Die Geschichte, die Mercedes Medrano da erzählt, verdeutlicht, dass theoretisch zwar alles klar ist, die sexuelle Erziehung jedoch, die sie wie ihre Mutter und ihre Großmutter erfahren hat, nach wie vor ihr Verhalten bestimmt. Und diese Erziehung verlangt, dass auf den Sex Liebe folgen muss, um den Vorgang an sich aufzuwerten.

Ich habe ja gar nichts dagegen, wenn Liebe im Spiel ist. Wovon ich nichts halte, ist die Vorstellung, dass es ohne Liebe nicht geht. Vor allem aber halte ich nichts von der diskriminierenden Vorstellung, dass es einen Unterschied zwischen männlicher und weiblicher Sexualität gibt.

Natürlich gibt es anatomische Unterschiede, es gibt Unterschiede in Form und Funktion. Aber genauso wie ich glaube, dass Männer und Frauen grundsätzlich dieselben Anlagen und Möglichkeiten besitzen, so glaube ich auch, dass ihre Fähigkeiten und Einschränkungen in Bezug auf die Sexualität dieselben sind.

Mit Ausnahme jener Aspekte, die gesellschaftlich normiert sind.

Mit Ausnahme jener Verhaltensweisen, die durch unsere Überzeugungen gelenkt werden, die andere in uns angelegt haben und denen wir uns nach wie vor verpflichtet fühlen.

Man muss sich von diskriminierenden Denkweisen frei machen. Vieles haben wir bereits abgelegt, aber es sind immer noch Spuren vorhanden.

Würde man einhundert Männer und Frauen in Argentinien fragen, ob sie offen zugeben würden, dass ihr Partner einmal eine Affäre hatte, wären fünfundsiebzig Prozent der Frauen bereit, dies im privaten Rahmen zuzugeben; aber nicht einmal zehn Prozent der Männer könnten sich dies auch nur im Entferntesten vorstellen.

Die Frage ist: warum?

Einem Mann gesteht man eher zu, dass er Affären hat.

Das erinnert mich an meine Kindheit. Damals sagte man zu uns Jungs:

»Du kannst es mit allen treiben, nur nicht mit deiner Freundin.«

Mein Bruder ist fünf Jahre älter als ich. Als ich vierzehn war, hatte er eine Freundin, und manchmal ging er am Wochenende ohne sie aus. Ich war überrascht, weil ich nicht verstand, warum die Freundin das zuließ. Daraufhin sagte er zu mir:

»Weil ich sie wirklich liebe.«

Darauf ich: »Ja, und?«

»Deshalb achte ich sie.«

»Ja, und?«

»Deshalb gibt es Dinge, die ich mit ihr nicht machen will …«

Darauf fragte ich: »Und weiß sie das?«

»Ja.«

»Und sie ist nicht sauer?«

»Na ja, sie war schon sauer. Aber dann hat sie mit ihrer Mutter gesprochen …«

»Und?«

»Ihre Mutter hat ihr gesagt, dass sie keinen Grund hat, sauer zu sein. Im Gegenteil. Das beweise nur, dass ich ein anständiger Junge bin.«

Das ist tatsächlich passiert (und ich würde gerne glauben, dass es heute nicht mehr passiert).

Damals brachten Mütter ihren Töchtern bei, dass Männer gewisse »körperliche Bedürfnisse« hätten.

Natürlich fragten die Mädchen: »Und wir? Haben wir keine körperlichen Bedürfnisse?«, weil sie bestimmte Empfindungen hatten. Und die Mütter erklärten, nein, die hätten sie nicht. Und warum nicht? Weil ... nun, weil sie durch die Menstruation gereinigt würden!

Was für ein hanebüchener Unsinn! Es klingt wie ein Albtraum (und das ist es auch), aber dieses Argument war einmal Teil des Erziehungskonzepts. Es hieß, die Menstruation »reinige das Blut«, und durch das gereinigte, von Giften befreite Blut habe die Frau »solche« Bedürfnisse nicht. Da der Mann diese Reinigung nicht habe, müsse er seine unkontrollierbaren körperlichen Bedürfnisse befriedigen, denn sonst ... sonst täten ihm die Eier weh!

Und das Schlimmste ist, dass alle das glaubten, sogar die Männer! Wir steigerten uns selbst in diese Geschichte rein, dass uns die Eier weh täten, weil wir ja schon lange nicht mehr ...

Es klingt heute absurd, aber das steckt immer noch in unseren Köpfen.

Obwohl wir wissen, dass es nicht so ist, funktionieren wir immer noch, als ob es so wäre. Wir gestehen Männern gewisse Dinge zu, als ob sie »körperliche Zwänge« hätten, und versagen sie den Frauen, als ob die Menstruation wirklich eine reinigende Wirkung hätte.

Dabei ist es nicht so, als ob die Eier nicht schmerzen könnten. Es geht nur um die Geschichte, die die Männer daraus gemacht haben.

Nach einer Runde heftiger Zärtlichkeiten (Fummeln, wie man damals sagte), sagt der Mann: »Aber du kannst mich doch jetzt nicht so hängenlassen!«

Und sie? Warum sagt sie nicht: »Willst du mich jetzt so hängenlassen?« Als ob sie nichts empfinden würde ... Was ist mit ihren Gefühlen?

Diese furchtbare Geschichte hat uns geprägt, so dass wir weiterhin zwischen männlicher und weiblicher Sexualität unterscheiden und unseren Töchtern beibringen, dass Frauen mehr zu verlieren hätten.

Wenn ich diese Sätze höre, finde ich es immer noch unglaublich, dass die verklemmte Erziehung von vor fünfzig Jahren nach wie vor ihre Spuren bei uns hinterlässt.

Die Erziehung hat sich verändert, keine Frage. Und die jungen Leute haben eine gesündere Einstellung zur Sexualität.

Tatsächlich sind die ersten sexuellen Erfahrungen der heutigen Jugend weit entfernt von der grauenhaften Initiation, die wir damals durchmachten.

Ein Onkel oder ein Freund nahmen uns mit, damit wir unsere Unschuld bei einem »leichten Mädchen« verloren, wie sie es nannten. Das war eine wichtige Angelegenheit, denn damit wurde man zum Mann, und der Onkel war beruhigt, dass man keine Schwuchtel war – dies unter Beweis zu stellen war entscheidend. Danach ging der Onkel zu deinem Vater und sagte: »Alles klar.« Dann wusste dein Vater, dass er beruhigt sein konnte. Denn »alles andere ist gegen Gottes Willen« ...

Das »erste Mal« des Sohns war eine Freude und eine Erleichterung für die Familie. Für den Jungen selbst war es in der Regel ein unschönes Erlebnis.

In meinem Viertel sollte man die Sache mit achtzehn hinter sich gebracht haben, andernfalls blieb einem nichts anderes übrig, als ständig zu lügen. Später erfuhr ich, dass ich nicht der Einzige war, der log ...

Aber niemand wäre auf die Idee gekommen, einer Tochter das »erste Mal« aufzudrängen oder ein Fest aus diesem Grund zu feiern.

Wenn heute ein Mädchen ankommt, um über dieses Thema zu reden, fragen die modernen, psychologisch geschulten Eltern feierlich:

»So, so … Hast du dir das auch gut überlegt? Es ist nämlich so …«

Noch immer erziehen wir so, als ob männliche und weibliche Sexualität unterschiedlich wären.

Und das liegt an der machistischen Struktur unseres Denkens.

Wir, Männer wie Frauen, versuchen zwar, diese Sichtweise zu überwinden und gemeinsam für Gleichheit auf vielen Gebieten zu kämpfen, auch für die Freiheit, selbst über unser Sexualleben zu bestimmen. Aber wir handeln nicht danach.

Dieser machistischen Anschauung liegt weder Naivität noch eine Überbewertung der Sexualität zugrunde. Der ursprüngliche Sinn war ein anderer, nämlich die Monogamie oder genauer gesagt die Treue vor allem der Frauen zu festigen.

Wenn man einer Frau weismacht, dass es nur eine einzige, ewige Liebe in ihrem Leben gibt, und dass man Sex ausschließlich mit dem Menschen haben darf, den man liebt, garantiert das eine absolute Treue. Anders gesagt, die Frau darf mit niemand anderem vögeln als mit dem eigenen Ehemann.

Dem Mann hingegen hat man beigebracht, dass Sex und Liebe zweierlei sind. So kann er zwar der Überzeugung sein, dass man nur einmal im Leben liebt und diese Liebe ewig ist, ohne dass es ihn daran hindert, es mit allen möglichen Frauen zu treiben. Und wenn man ihm außerdem eingetrichtert hat, dass die eigene Ehefrau keusch, rein und engelsgleich zu sein hat … dann treibt er es am Ende mit allen, außer mit der eigenen Frau.

Der Ödipus-Konflikt besagt, dass jeder Junge sich erotisch zu seiner Mutter hingezogen fühlt. Bei einem Vierjährigen ist das kein Problem, aber es wird zu einem, sobald der Junge älter ist. Denn wenn es ein Tabu gibt, das für alle Kulturen gilt, dann: *Du darfst nicht mit der eigenen Mutter schlafen*. Dem Jungen wird also klar, dass sein Bedürfnis falsch ist, dass man das nicht macht. Was passiert nun mit diesem kleinen Kavalier, der mit seiner Mutter vögeln will? Im günstigsten Fall identifiziert er sich mit seinem Vater, indem er sich sagt: »Schlaf du mit ihr, Papa, du machst das prima«, und ist beruhigt. Doch tatsächlich muss er mit seinem Verlangen irgendwohin.

Normalerweise nimmt er dann dieses unerreichbare Bild, das er von seiner Mutter hat und spaltet es in zwei Bilder auf, die nichts miteinander zu tun haben: Die keusche, reine, engelhafte Heilige, die für die Mutter steht und mit der man natürlich nicht schläft. Und die Hure (die es nicht für Geld macht, sondern aus Lust), mit der man Spaß hat und es nach Herzenslust treibt – dafür ist sie ja schließlich da.

Fast alle erwachsenen Männer haben dieses zweigeteilte Frauenbild: Es gibt Mütter, und es gibt Huren. Wenn ein Mann ein Mädchen zum Vögeln sucht, weiß er, wo er es findet. Sucht er ein Mädchen zum Heiraten, schaut er sich bei der ersten Gruppe um. Dann passiert etwas Folgerichtiges, das ihn selbst jedoch verblüfft:

Er weiß nicht warum, aber er hat keine Lust, mit ihr zu vögeln.

Mit allen anderen, nur nicht mit der, die er sich ausgesucht hat!

Logisch, ist sie doch ein Abbild der geliebten Mama.

Es gibt gar nicht so wenige Männer, die eine feste Partnerschaft haben und in einer stabilen Beziehung mit der Frau leben, die sie sich als Partnerin ausgesucht haben, und die dennoch in der Gegend herumhuren müssen, weil es die anderen Frauen sind, die sie wirklich heißmachen.

Und um das Ganze noch zu verschärfen, bringen die Mütter ihren Töchtern bei, dass sie rein und keusch sein sollen und keine Huren.

Wie lässt sich dieses gespaltene Verhalten auf gesunde Weise aufheben? Indem man eine Frau findet, die sich so verhält, dass wir beide Bilder wieder zur Deckung bringen können. Eine Frau, die beide Archetypen in sich vereint: Mutter und Hure.

Ein Patient sagte mir einmal, wenn man eine Frau habe, die Mutter und Hure zugleich sei, habe man das große Los gezogen.

Wenn es einer Frau gelingt, Mutter und Hure zu sein, zärtlich und sinnlich, gütig und erotisch, fühlt sie sich wieder vollständig.

Auch die Frauen müssen lernen, dass es keine zwei Arten von Frauen gibt. Spaß am Sex zu haben bedeutet nicht, sich zu prostituieren.

Die ideale Frau, sagte Schopenhauer einmal sinngemäß, ist in Gesellschaft eine Prinzessin, ein Geizkragen bei den Ausgaben und eine Hure im Bett. Nicht wie meine, setzte er hinzu; die ist beim Geldausgeben eine Prinzessin, eine Hure in Gesellschaft und ein Geizkragen im Bett.

Wenn eine Frau beides sein soll, damit die Männer sich nicht auswärts vergnügen, welche Eigenschaften muss dann ein Mann in sich vereinen, damit die Frau nicht anderswo nach anderen Männern Ausschau hält?

Es gibt nämlich auch vom Mann zwei unterschiedliche Bilder: den asexuellen, väterlichen Beschützer und den sinnlichen, muskulösen Kraftprotz.

Frauen sagen meist, sie erwarteten von einem Mann, dass er einfühlsam, liebevoll und fürsorglich ist, dass er Humor hat und ein Gentleman ist.

Wie aber sieht das männliche Äquivalent aus für die Frau, die Spaß am Sex hat? Ein Mann prahlt ja gerne in der Kneipe: »Meine Frau ist eine echte Granate im Bett!« Wie äußern Frauen sich, wenn sie über dieses Thema reden?

Bei meinen Vorträgen höre ich von Frauen oft, dass es dabei um vieles geht, immer aber um Zärtlichkeit.

Meiner Meinung nach gibt es in der Sprache der Frauen keine exakte Entsprechung zu dem Verlangen der Männer, dass eine Frau im Bett eine Hure sein sollte. Vielleicht, weil dieses Verlangen bei einem Mann gesellschaftlich akzeptiert ist, für eine Frau hingegen …

war Sex mit Liebe verbunden, aber nicht zwangsläufig mit Lust.

Die sexuelle Lust entstand durch die Hingabe an den geliebten Mann. Aber gibt es vielleicht aus weiblicher Sicht eine lustvolle Entsprechung, die der männlichen Vorstellung möglichst nahekommt? Ich weiß es nicht, und ich fürchte, solange wir es nicht herausfinden, wird dieser Platz vom Playboy und Frauenhelden eingenommen, der nie hält, was er verspricht. Vielleicht wäre es an der Zeit (und ich überlasse diese Herausforderung den Leserinnen), in Worte zu fassen, was den »idealen Mann« ausmacht. Um ihn zu finden, würde es sich für die Frauen lohnen, die Bilder der männlichen Phantasien für sich zur Deckung zu bringen, und für die Männer, wenn sie in *jeder* Frau die vollkommene Frau sehen würden, der sie so gerne begegnen würden.

Frauen und Männer sind sexuelle Wesen, die ihre eigene Wahl treffen können. Ich glaube, für eine Frau, die am liebsten mit jedem schlafen würde, ist es schwierig, mit einem einzigen Mann zusammen zu sein. Da stellt sich die Frage, ob sie das überhaupt tun sollte.

Es gibt keine Unterschiede zwischen der sexuellen Lust von Männern und Frauen.

Die angeblichen »körperlichen Bedürfnisse« der Männer sind eine Lüge, mit der wir die Frauen jahrzehntelang hinters Licht geführt haben. Ein Gefängnis, das nur für sie gilt. Die Frau ist an einen einzigen Mann gebunden, der Mann hingegen bleibt frei.

Und wenn man keine Hure sein wollte … Oder wie Tante Gloria immer sagte: »Bevor ich, ohne Geld dafür zu bekommen, mit einem Mann ins Bett gehe, der nicht mein Mann ist, bleibe ich lieber anständig.«

Aber nun, da sich die Behauptung nicht länger halten lässt, Männer hätten körperliche Bedürfnisse und Frauen nicht, werden neue Mythen in die Welt gesetzt:

Der Mann habe einen stärkeren Sexualtrieb als die Frau.
Der Mann genieße den Sex mehr.
Der Mann empfinde mehr Lust als die Frau.

So wird behauptet, dass Frauen aufgrund ihrer körperlichen Voraussetzungen und ihrer Natur kein großes Interesse an Sex hätten. Oder auch, weil sie spiritueller seien. Und weil sie Mütter sind. Männer seien einfach »sexueller« als Frauen.

1925 wurde in einer medizinischen Studie aus Deutschland behauptet, siebzig Prozent der Frauen seien frigide. In derselben Studie räumten nur fünf Prozent der Männer ein, an einer sexuellen Störung zu leiden.

1945 begann sich die Sexualwissenschaft unter dem Einfluss der Psychoanalyse erstmals mit männlichen Funktionsstörungen zu befassen. Und auch die Frauen fingen allmählich an, ihre Lustempfindungen für sich zu beanspruchen.

Es erscheint unglaublich, aber bis 1960 hatten sich weder die Medizin noch die Psychologie jemals mit dem weiblichen Orgasmus befasst. Man beschäftigte sich nicht damit, weil man davon ausging, dass es ihn nicht gab.

1960 sprechen, forschen und schreiben Masters und Johnson erstmals über den weiblichen Orgasmus. Mit der veränderten Stellung der Frau in der Gesellschaft und der zunehmenden rechtlichen Gleichstellung trauten sich die Frauen nun nicht nur, ihre Empfindungen auszuleben (die sie durchaus hatten), sondern auch zu formulieren, was sie empfanden.

In den 1970er Jahren zeigte sich, dass viele Frauen, die in früheren Statistiken als frigide bezeichnet wurden, gar nicht frigide sind, sondern lediglich keinen Orgasmus bekommen. Diese Frauen sind durchaus erregt, gelangen aber nicht zum Höhepunkt. Folglich sank die Zahl der frigiden Frauen (die keinerlei Erregung empfinden) in den neuen Statistiken beträchtlich.

Eine andere revolutionäre Entdeckung stellte einen weiteren Angriff auf die Vorherrschaft der Männer dar. Man fand heraus, dass Ejakulation und Orgasmus nicht ein und dasselbe sind.

Wenn den Studien der 1970er Jahre zufolge dreißig Prozent der Frauen keinen Orgasmus erlebten, galt dasselbe auch für dreißig Prozent der Männer.

Denn die Vorstellung, dass jede Ejakulation zwangsläufig mit einem Orgasmus einhergeht, war endgültig widerlegt.

Für den männlichen Narzissmus bedeutete das eine schwere Niederlage. Waren wir Männer bislang der Überzeugung, keine Orgasmusprobleme zu haben, weil wir ja schließlich eine Ejakulation hatten, wurde uns nun zum ersten Mal klar, dass ein Orgasmus viel mehr ist, als einen Samenerguss zu haben. Wir erfuhren, dass ein Mann einmal, zweimal, dreimal, fünfmal, achtundzwanzigmal, fünfunddreißigmal, hundertdreiundvierzigmal »kommen« kann, ohne dass es zwangsläufig bedeutete, einen Orgasmus zu haben.

Wir begannen zu begreifen, dass der männliche Orgasmus sich nicht wesentlich vom weiblichen Orgasmus unterscheidet, was das Gesamtempfinden angeht.

Und auch wenn es häufig bei einem Samenerguss zum Orgasmus kommt, bedeutet das nicht, dass bei jedem Samenerguss ein Orgasmus stattfindet.

Dennoch existierte der Mythos von der sexuellen Überlegenheit der Männer weiter:

Da unter den dreißig Prozent an Männern, die keinen Orgasmus bekamen, auch zehn Prozent impotente Männer waren, die Zahl der Frauen, die keinen Orgasmus bekamen, aber bei fünfundvierzig Prozent lag, wurde weiterhin behauptet, diese seien weniger fähig, Lust zu empfinden.

Nachdem diese Zahlen veröffentlicht wurden, geschah das Unglaubliche. Die veränderte Einstellung der Frau zu ihrer Sexualität führte dazu, dass die Frauen anfingen, ihre Lust zu genießen. In der Folge sank die Zahl der Frauen, die keinen Orgasmus bekamen, von fünfundvierzig auf sechzehn Prozent, eine Prozentzahl, die jener bei den Männern entsprach (zumindest bei denen, die zugaben, dass es einen Unterschied zwischen Orgasmus und Samenerguss gibt).

Seit damals wissen wir, dass es genauso viele Männer wie Frauen gibt, die keinen Orgasmus bekommen. Und das Vielversprechende daran ist: Es gibt genauso viele Frauen wie Männer, die eine sexuelle Begegnung genießen.

Der männliche Orgasmus besteht nicht nur aus der Absonderung von Samenflüssigkeit und einem kurzen Gefühl der Erleichterung. Er ist eine komplexe körperliche und seelische Reaktion.

Ein Orgasmus ist eine physische Reaktion des ganzen Körpers auf ein intensives Lustempfinden, das zu vorübergehendem Kontrollverlust führt.

Wenn wir an sexuelle Beziehungen denken, bei denen alles unter Kontrolle ist, bei denen der Mann am Ende einen Samenerguss hat und die Frau sich befriedigt fühlt, bei denen alles antiseptisch und nach Schema F abläuft, dann wissen wir, dass hier durchaus Lust im Spiel sein kann. Aber ein Orgasmus? Nein.

Ein Orgasmus geht zwangsläufig mit mangelnder Kontrolle einher.

Aus irgendeinem Grund, den ich wirklich nicht kenne, gibt es am Río de la Plata einen merkwürdigen Orgasmus-Kult. Vor allem wir Argentinier, aber auch unsere Nachbarn in Uruguay haben hier eine ganz eigenwillige Einstellung.

Wir leben unsere Sexualität, als ginge es ausschließlich darum, einen Orgasmus zu bekommen.

Wie lange dauert ein Orgasmus? Zehn, fünfzehn, zwanzig, mit viel Glück dreißig Sekunden?

Es ist doch wirklich traurig, wenn die letzten dreißig Sekunden alles sind, was beim sexuellen Miteinander zählt.

Wenn es bei der ganzen Sexgeschichte nur um diese Zahlenspielchen geht …

Das kann einfach nicht sein, und es ist auch nicht so.

Eine sexuelle Begegnung dauert durchschnittlich einundzwanzig Minuten. Wenn die Experten recht haben, können und sollten in dieser Zeit viele Dinge passieren.

Sex hat viele verschiedene Facetten. Der Orgasmus ist eine davon, aber sicherlich nicht die einzige und wahrscheinlich auch nicht die wichtigste.

Man muss den Orgasmus neu bewerten und ihm seine Vorzugsstellung nehmen.

Wir Argentinier betreiben nicht nur einen Kult um den Orgasmus. Nein, wir messen die Lust daran, welche Rekorde wir aufstellen.

Und dann sitzen wir Männer im Café und reden über Sex …

»Also heute Nacht …«, spielt sich der Erste auf. »Dreimal bin ich gekommen!«

»Neulich hab ich's fünfmal geschafft. Fünfmal!«, sagt ein anderer.

»Also ich war da mal bei einem Picknick«, sagt ein Dritter. »Vierzehnmal bin ich gekommen!«

»Ihr seid echte Schwachköpfe«, sagt einer, der sich auskennt. »Es geht nicht um dich, sondern darum, wie oft du sie *zum Höhepunkt bringst … Meine Frau zum Beispiel kommt immer mindestens dreimal.«*

»Also wenn's darum geht …«, sagt ein anderer. »Meine kommt sechsmal, wenn ich einmal komme!«

Daraufhin fragen alle den, der noch kein Wort gesagt hat:

»Und deine, Pepe?«

»Also meine ... Meine hat einen Orgasmus nach dem anderen!«

»Unglaublich!«, denkt einer.

Auf dem Heimweg hadert er mit seinem Schicksal: »Und ich bin mit diesem toten Fisch verheiratet! Ein Orgasmus nach dem anderen! Ich bin wirklich ein Vollidiot! Warum hat man mir das nicht vorher gesagt, dann hätte ich mir auch so eine gesucht! Wie man das wohl anstellt, an so eine Frau ranzukommen?«

Ein Orgasmus nach dem anderen! Das klingt phantastisch. Und in den Frauenzeitschriften (die von Männern herausgegeben werden) erscheinen Artikel wie: »Wie werde ich im Bett zu der Frau, nach der alle Männer verrückt sind?«, »Tantrasex in der Ehe«, »Das Geheimnis des G-Punkts« oder »Ernährungstips für die unersättliche Frau«.

Betrachten wir die Sexualität vom Orgasmus aus, wird es ganz kompliziert. In erster Linie, weil er in Wirklichkeit gar nicht so wichtig ist. Und zweitens, weil Sex auf diese Weise zu einem Wettbewerb ausartet, der gar nichts mit den Frauen zu tun hat, mit denen diese Männer Sex haben.

Wenn ein Mann eine Frau fragt, wie oft sie gekommen ist, dann fragt er nicht ihretwegen, sondern um im Café damit anzugeben. Es hat nichts damit zu tun, was sexuell zwischen ihnen passiert.

Und wenn er fragt, ob sie »fertig geworden ist«, dann, weil alles andere eine Bedrohung für ihn wäre. Denn ein richtiger Mann muss zuerst seinen Samenerguss haben, um dann auch sie zum Höhepunkt zu bringen (wie jeder Liebhaber, der etwas auf sich hält). Das ist der Kult der männlichen Verunsicherung und keine wahre Begegnung mit der Frau. Kein Mann wird ohne weiteres zugeben wollen, dass es so ist, da kann ich sagen, was ich will, wie ich will. Und der eine oder andere Mann wird sich von mir angegriffen fühlen, nie mehr eins meiner Bücher lesen und sagen:

»Was weiß dieser Fettwanst schon? Der ist doch bestimmt schwul!«

Das ist okay, ich verstehe das.

Was ich sage, ist eine Bedrohung für unser narzisstisches Ego.

Ich mache den Autor runter, um den Stammtisch zu beruhigen.

Ich sage das hier so offen, damit die Männer, die mich lesen, sich nicht aufregen: Ich selbst habe mich sexuell weiterentwickelt. Vom berühmten »Zwei und keiner kommt« meiner Jugend zum heutigen »Drei und nichts passiert« ...

Also keine Sorge, das bedeutet nichts, so bin ich.

Wenn man ständig mit dem Abzählen der eigenen und fremden Orgasmen beschäftigt ist, bekommt man vom eigentlichen Akt nichts mehr mit.

Doch wir pflegen noch einen weiteren Mythos, der ebenso argentinisch ist wie die urtypischen Gerichte Chimichurri und Dulce de Leche: Den Mythos vom gleichzeitigen Orgasmus.

Wenn der Orgasmus mit Kontrollverlust verbunden ist, wenn mir im Bett nichts Besseres passieren kann, als vor lauter Lust die Kontrolle zu verlieren und so zum Orgasmus zu gelangen, dann sag mir mal, wie wir auf den absurden Gedanken vom gleichzeitigen Orgasmus gekommen sind: Die Vorstellung, dass wir zusammen kommen müssen, damit der Sex gut und erfüllend ist.

Wenn Orgasmus bedeutet, die Kontrolle zu verlieren, wie sollen wir dann gleichzeitig zum Höhepunkt kommen?

Das ist eine absurde Vorstellung, die jedes Sinns entbehrt. Es ist, als würden meine Frau und ich beschließen, in ein Restaurant zu gehen, um Schnitzel zu essen, und aus einer Laune heraus auf die Idee kommen, genau gleichzeitig mit dem Essen fertig zu sein. Verstehst du? Man bringt uns die Schnitzel und wir beginnen zu essen, den Blick immer auf das Schnitzel des anderen gerichtet, um zu sehen, wie schnell oder langsam der andere isst, um dann ebenfalls schneller oder langsamer zu essen … Stell dir den entsprechenden Dialog vor:

»Du isst ein bisschen zu schnell.«
»Nein, du kaust zu langsam.«
»Nein, nein … du kaust zu langsam.«
»Aber dein Schnitzel ist kleiner.«
»Nein, deins war größer.«
»Iss langsamer, schling nicht so.«
»Warte, ich bin noch nicht fertig.«
»Warte, ich muss mal einen Schluck trinken …«
»Los, jetzt mach schon.«
»Bist du fertig?«
»Eins … Zwei … Drei … Jetzt!«

Und dann, Pamm!, essen wir das letzte Stück Schnitzel, schauen uns an und sagen: Super! Und wir rennen stolz auf die Straße, um den Leuten zu sagen, dass wir den letzten Bissen von unserem Schnitzel gemeinsam aufgegessen haben …

Wen interessiert das? Und was ist daran so wichtig?

Es ist mehr als lachhaft, denn es ist nicht mal witzig.

Es geht nicht darum, den letzten Bissen gleichzeitig zu essen; es geht vielmehr um den Versuch, Kontrolle über etwas zu erlangen, das, wenn es richtig geschieht, unkontrollierbar ist.

Die Geschichte mit dem Stöhnen aus dem Nachbarzimmer in billigen Hotels ist bezeichnend:

»Gib's mir!«

»Mach schon!«

»Nein, hier ... Nein, mach weiter.«

»Warte ...«

»Ich komme ...«

»Warte ...«

»Bist du so weit?«

»Nein ...«

»Ja! ja!«

»Jetzt du.«

»Jetzt ich.«

»Und?«

»Nein, nein, warte ...«

»Aaah ...«

»Was ist?«

»Scheiße, ich bin gekommen!«

Was ist das Fundament dieser lächerlichen Veranstaltung?

Es besteht nicht der geringste Zweifel daran, dass Sexualität mit gemeinsamer Lust zu tun hat. Keine Frage.

Aber deshalb zu glauben, dass gemeinsame Lust in exakt demselben Moment und in exakt der gleichen Weise stattfinden muss, ist völliger Blödsinn.

Es lohnt sich nicht, auf eine lustvolle Begegnung zu verzichten, nur weil man darauf fixiert ist, gemeinsam zum Orgasmus zu kommen.

Wir sollten verstehen, weshalb wir hier sind. Und wir sind *ganz sicher* nicht hier, um gleichzeitig einen Orgasmus zu haben. Nicht mal, um überhaupt einen Orgasmus zu haben.

Kann sein, dass es passiert. Kann sein, dass ich mit meiner Frau am Tisch sitze und wir Schnitzel essen und gleichzeitig fertig sind, und dann sehen wir uns an und sagen: »Oh, wie schön, wir sind zusammen mit dem Essen fertig geworden.« Aber wenn man es darauf anlegt …

(Und um das Ganze mit Humor zu sehen: Es kommt gar nicht darauf an, dass wir zusammen fertig werden. Es reicht schon, dass es am selben Tag passiert und dass man zusammen ist, wenn es passiert, und das ist die Wahrheit.)

Beim Versuch, das nicht zu Kontrollierende zu kontrollieren, bleibt der Orgasmus auf der Strecke.

Dabei ist es wichtig, zu differenzieren: Meine Lust zurückzustellen, um noch mehr Lust zu empfinden, abzuwarten, weil es mir Lust bereitet, ist das eine. Aber zu glauben, dass ich dazu verpflichtet bin, damit du deinen Orgasmus hast, ist etwas ganz anderes. Es bedeutet, auf die Kontrolle fixiert zu sein. Und dann kann ich die Kontrolle nicht mehr aufgeben, wenn es so weit ist.

Wenn der Mann einen echten Orgasmus hat und nicht nur »abspritzt«, dann hat er erst mal genug … Das Problem mit dem gleichzeitigen Orgasmus ist also, dass die Frau allein zurückbleibt, wenn er gekommen ist. Und das ist traurig. Aber ich frage mich: Warum muss damit alles vorbei sein? Wir könnten doch drei oder vier Minuten warten und wieder von vorn anfangen. Warum nicht?

Wenn wir nicht gleichzeitig gekommen sind, warum muss die Begegnung dann hier enden?

Wenn wir nicht gemeinsam kommen, dann vielleicht beim nächsten oder übernächsten Mal. Bei dem, was danach kommt. Man muss lediglich ein bisschen abwarten, solange die Zeiger bei ihm auf halb sechs stehen bleibt (bitte bildlich vorstellen!).

Zehn Minuten dauert die körperliche Erholungsphase. Danach kannst du das Liebesspiel wieder aufnehmen – oder auch nicht.

Nun könnte man sagen:

Aber was ist bei vorzeitigem Samenerguss? Dann muss man sich doch unter Kontrolle haben …

So steht es in den Büchern! Es gibt seitenweise Abhandlungen darüber, was man tun soll, um die Ejakulation hinauszuzögern. An den Lieblingsfußballspieler denken, sich einen Finger in den Hintern stecken, Fernsehen, an die Schwiegermutter denken, sich ins Ohrläppchen kneifen, die Hoden zusammenpressen … Bitte! Das ist doch unglaublich!

Ein Mann, der an vorzeitigem Samenerguss leidet, wird von seiner Partnerin unter Druck gesetzt, das Problem zu lösen, sonst …

In seiner Verzweiflung geht der Mann zu einem stadtbekannten Sexualtherapeuten, der sich wegen seiner Erfolge bei Patienten wie ihm einen Namen gemacht hat …

Der Arzt untersucht ihn, stellt ihm ein paar Fragen und betrachtet ihn durch einen Apparat, der merkwürdige blaue Strahlen aussendet. Dann sagt er:

»Also, mein Freund. Gute Nachrichten: Wir sind in der Lage, Ihr Problem zu heilen.«

»Wirklich, Doktor? Wie schön! Was muss ich tun?«

»Nun, die Methode ist eigentlich ganz einfach, aber es braucht Geduld.«

»Was heißt das, Geduld? Wie lange wird es dauern, bis ich geheilt bin?«

»Das hängt vom jeweiligen Patienten ab. Aber ich würde sagen, in vierzehn Tagen sollten Sie in der Lage sein, es mit Ihrer Frau zu versuchen.«

»Nein, Doktor ... Das geht auf gar keinen Fall. Es muss sofort eine Lösung her. Meine Frau lässt sich scheiden, wenn ich das Problem nicht in den Griff bekomme.«

»Nun, ich habe die Methode noch nie mit solcher Eile angewendet, aber wenn Sie bereit sind, sich anzustrengen und am heutigen Tag Zeit zu nehmen, kann man heute Abend vielleicht schon erste Erfolge verbuchen.«

»Ich mache alles, was Sie sagen, Doktor.«

»Gut, dann lassen Sie uns anfangen. Französische, italienische oder spanische Küche?«

»Ich weiß nicht, Doktor. Wie meinen Sie das?«

»Wählen Sie. Es ist Ihre Entscheidung ...«

»Also ... Ich weiß nicht. Italienisch.«

»Gut. Gehen wir.«

Arzt und Patient verlassen die Praxis und gehen ins Restaurant da Giuseppe um die Ecke.

»Es geht um Folgendes: Sie sollen die Karte auswendig lernen.«

»Wie bitte?«

»Ja. Für den Anfang drei, vier Vorspeisen, drei, vier Hauptgerichte und drei, vier Desserts ...«

»Und dann?«

»Danach sagen Sie sich die Gerichte immer wieder auf, bis sie zu einem Mantra werden, einem automatischen Satz ...«

»Und dann?«

»Und dann immer so weiter, bis Sie die ganze Karte auswendig können. Meine Studien beweisen, dass nichts den Orgasmus effektiver hinauszögert, als an Essen zu denken. Wenn Sie also mit Ihrer Frau ins Bett gehen, denken Sie ein-

fach an die Liste mit den Gerichten, und Sie zögern den Samenerguss hinaus.«

»Das ist ja wunderbar, Doktor!«

»Nun, wir wollen mal sehen. Mit welchen Vorspeisen wollen Sie anfangen?«

»Äh … Vitello tonnato … Insalata caprese … Mozzarella en carrozza …«

»Bruschetta!«

»Ja genau, Bruschetta.«

»Weiter … Jetzt vier Hauptgerichte.«

»Cannelloni al Rossini … Lasagne … Bagna cauda … Linguine puttanesca …«

»Wiederholen Sie, wiederholen Sie.«

»Cannelloni. Lasagne. Bagna cauda. Linguine puttanesca.«

»Jetzt alles zusammen. Los.«

»Vitello tonnato. Insalata caprese. Mozzarella en carrozza. Bruschetta. Cannelloni al Rossini. Lasagne. Bagna cauda. Linguine puttanesca.«

So geht das stundenlang, bis der Patient die ganze Speisekarte des Restaurants auswendig aufsagen kann, an die fünfzig Gerichte und über zwölf Nachspeisen.

Auf dem Weg ins Büro rattert der Patient weiter die Liste herunter:

»Vitello tonnato. Insalata caprese. Mozzarella en carrozza …«

Als er nach Hause kommt, zählt er auf:

»Cannelloni al Rossini. Lasagne. Bagna cauda …«

Als er seine Frau sieht, sagt er zu ihr:

»Komm, Schatz, lass uns ins Schlafzimmer gehen. Dieser Arzt ist ein Genie. Ich bin geheilt.«

Der Mann und die Frau gehen also ins Schlafzimmer und legen sich ins Bett.

Die Frau legt sich auf den Rücken und wartet ab. Der Mann legt sich zu ihr und sagt:

»Vitello tonnato … Insalata capr… Kellner! Einen Kaffee und die Rechnung, bitte!«

Ich bin froh, dass wir darüber lachen können. Es ist traurig, dass wir so leben und an diesen Unfug glauben.

Masters und Johnson haben eine Studie über vorzeitigen Samenerguss verfasst, in der sie eine wunderbare Frage stellen: Was ist vorzeitig? Zu schnell. Was ist zu schnell? Keine Ahnung. Um dann festzustellen, dass dieses Phänomen nur bei bestimmten Männern mit bestimmten Frauen zu beobachten ist. Dass es einem Mann nicht bei jeder Frau passiert. Folglich beschreiben sie vorzeitige Ejakulation als Paarstörung, das heißt als Beziehungsstörung:

Juan hat einen vorzeitigen Samenerguss bei María, nicht aber mit Susana.

Patricia empfindet nichts bei Pedro, wohl aber bei Esteban.

Und Alejandra, die mit José keinen einzigen Orgasmus hatte, wird mit Julio zur Nymphomanin.

Und das hat nichts damit zu tun, dass Julio und Esteban bessere Liebhaber wären als Juan oder Pedro. Es bedeutet nicht, dass die einen erfahrener sind als die anderen, sondern dass die Partner auf derselben Wellenlänge sind und miteinander harmonieren.

Die Chemie zwischen einem Paar ist entscheidend. Es gibt Gerüche, die nicht zusammenpassen, oder Äußerlichkeiten, mit denen wir nicht zurechtkommen. Wenn man mit jemandem ins Bett geht und seinen Geruch nicht mag, ist der Zauber verflogen und es kommt nicht zu dem, was eigentlich passieren sollte. Das heißt nicht, dass der andere stinkt; es ist einfach sein Geruch. Es gibt Tausende von Dingen wie Geruch, Berührung, Blicke, die passen oder eben nicht passen.

Sexualität ist so viel mehr als der eigentliche Akt.

Zu denken, Sex sei nichts weiter als ein Schwanz in einer Vagina, ist dumm.

Sexualität ist eine vielschichtige Angelegenheit, nicht nur der Akt der Penetration und die Sache mit dem Orgasmus. Sie hat eine wichtige Funktion, die natürlich längst nicht mehr nur mit Fortpflanzung zu tun hat, sondern mit Kontakt, Lust, Kommunikation und der Begegnung mit dem anderen.

Die Vorstellung, dass Lust davon abhängt, wer zuerst fertig ist und wer danach, oder davon, wer zum Höhepunkt kommt und wer nicht, haben vor allem solche Männer, die jammern, weil sie glauben, dass ihr Schwanz zu kurz ist. Und dann fragt man sich: Zu kurz für was? Was heißt das, zu kurz? Was ist das für eine Vorstellung von Männlichkeit, die von der Schwanzlänge abhängt?

Es gibt zwei Organe, die ausschlaggebend für die Sexualität sind: die Haut und das Gehirn. Tatsächlich gibt es eine Phase, in der eine Genitalisierung stattfindet, aber das ist nur ein kurzer Moment vor dem Orgasmus. Die übrige Zeit müssen wir sehen, wie wir die sexuelle Energie, die wir empfinden, lenken.

Die sexuelle Erregung ist Energie, die sich sammelt und durch meinen gesamten Körper pulsiert. Ich finde, es ist zu wenig, wenn ich diese Energie ausschließlich auf die Genitalien, auf eine Erektion oder ein Feuchtwerden fokussiere. Sexualität findet im ganzen Körper statt.

Wenn wir keine Befriedigung empfinden, wäre es gut, zu schauen, was bei uns los ist. Es gibt da nämlich eine ziemlich gefährliche Reaktion: zu glauben, das Problem liege beim anderen.

Das Problem wird auf den anderen abgeschoben:

»Du bist frigide.«

»Du kommst immer zu früh.«

Ich denke, das Problem liegt darin, dass keine wirkliche Begegnung zwischen den Partnern stattfindet.

Wir sollten es weiter miteinander versuchen, Dinge ausprobieren, uns Hilfe holen, jemanden dazu bitten … Das Problem gemeinsam angehen, statt es auf den anderen zu schieben.

Wir sollten akzeptieren, dass weder der eine noch der andere Schuld hat. Zwischen uns funktioniert es aus irgendeinem Grund einfach nicht.

Scheitert die Sexualität, bringt es nichts, mit dem Finger auf den vermeintlich Schuldigen zu zeigen.

Es wäre gut zu schauen, was da zwischen uns ist, dass ich zu früh komme, dass du nicht feucht wirst, dass ich keine Erektion habe, dass du oder ich nicht zum Orgasmus kommen.

Man muss begreifen, dass diese Funktionsstörungen mit uns beiden zu tun haben, mit dem, was zwischen uns ist oder eben nicht ist. Sexualität ist immer eine gemeinsame Sache.

Und wenn man gemeinsame Schwierigkeiten hat, kann man nur gemeinsam eine Lösung finden.

Sexualität definiert sich nicht über Größe oder Form, sondern ist vor allem eine Frage der Einstellung.

Die Welt ist voller Geschichten von großen oder kleinen Ärschen, gewaltigen Schwänzen, riesigen Titten und ähnlichen Dingen, die in Wirklichkeit nicht das Geringste mit der sexuellen Begegnung an sich zu tun haben.

Machen wir uns frei vom Orgasmus-Kult, vom Kult der Ejakulation mit Orgasmus, vom Kult des gleichzeitigen Orgasmus. Gehen wir miteinander ins Bett, um einfach Spaß zu haben. Wenn es dabei zur Ejakulation kommt, schön. Und wenn nicht, dann nicht.

Wer sagt, dass man eine Ejakulation oder einen Orgasmus haben muss, um Spaß zu haben?

Der Orgasmus ist die unvermeidliche Folge, wenn man Spaß im Bett hat. Aber er sollte nicht das Ziel sein.

Man muss sich von der Vorstellung verabschieden, Sexualität sei gleichbedeutend mit einem harten Schwanz. Es ist eine jämmerliche Vorstellung, zu glauben, dass Vögeln nur etwas mit Erektion oder einer feuchten Vagina zu tun hat. Sexuelle Lust ist so viel mehr.

Bei einem meiner Vorträge sagte einmal ein Mann zu mir:

»Aber wenn man eine Stunde lang bumsen will, geht das nicht ohne Erektion.«

Darauf antwortete ich:

»Jemandem, der sich schlecht fühlt, weil er eine Stunde bumsen will, aber keinen hochkriegt, würde ich sagen: Verabschiede dich von der Idee, dass du eine Stunde bumsen willst, und dein Schwanz wird anderthalb Stunden stehen wie eine Eins.«

Unsere Sexualorgane hören nicht auf unseren Kopf. Wir sagen »Steh!«, und er steht nicht. Wir sagen »Jetzt steh nicht!«, und er steht.

Ein junges Paar verbringt die Flitterwochen in Paris. Auf dem Montmarte sehen sie ein Plakat, auf dem steht: »Tony, der südamerikanische Hengst«. Sie sind neugierig und gehen in die Show.

Wie vorherzusehen ist Tony ein muskulöser Latin Lover mit schwarzem Schnurrbart, ein Herkules um die dreißig. Er betritt breitbeinig die Bühne, und nach ein paar Minuten hat er eine interessante Erektion. Vor Tony steht ein Tisch, und auf dem Tisch liegt eine Nuss. Tony stellt sich vor den Tisch und knackt die Nuss mit einer Bewegung seines Beckens. Das Publikum tobt ... Das junge Paar staunt. Sie stupst ihn mit dem Ellenbogen an und sagt: »Hast du das gesehen?« Dann gehen sie nach Hause.

Fünfundzwanzig Jahre später kommen sie wieder nach Paris. Als sie über den Montmartre schlendern, sehen sie ein Plakat, auf dem steht: »Tony, der südamerikanische Hengst«.

»Das kann doch nicht der Tony von damals sein!«, sagen sie sich.

Sie gehen rein, und da ist Tony. Er ist nun um die sechzig, immer noch muskulös, aber ein bisschen faltig, hat graue Strähnen im Haar und ist insgesamt ein bisschen gewelkt. Auf der Bühne steht ein Tisch, und darauf liegt eine Kokosnuss.

Das Paar kommt aus dem Staunen nicht mehr heraus. Tony konzentriert sich und zack! Da ist eine Erektion, und bums! zerfällt die Kokosnuss in zwei Hälften. Der fassungslose Ehemann ist stolz, ein Mann zu sein, und gleichzeitig neidisch, dass einem anderen gelingt, was er nicht schafft. Er geht zu Tony und sagt:

»Entschuldigen Sie. Sind Sie derselbe Tony, der schon vor fünfundzwanzig Jahren hier aufgetreten ist?«

»Ja.«

»Aber das ist unglaublich! Wir haben Sie vor fünfundzwanzig Jahren gesehen, da haben Sie eine Nuss geknackt. Und jetzt eine Kokosnuss! Wie ist das möglich?«

Und Tony sagt:

»Nun, der äußere Schein ist nicht alles ...«

Man muss sich von dem Anspruch verabschieden, vorgegebene Ziele erreichen zu wollen. Es gibt keinen Grund, eine

Stunde, zwei Stunden oder eine halbe Stunde vögeln zu wollen. Man sollte es so lange machen, wie man Lust dazu hat. Und in dieser Zeit sollte man das machen, was man will und kann.

Das ist für mich gesunde Sexualität.

Fünfundneunzig Prozent aller Männer und Frauen mit sexuellen Funktionsstörungen (Orgasmusstörungen, Ejaculatio präcox, Impotenz) nehmen ihr Scheitern sozusagen vorweg. Mit anderen Worten: Sie denken, dass sie nicht können, und können dann auch nicht. Sie denken an das, was passieren sollte und dann passiert nichts.

Sexuelle Probleme können behoben werden, indem der Betroffene von der Erwartung Abstand nimmt, dass es anders sein müsste, als es ist.

Die meisten Sexualtherapeuten verordnen ihren Patienten eine Übung, die so gut wie immer funktioniert:

Gehen Sie miteinander ins Bett, machen Sie alles Mögliche miteinander, außer miteinander zu schlafen.

Dann lässt die Erwartungshaltung nach, und die Sexualität beginnt anders zu funktionieren.

Wer mit genauen Vorstellungen an eine Sache herangeht, hat keine Wahl. Und wer mit genauen Vorstellungen an die Sexualität herangeht, muss erkennen, dass der Schwanz oder die Vagina nicht dem Kopf gehorchen, sondern dem Gefühl, dem Empfinden, dem Körper und dem Erleben der Begegnung.

Natürlich sind gelegentlich auch körperliche Gründe für eine Erektions- oder Erregungsstörung verantwortlich, aber das ist lediglich bei zwei Prozent aller Betroffenen der Fall. Die überwältigende Mehrheit bringt sich durch ihre eigenen persönlichen Blockaden in diese unangenehme Situation.

Ein Mann, der eine problematische Beziehung zu seiner Frau hat, sucht wegen schwerer Potenzstörungen einen Arzt auf, der mit Hypnose behandelt. Nach acht Sitzungen kommt er nach Hause und bittet seine Frau, eine Minute zu warten. Dann schließt er sich im Bad ein. Nach fünf Minuten kommt er wie eine Furie aus dem Bad gestürmt, erregt, erotisiert, verschwitzt, erigiert. Er packt die Frau, reißt ihr die Kleider vom Leib und treibt es wild mit ihr.

Am nächsten Tag schließt er sich wieder fünf Minuten im Bad ein, kommt raus, packt sie und treibt es in allen möglichen Positionen: an der Lampe hängend, im Tigersprung ... Alles.

Am nächsten Tag wieder: Das ganze Programm.

Aber immer schließt er sich vorher im Bad ein. Die Frau fragt sich, was er wohl dort macht. Ob das ein Teil seiner Therapie ist? Bis sie ihm eines Tages nachspioniert ...

Als der Mann nach Hause kommt und im Bad verschwindet, schaut sie durchs Schlüsselloch. Sie sieht ihren Mann vor dem Spiegel stehen und zu sich selbst sagen: »Sie ist nicht meine Frau ... Sie ist nicht meine Frau ... Sie ist nicht meine Frau.«

Wenn die Partnerin das Rollenetikett »Ehefrau« trägt, können Männer ihre eigene Frau als unerotisch empfinden.

(Womöglich eine Auswirkung der Sache mit der Hure und der Mutter, du erinnerst dich?)

Sexualität hat eine so große Bedeutung im Leben, dass es sich lohnen würde, sie als Herausforderung zu sehen. Die Herausforderung einer erfüllten Sexualität.

Was ist das, eine erfüllte Sexualität?

Eine erfüllte sexuelle Beziehung sollte zu gleichen Teilen aus Zärtlichkeit und Erotik bestehen.

Ich sage immer, dass man mit einem Blumenstrauß und einem Pornofilm ins Bett gehen sollte. Sie sind sozusagen die Summe:

Blumen und Pornos

Diese folgenden Punkte empfehle ich und wünsche sie dir für ein erfülltes Sexualleben:

Phantasie

Nicht umsonst steht die Phantasie am Anfang meiner Liste, denn in gewisser Weise beginnt alles mit einer Phantasie. Aber mit der Zeit verselbständigen sich diese Phantasien und führen zu dem, was ich für eine der schwersten Beeinträchtigungen der Sexualität in einer Partnerschaft halte. Aus irgendeinem Grund sind wir nicht in der Lage, unsere Phantasien zu teilen, nicht einmal solche, in denen unser Partner eine Rolle spielt. Und das ist ein schwerer Fehler. Nichts ist besser als ein Zimmer voller »scharfer Mäuse«, um ein Klima der sexuellen Begegnung zu schaffen. Ich empfehle Paaren gerne, sich in ein schummriges Café zu setzen und sich gegenseitig ihre Phantasien zuzuflüstern. Das Ergebnis ist immer dasselbe: Das Paar ist überrascht, wie viele Übereinstimmungen es gibt, und ärgert sich, dass sie sich nicht früher getraut haben, darüber zu reden. Dir meine Phantasien zu erzählen ist ein Akt des Vertrauens und äußerst lustvoll für beide Partner.

Bei einem meiner Vorträge fragte mich eine Frau, ob es krankhaft sei, vom Sex zu dritt zu träumen, wenn »die Luft raus sei«. Ja, ist es, wenn einer von beiden das nicht möchte. Aber die Phantasie von Sex zu dritt muss nichts damit zu tun haben, dass »die Luft raus ist«; Sex zu dritt, zu viert oder zu fünft ist einfach nur eine Phantasie unter vielen. Meistens ist es nicht einmal nötig, sie in die Tat umzusetzen. Denn Phantasien müssen nicht unbedingt ausgelebt werden, um Lust zu bereiten; es ist schon aufregend, sie mit dem anderen zu teilen. Viele Paare haben Phantasien, die sie niemals ausleben, die sie erregen und an denen sie Freude haben. Eine Phantasie ist kein konkreter Handlungsvorschlag, sie ist Teil des Spiels.

Orte

Wenn man ein kreatives Sexleben haben will, muss man in der Lage sein, nach neuen Orten zu suchen. Unsere Schlafzimmer sind ziemlich unerotisch. Eher geeignet, um fernzusehen, zu essen, mit den Kindern zu spielen, Radio zu hören, zu lesen … für alles, nur nicht, um Sex zu haben. Irgendwann kommt der Moment, in dem es unerträglich wird.

Man sollte in die neuen Stundenhotels gehen[3], um sich anzuschauen, wie ein Ort aussehen sollte, an dem man Liebe macht, und das eigene Schlafzimmer entsprechend einrichten. Es würde sich lohnen. Die Besuche werden ein bisschen ins Geld gehen, aber man wird ein paar wunderbare Nächte haben. Und wer das nicht will, sollte anfangen, woanders Sex zu haben: im Wohnzimmer, im Aufzug, überall. Man kann nicht immer am selben Ort vögeln. Wer niemals den Ort, die Uhrzeit oder die Stellung wechselt, wird irgendwann den Partner wechseln. Glaub mir.

3 In Argentinien gehören Stundenhotels zur Alltagskultur. (Anm. d. Übers.)

Achte auf dich

Wir alle denken an Zweisamkeit, an die Lust, Lust zu bereiten. Das ist in Ordnung. Aber wenn man sich mit dem Thema Sexualität befasst, weiß man, dass sich hier etwas verändert hat.

Es gab eine Zeit, in der es die Pflicht der Frau war, dem Mann Lust zu bereiten. Später glaubte der Mann, es sei seine Pflicht, der Frau Lust zu bereiten. Heute wissen wir, dass es für beide vor allem darum geht, Freude am Sex zu haben. Dass es vor allem darum geht, die eigene Lust zu entdecken, um dann dem anderen Lust zu verschaffen, wenn mir das Lust bereitet. Aber ich sollte zuerst auf mich selbst schauen und das tun, was mir – und im besten Fall auch dir – Lust bereitet. Ich bin nicht dafür verantwortlich, dir Lust zu bereiten, wenn ich etwas als unangenehm finde, denn das hieße, nicht auf mich selbst zu achten.

Romantik

Hier geht es ganz konkret um Zärtlichkeit. Darum, vor lauter Wollust nicht die Romantik zu vernachlässigen, ohne deshalb vor lauter Romantik zu vergessen, dass es Aufregendes zu entdecken gibt. Romantik im Bett bedeutet, nicht zu vergessen, dass auch Liebe im Spiel sein könnte, wenn man Sex hat. Und falls es so ist, sollte man durch eine zärtliche Geste, eine zärtliche Berührung, ein zärtliches Wort zum Ausdruck bringen, was man empfindet.

Neues entdecken

Neugierig sein heißt, kreativ sein. Wie oft kann man Samstagnachmittags um halb sechs mit der eigenen Frau Sex haben, immer am selben Ort, im selben Bett, mit derselben Beleuchtung und nach demselben Schema? Da heißt es, Abwechslung ins Spiel bringen, nicht nur, was den Ort betrifft, sondern offen für neue Ideen, Situationen, Positionen oder Uhrzeiten zu sein.

Ein westlicher Forschungsreisender kommt nach Indien. Er geht in einen Tantra-Tempel und entdeckt auf sämtlichen Wänden ringsum die Zahl 85. Überall sind Mönche, die monoton »85…85…85…« summen. Der Forschungsreisende fragt:

»Was hat das zu bedeuten?«

Der älteste Mönch erklärt ihm:

»Das sind die 85 Liebesstellungen, die im Kamasutra beschrieben werden.«

Der Forschungsreisende ruft erstaunt:

»85! Ich kenne nur eine einzige: Der Mann oben, die Frau unten.«

Die Mönche sehen ihn verdutzt an, dann wandeln sie weiter durch den Tempel und singen:

»86…86…86…«

Man muss den Mut haben, neue Wege zu gehen. Wenn ich immer samstags um halb sechs mit meiner Frau schlafe, ich oben, sie unten, wenn ich es nicht schaffe, die Situation zu verändern, werde ich irgendwann die Frau wechseln.

Schreib deiner Partnerin, was du beim nächsten Mal gerne machen würdest, und mach dir Gedanken darüber, was sie gerne mit dir machen würde. Bitte sie, es ebenfalls für dich aufzuschreiben.

Wenn ihr feststellt, dass es Dinge gibt, von denen ihr nichts wusstet, dann schaut, auf welche davon ihr euch einigen könnt, damit beide Spaß haben.

Die Sinne entdecken

Dies ist ein ganz wichtiger Punkt: Beim Sex sollte man sich nicht auf einen einzigen Sinn beschränken und denken, Sexualität reduziere sich auf Geschlechtsverkehr und den Kontakt von Haut auf Haut. Beim Sex muss man alle fünf Sinne nutzen: Riechen, Schmecken, Hören, Sehen, Tasten. Man muss sich trauen, mit allen Sinnen zu genießen. Denn das ist das Allerwichtigste, wenn man miteinander schläft.

Den Alltag außen vor lassen

Wenn man miteinander ins Bett geht (oder auf die Terrasse oder in die Küche ...), muss man den Alltag außen vor lassen. Das ist das A und O. Man kann keinen guten Sex haben, wenn man an die Arbeit denkt, daran, wie teuer die Zwiebeln gerade sind oder dass ich mit der Putzfrau oder dem Nachbarn von gegenüber gestritten habe. Und wenn ich schon vorher weiß, dass ich nicht abschalten kann, sollte ich an diesem Tag keinen Sex haben.

Sei unvernünftig

Man sollte intuitiv und neugierig sein, um sich auch Unvernünftiges vorstellen zu können. Das heißt, meiner Phantasie freien Lauf zu lassen, aus dem Vollen zu schöpfen, nicht eingefahren zu sein, mir auch verrückte Dinge mit dir vorzustellen.

Eines Tages sagte Gott zu Adam:

»Adam, ich habe eine gute und eine schlechte Nachricht für dich.«

»Wie lautet die gute?«

»Die gute lautet, dass ich dir zwei neue Organe schenke.«

»Vielen Dank. Welche denn?«

»Das erste ist ein Gehirn, das setze ich in deinen Kopf ein. Es wird dir helfen, nachzudenken, abzuwägen und Probleme zu lösen.«

»Oh, sehr gut! Und das zweite?«

»Das zweite ist ein Penis, den befestige ich zwischen deinen Beinen. Er wird dir wunderbare Momente der Lust und herrliche Begegnungen mit Eva verschaffen.«

»Vielen Dank, lieber Gott. Ich denke, ich werde beide Geschenke fleißig nutzen. Und was ist die schlechte Nachricht?«

»Die schlechte Nachricht ist, dass du nicht beide gleichzeitig benutzen kannst.«

Hab Spaß!

Das ist ein Punkt, den ich für fundamental halte. Sex muss Spaß machen! Er darf kein ernster, formeller Akt sein! Wenn es beim Sex todernst zugeht, stimmt etwas nicht. Sex ist dazu da, dass wir ihn genießen, aber wir sollten auch Spaß dabei haben. Wenn man mit Humor und Freude an die Sache herangeht, ist es auch jedes Mal anders.

Lass dich gehen

Ich kann meine Empfindungen äußern, indem ich stöhne, schreie, grunze, weine, lache, rede. Indem ich mich gehenlasse. Wenn wir heute nicht miteinander schlafen können, weil die Kinder wach sind und wir ganz leise sein müssten ... dann lass es uns auf einen anderen Tag verschieben. Wenn es keinen Raum gibt, um unseren Empfindungen freien Lauf zu lassen, dann lass uns woanders hingehen. Hauptsache, wir können ungehemmt sein.

Und der wichtigste Punkt: Vergiss den Orgasmus

Wenn ich meine Phantasien teilen kann, wenn ich für Abwechslung sorge, auf mich selbst achte, Raum für Romantik schaffe, offen für Neues bin; wenn ich kreativ bin, mit allen Sinnen genieße, den Alltag außen vor lasse, wenn ich unvernünftig bin, Spaß habe und mich gehenlassen kann, dann bleibt nur noch eines: nicht an den Orgasmus denken.

Wenn du deine Sexualität genießen willst, dann vergiss den Orgasmus. Wenn es passiert, passiert es, aber denk währenddessen nicht daran. Der Orgasmus ist bei weitem nicht das Wichtigste und keinesfalls unverzichtbar. Eben weil der Orgasmus mit Kontrollverlust zu tun hat, sollte man ihn einfach geschehen lassen, statt sich auf ihn zu konzentrieren.

Phantasien miteinander teilen
Für Abwechslung sorgen
Auf sich selbst achten
Die Romantik einbeziehen
Neues entdecken
Mit allen Sinnen genießen

Den Alltag außen vor lassen
Unvernünftig sein
Unbedingt Spaß haben
Sich gehenlassen
Den Orgasmus vergessen

In der fernöstlichen Philosophie ist Sexualität der höchste Ausdruck der Erleuchtung.

Erleuchtung, das ist die Auflösung des Ich, das Eins-Werden mit dem anderen. In dem Moment, in dem ich loslasse und die Kontrolle verliere, höre ich für einen Augenblick auf, ich zu sein, und kann mich der Vorstellung hingeben, mit dem anderen zu verschmelzen.

Mit dem anderen zu verschmelzen ist die größte Sehnsucht der Liebe.

Der von allen Gedanken befreite Geist, die Ekstase des völligen Annehmens, die Abwesenheit aller Erwartungen und Erinnerungen und die völlige Hingabe an die Gegenwart sind die Meilensteine des Weges, der zum Sex als Erleuchtung führt.

Wenn wir in der Lage wären, so etwas zu erleben, und sei es nur ab und zu …

Ich glaube nicht, dass alle sexuellen Begegnungen wunderbar und außergewöhnlich sind oder dass sie alle zur Entäußerung des Ich führen. Deshalb sage ich: Hoffentlich können wir das oft erleben.

Ich meine, zumindest ab und zu sollte man loslassen, die Kontrolle aufgeben, sich hingeben …

Es gibt Menschen, die mit ihrem Sexualleben unzufrieden sind, aber keine Bereitschaft zeigen, etwas daran zu ändern. Dabei ist unsere Sexualität so wichtig.

Die Argentinier sind ein bisschen bigott, überängstlich und verklemmt, was die Sexualität angeht.

In Spanien begegnet ein Mann in einer Bar einer wunderschönen Frau und fragt sie, ob sie die Nacht mit ihm verbringen will. Sie haben heißen, aufregenden Sex miteinander. Am nächsten Morgen entspinnt sich folgender Dialog:

Ist sie Amerikanerin, sagt sie: »Very good.«

Ist sie Italienerin, sagt sie: »Facciamo l'altra volta …«

Ist sie Spanierin, sagt sie: »Wenn du mich verrrlässt, brringe ich dich um!«

Und ist sie Argentinierin, sagt sie: »O je … was du jetzt wohl von mir denkst …«

Das sagt viel aus über unsere verkrampfte Einstellung zur Sexualität und ist eine Folge unserer verklemmten Erziehung.

Sexualität hat viel mit persönlicher Freiheit zu tun.

Frei zu sein heißt, selbst zu entscheiden, mit wem, wie oft, wie und wo.

Heterosexualität, Homosexualität, Bisexualität. Selbstbefriedigung

Wir sind nicht heterosexuell, homosexuell oder bisexuell. Wir sind einfach nur sexuelle Wesen. Wir besitzen eine Sexualität, eine innere Energie, die danach drängt, sich auszudrücken. Es ist kein Zufall, dass Homosexualität dort gehäuft auftritt, wo Männer oder Frauen unter sich sind, etwa in Gefängnissen, Krankenhäusern, auf Schiffen, in psychiatrischen Anstalten etc. Denn irgendwo muss sich diese sexuelle Energie, die sich ansammelt, entladen. Wenn ich alleine bin, ist Selbstbefriedigung womöglich die beste sexuelle Praktik. Gesetzt den Fall, dass ich aus irgendeinem Grund kein Sexualleben haben kann, ist es gesünder, sich selbst zu befriedigen, als Sex durch zu viel Arbeit zu ersetzen, was ziemlich häufig vorkommt.

Wenn wir den Menschen als sexuelles Wesen betrachten,

das weder ausschließlich homo, noch hetero, noch bi ist, dann hat jemand, der die Bisexualität als Teil seiner Identität akzeptiert, potentiell freie Auswahl. Mir kommt ein Homosexueller, der behauptet, dass er die Vorstellung nicht erträgt, mit einer Frau zu schlafen, genauso anormal vor wie ein Heterosexueller, der sich ständig davor in Acht nimmt, dass ihm bloß kein Mann zu nahe kommt. Ich kenne viele Männer, die haben eine sexuelle Beziehung mit einer Frau, die sie lieben, aber wenn diese Frau ihnen über den Rücken streichelt und ihre Hand dabei seinen Hintern berührt, schreien sie: »He, fass mir nicht an den Arsch, hältst du mich für schwul?!?« Und die Frau fragt ihn: »Was hast du denn?«

Und auch ich frage mich: Ja, was hat er denn?

Und ich sage: Er hat Angst.

Die Genitalien, der Anus eingeschlossen, sind eine erogene Zone, und zwar bei beiden Geschlechtern gleichermaßen. Der eine mag auf die Berührung gewisser erogener Zonen stärker reagieren als der andere, aber wenn jemand nicht zulassen kann, dass man ihn an einer bestimmten Stelle berührt, hat er etwas zu verbergen …

Bei Männern, die der festen Überzeugung sind, dass Analverkehr ihnen mehr Lust bereitet als Vaginalverkehr, schwingt eine unterschwellige Aussage mit … In einigen Fällen ist es der Ausdruck eines schlecht gelösten homosexuellen Konflikts. Ohne hier darüber zu diskutieren, ob Homosexualität eine Übergangsphase ist oder nicht: Um zur Heterosexualität zu finden, müssen diese homosexuellen Konflikte gelöst sein – etwas, das Frauen in der Regel besser gelingt als Männern.

Der Grund dafür ist, dass das erste Liebesobjekt im Leben einer Frau die eigene Mutter ist, genau wie beim Mann.

Das sexuelle Erleben eines Mannes beginnt mit einer heterosexuellen Bindung und setzt sich dann für den Rest seines Lebens in einer heterosexuellen Beziehung fort.

Die Frau hingegen, deren erste Bindung ja eine homosexuelle ist, muss diese hinter sich lassen, um zu ihrer Heterosexualität zu finden. Und das bedeutet Arbeit.

Wenn eine Frau heterosexuell ist, hat sie von einer Beziehungsform zur anderen gewechselt. Und vielleicht müssen Männer ihren homosexuellen Anteil negieren, weil er als wenig männlich empfunden wird.

Die sexuelle Orientierung muss jedoch keine Bedrohung der Männlichkeit sein.

Homosexuell zu sein bedeutet nicht, feminin zu sein. Das typisch schwule Gehabe mancher Homosexuellen ist vielmehr ein Ausdruck von Identitätsverlust. Eine homosexuelle Frau muss nicht wie ein Lastwagenfahrer auftreten, und ein homosexueller Mann muss nicht feminin wirken.

Schwuchtel, Homosexueller und Stricher unterscheiden sich begrifflich voneinander und haben nicht notwendigerweise etwas miteinander zu tun. Nicht alle Transen sind homosexuell, nicht alle Homosexuellen sind Stricher und nicht alle Stricher sind schwul.

Man muss lernen zu differenzieren, um zu erkennen, wer man letztendlich ist …

Wenn Freiheit bedeutet, dass ich die Wahl habe, wenn es mehrere Optionen gibt, dann …

heißt frei sein für mich, selbst herauszufinden, was ich im Bett will und was nicht.

Die Bedeutung von Sexualität hat sich gewandelt. Vor fünfzig Jahren hat man uns beigebracht, dass der Mann erst Erfahrungen sammeln muss, um dann seine bis dahin völlig unerfahrene Frau in der Sexualität zu unterweisen.

Zum Glück ist das heute nicht mehr so.

Zum einen, weil die Frauen wissen, dass sie nicht auf die Männer warten müssen, um von ihnen zu lernen.

Zum zweiten, weil wir Männer heute wissen, dass wir nicht besonders viel gelernt haben.

Und zum dritten, weil mittlerweile kein Zweifel mehr daran besteht, dass der einzige Ort, an dem man etwas über Sex lernt, das Bett ist. Und wenn ein Mann etwas lernen will, wird er es von einer Frau lernen.

Die Vorstellung, dass Männer Frauen in der Liebe unterweisen müssen, ist ein machistischer Mythos.

Manche Dinge kannst du dir selbst beibringen, indem du deinen Körper erkundest. Aber das meiste bringt dir der andere bei, intuitiv oder weil er erfahrener ist. So lernen wir, um unser Wissen irgendwann weiterzugeben.

Was in der einen Beziehung ganz wunderbar funktioniert, muss nicht unbedingt auch in der nächsten funktionieren.

Man muss sich Zeit lassen, um zu lernen. Und dafür ist es nötig, sich auf den anderen einzulassen.

Ein paar Worte zum Begehren

Wird die Sexualität zur Formsache, haben wir ein Problem.

Es gibt nur einen Grund, Sex zu haben: Begierde. Ich kann nicht mit jemandem ins Bett gehen, weil ich mich langweile, weil ich nichts Besseres zu tun habe, weil ich angespannt bin. Um meiner Pflicht nachzukommen, damit du nicht mit einem anderen vögelst, oder um nicht selbst Hand anlegen zu müssen …

Es gibt nur einen Grund, mit jemandem ins Bett zu gehen, den Wunsch, mit diesem Jemand ins Bett zu gehen.

Außerdem gibt es nichts Aufregenderes, als von dem Menschen an meiner Seite begehrt zu werden. Ob Mann oder Frau, nichts erregt mich mehr, als zu spüren, dass der Mensch, den ich begehre, mich begehrt.

In gewisser Weise ist es ein Mysterium: Wenn es mich anmacht, dass du scharf auf mich bist, und es dich anmacht, dass ich scharf auf dich bin, wie hat es dann angefangen?

Manchmal fängt das Begehren damit an, dass ich dich sehe und dich gut finde. Ich warte auf dich und zeige mich von meiner besten Seite. Ich träume von dir und suche deine Nähe … Aber oft beginnt es, ehe wir uns begegnen. Es beginnt mit der Hitze, die in mir aufsteigt, weil irgendwo da draußen etwas passiert, das nichts mit dir zu tun hat.

»He, Doktor, Sie wollen doch nicht sagen, dass ich auf die scharfe Braut mit den Riesendingern auf dem Werbeplakat abfahre und dann beim Nachhausekommen denke, ich könnte mal wieder mit meiner Frau vögeln? Das ist ja widerlich …«

So ist es. Wenn du das widerlich findest, bitte. Aber es ist so. Ich bekomme erotische Anregung von außerhalb, und es ist genau diese Anregung, die ich in die Beziehung einbringe und die das Begehren weckt.

Wenn es dich stört, dir Anregung von außen zu holen, dann lass es bleiben, werde glücklich und vögel weniger.

Nichts ist mit dem Begehren des Menschen zu vergleichen, den ich begehre. Es ist das größte Aphrodisiakum überhaupt, vor allem in einer festen Partnerschaft.

Eine Frau kommt zum Arzt, weil sie einen steifen Nacken hat. Der Arzt untersucht sie und macht eine Röntgenaufnahme. Da er keine anatomischen Ursachen findet, fragt er sie:

»Haben Sie das schon länger?«

»Nein …«, sagt die Frau. »Seit ungefähr zwei Wochen.«

»Und was machen Sie beruflich?«

»Na ja, ich arbeite im Büro, ich mache den Haushalt …«

»Gab es einen Schlag?«

»Nein, nicht, dass ich wüsste.«

Der Arzt denkt nach. Er weiß nicht, was er noch fragen soll.

»Und die Ernährung?«

»Ich esse ganz normal, keine Probleme.«

»Irgendein verletzungsanfälliger Sport?«

»Nein, nichts. Ich spiele Karten.«

Da der Arzt nicht mehr weiterweiß, fragt er:

»Sexualleben?«

»Normal. Zwei-, dreimal die Woche … Er oben, ich unten … Normal.

»Also, er oben und Sie unten, oder umgekehrt?

»Sind Sie verrückt? Wie soll ich denn dann fernsehen?«

Wenn man sich nicht wirklich auf die Begegnung einlässt, ist die Chance, den Sex zu genießen, gleich null.

In einem der Reports von Shere Hite sollten die Probanden folgende Frage beantworten: »Wie viel Sex ist Ihrer Meinung nach normal?« Die Antworten reichten von einmal täglich bis zu einmal alle zwei Wochen. Alles zwischen diesen beiden Extremen wird von der Sexualwissenschaft als normal eingestuft. (Eine geringere Frequenz ist weder unnormal noch krankhaft, aber es ist wenig. Eine höhere Frequenz ist auch nicht unnormal, aber gelogen …)

Siebzig Prozent der Befragten, die in einer festen Beziehung lebten, gaben an, durchschnittlich zweimal pro Woche Sex zu haben.

In Argentinien geben die Frauen an, ein- bis zweimal in der Woche Sex zu haben, die Männer hingegen drei- bis viermal in der Woche. Das lässt Bedenken hinsichtlich der Treue beziehungsweise Untreue der Herren aufkommen. Oder die Männer sehen sich in der Pflicht, zu behaupten, dass sie häufiger Sex haben, weil man ihnen beigebracht hat, dass sie nur dann echte Kerle sind.

Es ist der alte Mythos, dass wir Männer immer bereit sind, obwohl das offensichtlich nicht der Wahrheit entspricht.

Wenn wir ganz allgemein etwas dafür tun wollen, die Sexualität zu verbessern, dann wäre das Folgendes:

Darauf drängen, dass Eltern Sexualkundeunterricht erhalten, um ihr Wissen weiterzugeben. Lernen beginnt in der Wiege.

Keine Schere im Kopf haben. Selbstzensur beim Sex ist schädlich. Wir müssen an unserer Freiheit und unserer Autonomie arbeiten, um in der Lage zu sein, eigene Regeln für uns aufzustellen.

Die Sexualität aufwerten, bis sie wieder den enormen Wert hat, der ihr zukommt.

Wenn wir versuchen, unser Begehren zu unterdrücken, sind wir umso mehr seine Sklaven.

Je mehr wir unser Begehren zulassen, je mehr wir unsere Sexualität als Teil von uns sehen und uns nicht für sie schämen, je mehr wir unsere Unsicherheiten, unsere Phantasien und unsere sexuelle Begegnung mit der Person, für die wir uns entschieden haben, akzeptieren, je freier wir in dieser ganzen Sache sind, desto freier wird unsere Sexualität werden und desto weniger müssen wir über sie nachdenken.

Oder um es mit einer Metapher zu sagen: Man kann seine Hand ein Leben lang offenhalten, aber nur für kurze Zeit zur

Faust ballen. Wenn man die Hand geschlossen hält, wird sie früher oder später erschlaffen.

Wenn wir offen mit unserem Sexualverhalten umgehen, können wir eine gesündere und lustvollere Sexualität leben. Vor allem aber wird unsere Fähigkeit zur Hingabe zunehmen.

Wenn wir unser Begehren unterdrücken, wird es irgendwann explodieren, es wird zu einer Gefahr, die anderen Schaden zufügen könnte.

Was ist normal? Was ist unnormal? Wo ist die Grenze zwischen Erlaubtem und Verbotenem? Was ist gut und was ist schlecht? Wo liegt die Grenze zwischen dem Normalen und dem Pathologischen? Was ist gesund und was ist krank?

Ich glaube, wenn zwei Menschen sich einig sind und Spaß an dem haben, was zwischen ihnen passiert, ohne dabei einen Dritten in Mitleidenschaft zu ziehen, dann ist nichts unnormal. Ich wiederhole: *Nichts.*

Aus: Palinurus von Mexiko

Wir liebten uns unweigerlich.

Liebten uns willentlich.

Liebten uns unwillkürlich.

Aber vor allen Dingen liebten wir uns täglich.

Mit anderen Worten, montags, dienstags und mittwochs liebten wir uns unveränderlich.

Donnerstags, freitags und samstags liebten wir uns kontinuierlich.

Zu guter Letzt liebten wir uns sonntags christlich.

Oder aber wir liebten uns in charakterlicher Übereinstimmung, überhaupt, über alle Zweifel erhaben und übers Telefon, fürs erste und in letzter Instanz, auf ewig und auf gut Glück, als erste Hilfe und als letzte Zuflucht.

Wir liebten uns auch in Osmose und in Symbiose: diese Art der Liebe nannten wir wissenschaftlich.

Aber ebenso liebte ich sie und sie mich: das heißt einvernehmlich.

Und wenn sie mitten in einem Orgasmus steckenblieb und mein Glied, in einen welken Muskel verwandelt, sie nicht ausfüllen konnte, dann liebten wir uns erbärmlich.

Was nichts mit jenen Gelegenheiten zu tun hatte, bei denen ich mir einbildete, dass ich nicht konnte und auch nicht konnte, und bei denen sie dachte, dass sie nichts fühlte und auch nichts fühlte, oder bei denen wir so erschöpft und so gedankenverloren waren, dass keiner von uns beiden zum Orgasmus kam. Wie wir uns in diesem Fall geliebt hatten, dass nannten wir: approximativ.

Oder aber Stephanie erinnerte sich unwillkürlich an die Eichhörnchen, die Onkel Esteban ihr aus Wisconsin mitgebracht hatte und die sich wie verrückt in ihren nach Kreosot riechenden Käfigen wanden, und ich erinnerte mich meinerseits an das Wohnzimmer im Haus der Großeltern, mit seinen Wiener Stühlen und seinen Teerosentöpfen, die das Aufblühen von vier Uhr nachmittags erwarteten, und so liebten wir uns folglich nostalgisch und kamen auf den Spuren alter Erinnerungen.

Außerdem taten wir es stehend und singend, kniend und betend, im Bett liegend und träumend.

So manches Mal liebten wir uns gegen die Natur, gemäß der Natur, ohne die Natur zur Kenntnis zu nehmen.

Oder nachts, ohne das Licht zu löschen, während die Mücken im Zenit des Lichtes einen Tanz vollführten. Oder tagsüber mit geschlossenen Augen. Oder mit reinem Körper und schmutzigem Gewissen. Oder vice versa. Zufrieden, glücklich, leidend, verbittert, mit Gewissensbissen und ohne Vernunft. Bei Müdigkeit und Kälte.

Und als uns die Absurdität des Lebens bewusst geworden war und dass einer den anderen eines Tages vergessen würde, liebten wir uns also vergeblich.

Zum Neid unserer Freunde und Feinde liebten wir uns unendlich, meisterlich, sprichwörtlich.

Zu Ehren unserer Eltern liebten wir uns sittlich.

Zum allgemeinen Ärgernis der Gesellschaft liebten wir uns ungesetzlich.

Zur Freude der Psychiater liebten wir uns, was die Symptome angeht, vorbildlich.

Wir liebten uns körperlich.

Und vor allen Dingen und aus dem einfachen Grund, dass ich es so wollte, und sie ebenfalls, liebten wir uns willentlich.[4]

Fernando del Paso

4 Fernando del Paso, Palinurus von Mexiko. Ü. Susanne Lange. FVA 1992.

Die Liebe in der Partnerschaft

Ein paar Meter zu meiner Rechten verläuft ein weiterer Weg. Jemand, dem ich begegnet bin, hat mich darauf hingewiesen. Der Weg verläuft parallel zu meinem, liegt aber wesentlich höher. Er sieht sehr schön aus. Wenn ich mir die Mühe machen würde, ihn zu erklimmen, könnte ich so manches sehen, das von hier aus nicht zu erkennen ist (aus größerer Höhe sieht man immer weiter). Ich stelle fest, dass der Aufstieg nicht so einfach ist und dass ich, oben angekommen, stürzen und mir weh tun könnte. Ich weiß auch, dass mich nichts dazu zwingt, es zu tun.

Ich bin hin- und hergerissen: Einerseits hält mich der Gedanke, dass es eine absurde, sinnlose Anstrengung wäre, davon ab, denn von hier unten sieht es aus, als führten beide Wege zum selben Ziel. Andererseits habe ich seltsamerweise das Gefühl, dass ich nur dann vollständig sein werde, wenn ich mich dazu entschließe, den höher gelegenen Weg zu nehmen. Was tun?

Seit über einem halben Jahrhundert will die Gesellschaft uns weismachen, dass die Partnerschaft eine Art Vorsaal zur Ehe ist, diese wiederum die Lizenz für Familie und diese dann die Eintrittskarte in eine Art exklusive Verwahranstalt (bis dass der Tod uns scheidet), in der von nun an zu leben unser absolutes Ziel sein sollte, als handle es sich um die höchste Form der Freiheit.

Dieser Mechanismus funktioniert folgendermaßen: Man entscheidet sich für einen Partner, verlobt sich, vereinbart einen Hochzeitstermin, bringt die Feier hinter sich und bezieht dann mit seinem Ehepartner eine Art Gefängnis, das nicht ohne Ironie als »Liebesnest« bezeichnet wird. Dort angekommen, wirft man einen ersten ehrlichen Blick auf den Zellengenossen. Wenn einem gefällt, was man sieht, bleibt man. Wenn nicht, beginnt man den Ausbruch aus diesem Gefängnis zu planen, um sich nach einem anderen Partner umzusehen, während man inständig hofft, diesmal mehr Glück zu haben, oder sich Hilfe sucht, um beim nächsten Mal eine bessere Wahl zu treffen.

Wenn unglückliche Paare mit ihrem Leben unzufrieden sind, wird das Problem in unserer modernen Gesellschaft dadurch gelöst, dass man sich trennt und mit einem anderen, der besser zu einem passt, von vorne anfängt. Mit anderen Worten: Für achtzig Prozent aller Paare (und fünfzig Prozent aller Ehen) führt die Unfähigkeit, sich für den Richtigen oder die Richtige zu entscheiden, zum Scheitern der Partnerschaft.

Wir Argentinier geben gerne damit an, für jedes Problem eine Lösung zu finden. Das Problem mit dieser Lösung ist, dass der Ausbruch aus dem Ehegefängnis immer sehr schmerzhaft ist. Besitz, Kinder und Geschenke müssen aufgeteilt werden; man muss sich von seinen Träumen verabschieden; man verliert vertraute Orte und den einen oder anderen Freund; und als wäre das nicht genug, lebt man von nun an mit der Angst vor Nähe und mit der Befürchtung, die nächsten Beziehungen könnten ebenfalls scheitern. Und die Kinder, die oft glauben, dass sie in irgendeiner Form für die Trennung verantwortlich seien, oder aber zu umkämpften Trophäen werden, müssen sich angesichts ihres eigenen Kummers fragen, ob es sich überhaupt lohnt, das Projekt Familiengründung anzugehen.

So betrachtet, scheint der einzige Ausweg aus all diesem Elend ein bedauerlicher zu sein: In seinem Gefängnis zu verharren, die Tür abzuschließen, durch ein kleines Fensterchen ins Leben hinauszusehen und sich damit zufriedenzugeben, für den Rest unseres Lebens einigermaßen miteinander auszukommen und zu hoffen, dass es nicht allzu lange dauern möge. Bis es so weit ist, lernt man, in einer leeren Ehe auszuharren, sich mit Essen, Alkohol oder Drogen zu betäuben oder sich in die Arbeit, Fernsehen oder Untreuephantasien zu flüchten.

Gibt es noch eine andere Möglichkeit?

Ja, es gibt eine ermutigende und, wie ich finde, zutreffendere Sichtweise auf Liebesbeziehungen.

Eine Partnerschaft ist kein starrer Zustand zwischen zwei Personen, die sich nicht verändern. Sie ist vielmehr eine Reise auf einem emotional, psychologisch und mental anspruchsvollen Weg, der mit leidenschaftlicher Verliebtheit beginnt, über den steinigen Pfad gegenseitiger Entzauberung führt und nach einer innigen, tiefen, gelassenen Einheit strebt. Ein Weg, auf dem man sich ein Leben lang immer wieder aufs neue füreinander entscheidet.

Eine solche Beziehung stützt sich nicht darauf, dass man den perfekten Partner oder die perfekte Partnerin erobert oder irgendwann durch Glück dem idealen Menschen begegnet, sondern auf eine klare Erkenntnis, die da lautet:

Der überkommene Glaube an den Mythos der Liebe als Gefängnis ist falsch.

Eine Partnerschaft ist kein Gefängnis und auch kein Ort, an den man sich klammert oder an dem man festgehalten wird.

Sie ist ein Weg, auf dem beide sich weiterentwickeln. Ein steiler, vielleicht auch gefährlicher Weg. Aber mit Sicherheit einer der schönsten und fruchtbarsten Wege, die man einschlagen kann.

Die Partnerschaft neu zu definieren heißt, über Liebe zu sprechen. Darüber, was genau unter diesem Gefühl zu verstehen ist, wenn ein Mann und eine Frau beschlossen haben, diesen Weg gemeinsam zu gehen.

Diese Liebe unterscheidet sich, wie ich bereits ausführte, nicht von anderen Formen der Liebe, die immer auf echtem Interesse am Wohlbefinden des anderen beruhen.

Aber im »Salat« einer Partnerschaft (du erinnerst dich?) vermischt sich vertikale Liebe mit horizontaler Leidenschaft.

Man kann nun dieses Thema der Vermischung von Liebe und Leidenschaft von unterschiedlichen Standpunkten aus betrachten. Wir können uns die romantische Liebe zum Beispiel als eine schöne Landschaft vorstellen, in der wir Hand in Hand mit dem geliebten Menschen in die Sterne schauen oder das Meer betrachten. Aber wenn wir allzu poetisch werden, warum sollten wir dann noch weiter darüber reden.

Versuchen wir also, uns dem Thema von einem rationaleren Standpunkt aus zu nähern, indem wir uns fragen, was es bedeutet, mich zu einem anderen Menschen hingezogen zu fühlen, und welche Folgen das hat.

Das Geheimnis der romantischen Anziehung

Die Vorstellung von romantischer Liebe geht auf die Antike zurück und hat ihre literarischen Wurzeln in der *Ars Amatoria* des römischen Dichters Ovid. Für die alten Griechen war die Liebe eine Vorstellung, eine Idee, die sich auf die ideale Schönheit des menschlichen Körpers gründete und somit nicht auf den einzelnen Mann oder die einzelne Frau bezogen war. Auch war die Frau im alten Griechenland dazu da, das Haus zu versorgen und dem Mann zu dienen; Respekt oder Anerkennung gab es für sie nicht. (Das damalige Athen war in dieser Hinsicht voller Widersprüche. Auf der einen Seite rühmte man sich der Gleichheit der Rechte aller Bürger der *polis*; auf der anderen Seite wurde Sklaven, Fremden und Frauen dieses Privileg mit der Begründung verweigert, dass sie keine Bürger seien.)

In der mittelalterlichen Minneliebe wiederum ging es um tiefe Verehrung, meist für eine auserwählte Dame. Doch diese Liebe musste unerfüllt bleiben. Sie war ätherisch und transzendental, durch Gesten der Ritterlichkeit und Galanterie befeuert, kein stürmisches Werben eines entflammten Liebhabers.

In neuerer Zeit geht der physikalische Determinismus davon aus, dass die Welt mess- und bestimmbar ist und folglich jede Handlung eine Folge biochemischer Reaktionen im menschlichen Körper ist. In die gleiche Richtung zielt die Theorie, nach der die Gene das entscheidende Kriterium bei der Wahl des Sexual- oder Lebenspartners sind. Für viele Neurobiologen wiederum ist Liebe nichts anderes als der von chemisch-physikalischen Reaktionen gelenkte Sexualtrieb.

Viele Behavioristen vertreten die Ansicht, Liebe sei nichts anderes als ein emotionales Feedback auf den anderen, zu dem man sich körperlich hingezogen fühlt. Aus diesem Grund besetze die Liebe einen so großen Teil unseres Verhaltens und schließe ein, dass wir uns um den anderen sorgen, ihm zuhören, für ihn da sind, ihn allen anderen vorziehen.

Die Expressionisten betrachten die Liebe als Ausdruck eines

inneren Befindens der geliebten Person gegenüber. Ziel ist die kathartische Erleichterung des Verliebten, unabhängig davon, wie sich dieses innere Befinden manifestiert (durch Worte, Gedichte, Geschenke, Da-Sein, Fürsorge). Der Lustgewinn liegt, ganz unabhängig vom anderen, darin, diese Gefühle in Aktion umzusetzen.

Die Theorie von der Arterhaltung

Gegenwärtig arbeiten Wissenschaftler unterschiedlicher Disziplinen im Rahmen der interdisziplinären Forschung gemeinsam daran, dem Phänomen der Liebe in einer Partnerschaft auf den Grund zu gehen. Dabei wurden in sämtlichen Fachgebieten wertvolle Erkenntnisse gewonnen. Die Biologen etwa fanden heraus, dass wir bei der Partnerwahl einem gewissen Schema folgen: Männer fühlen sich automatisch von jüngeren Frauen mit glatter Haut, strahlenden Augen, glänzendem Haar, roten Lippen, rosigen Wangen und vollen Brüsten angezogen. Dabei haben diese Eigenschaften nichts mit der jeweils vorherrschenden Mode zu tun; vielmehr zeugen sie von Gesundheit und einem stabilen Hormonhaushalt und sind somit Indikatoren dafür, dass die Frau gebärfreudig ist. Frauen wiederum wählen ihren Partner nach anderen Gesichtspunkten aus. Da Jugendlichkeit und körperliche Fitness nicht maßgeblich für die männliche Fortpflanzung sind, bevorzugen Frauen instinktiv beruflich erfolgreiche Partner mit starkem Durchsetzungsvermögen, dominantem Auftreten und emotionaler Stabilität, weil diese Merkmale das Überleben des Familienverbunds garantieren.

Aber auch wenn biologische Faktoren eine wichtige Rolle bei unserer Partnerwahl spielen, sollte Liebe mehr sein als das.

Die Theorie vom Markt der Vorzüge und Mängel

Der Theorie der Wechselseitigkeit liegt die Annahme zugrunde, dass wir unseren Partner so auswählen, dass er uns entspricht. Wir bewerten den anderen nach körperlicher Attraktivität, ökonomischen Gesichtspunkten, gesellschaftlichem Status und ebenso nach Charaktereigenschaften wie Liebenswürdigkeit, Kreativität und Humor. Mit der Schnelligkeit eines Rechners summieren wir die Bewertungen, und wenn das Ergebnis sich in etwa mit unseren eigenen Erwartungen deckt, leuchtet ein grünes Licht auf, und wir machen weiter. Dabei interessieren uns nicht nur Jugend, Schönheit und gesellschaftliche Stellung, sondern die Person als Ganzes. So kann etwa der Umstand, dass eine Frau bereits im reiferen Alter ist oder der Mann eine untergeordnete Tätigkeit ausübt, dadurch kompensiert werden, dass er oder sie eine bezaubernde, intelligente oder einfühlsame Person ist.

Die Theorie der Anerkennung

Diese Theorie fügt dem Phänomen der gegenseitigen Anziehung einen weiteren Aspekt hinzu. Hier steht die Frage im Mittelpunkt, inwieweit die Beziehung zum anderen unser Selbstwertgefühl steigern kann: Wie wirkt sich der Umstand, dass ich mit dieser Person zusammen bin, auf mein Ego aus? Wir alle kennen die stolze Empfindung, wenn am Ende des Festes die ersehnte Eroberung mit uns den Raum verlässt.

Diese zusätzliche Aufwertung, von einer Person ausgewählt zu werden, die von anderen ebenso begehrt wird, möchte ich die Suche nach dem narzisstischen Lustgewinn einer Beziehung nennen. Die Suche nach einem einzigartigen Blick, der mich meint und vielleicht auf das Bedürfnis zurückgeht, der

Liebling meiner Eltern und vor allem der Geliebte meiner Mutter zu sein. Denn der Blick der Mutter ist durch nichts anderes zu ersetzen. Für Männer wie für Frauen ist die Mutter die einzige Person, mit der man einmal eins gewesen ist.

Ausgehend von dieser These glaubt Lacan, dass jeder auf der Suche nach einem Menschen ist, der ihm das geben kann, was ihn einmal mit seiner Mutter verband: eins zu sein mit dem anderen.

Demnach suchen wir bei jeder Person, der wir begegnen, diese bedingungslose Liebe, die wir mit der Mutter gehabt zu haben glauben. Die Vollkommenheit des embryonalen Daseins.

Deshalb sagt Lacan: »Liebe heißt, von einem anderen etwas Unmögliches zu verlangen, etwas, das es nicht gibt.«

Das heißt, du hältst den anderen für jemand, der er nicht ist, und erwartest von ihm Unmögliches: dass er eins wird mit dir, dass du ihm wichtiger bist als er sich selbst.

Dass du so unverzichtbar für ihn bist, dass er dich *niemals* verlassen kann …

Die Gesellschaftstheorie

Aus gesellschaftspolitischer Sicht kann die Liebe auch als Instanz verstanden werden, in der eine Gruppe (die Männer) einer anderen gegenüber (die Frauen) dominant auftritt. Dies spiegelt sich sowohl in der Sprache als auch in gesellschaftlich festgelegten Umgangsformen wider. Diese These kommt radikal feministischen Positionen entgegen, für die die romantische Liebe ein Nebenprodukt des Patriarchats ist. Analog zu Karl Marx' Definition der Religion als »Opium für das Volk« wird die Liebe als Opium für die Frauen verstanden und soziale Beziehungen als Spiegelbild grundlegender gesellschaftlicher Strukturen, die Menschen in Klassen, Geschlechter, Karrieren und was auch immer unterteilen.

Die Theorie von der spirituellen Bereicherung

Die spirituelle Sicht auf die Liebe gehört zu den mystischen Vorstellungen aller Zeiten und Kulturen. Wir begegnen einem anderen, mit dem wir das Gefühl teilen, unvollständig zu sein, und werfen unser beider Stärken in die Waagschale, um uns zu vervollständigen, zu ergänzen, zu formen. Durch den Kontakt mit dem anderen können wir sehen, was uns fehlt, und danach suchen, Dinge erkennen und verändern, uns neu erfinden und uns besser kennenlernen.

Durch den Partner kann ich mich entdecken und den anderen darin unterstützen, sich selbst zu entdecken.

Die Paarbeziehung ist eine besondere Begegnung auf meinem Weg zu mir selbst, eine Begegnung mit dem anderen und zugleich mit mir selbst. Indem man etwas von sich gibt, wird man zur Einheit.

Die Begegnung mit dem Partner schafft Raum für Neues. Sie ist ein gemeinsamer Raum, der die Auseinandersetzung mit neuen Paradigmen und ihre Hervorbringung begünstigt.

Ich sagte es bereits: Jede Begegnung mit dem anderen ist eine neue Möglichkeit der Begegnung mit uns selbst.

Als Paar machen wir uns beide auf den Weg zur Individualität. Aber gemeinsam.

Die Liebe befreit den Einzelnen aus seiner Isolation und führt ihn zum »Wir« des Vollständig-Seins. Der antike Mythos von den zwei Hälften, die einmal eins waren, stützt sich auf diese Sehnsucht vom Eins-Werden mit dem anderen, bei dem beide Identitäten verschmelzen, um gemeinsam ein höheres, mächtigeres »Ich« zu werden.

Platon erzählt, dass die Menschen in früheren Zeiten halb männlich, halb weiblich waren, mit zwei Köpfen, vier Händen und beiderlei Geschlechtern. In ihrer Vollkommenheit waren sie sehr mächtig, und so begannen diese Hermaphroditen eines Tages, die Götter herauszufordern. Die Götter des Olymps aber waren nicht gewillt, Rebellion hinzunehmen, und so beschlossen sie, die Menschen zu töten. Dem Mythos nach hielt sie im letzten Moment eine narzisstische Erkenntnis davon ab: »Wenn wir alle töten, gibt es niemanden mehr, der uns anbetet und uns Opfer darbringt.« Zeus fand die Lösung: »Ich will jeden Menschen in zwei teilen und jeder Hälfte ein eigenes Leben geben. So sind ihre Kräfte geschwächt, und sie werden sich nicht mehr gegen uns erheben.« Die Idee fand großen Beifall, und die Trennung fand statt. Apollo sorgte dafür, dass die Wunden geschlossen wurden, und die in Männer und Frauen getrennten Menschen begannen die Erde zu bevölkern. Doch selbst die Götter konnten nicht verhindern, dass eine ferne Erinnerung an die frühere Einheit blieb, und so sind die Menschen ständig auf der Suche nach ihrer anderen Hälfte, um wieder stark und vollständig zu sein.

Von diesem Mythos fühlen sich alle bestätigt, die bereit sind, für die Partnerschaft ihre eigene Identität aufzugeben, wenn der andere das Gleiche tut.

Die Theorie von den sich ergänzenden Rollen

Zahlreiche psychotherapeutische Schulen stützen die Theorie, dass wir bei der Partnersuche tendenziell nach Personen suchen, die uns in unseren Neurosen unterstützen. Das heißt, wir halten nach Menschen Ausschau, mit denen wir die internalisierte Konfliktsituation, die unser Sein bestimmt, erneut durchleben können.

Laut der klassischen Psychologie führen ungelöste emotionale Konflikte zu einem Trauma, das ursächlich für die neurotische Wiederholung der als schmerzlich empfundenen Situation ist. Aus diesem Grund suche ich nach Personen (und finde sie auch), denen ich die Fähigkeit zuschreibe, genauso zu agieren wie die Personen in meiner Kindheit. Personen also, die fast immer einem meiner Elternteile ähneln – oder deren genaues Gegenteil sind.

John Bradshaw, der Großes auf dem Gebiet der Verhaltenspsychologie geleistet hat, bewegte die Welt mit seinem Konzept vom verletzten Kind. Vereinfacht gesagt, geht es darum, dass jeder von uns in seiner Kindheit Verletzungen durch Erwachsene erfahren hat (Gewalt, Geringschätzung, Lieblosigkeit, Misshandlung) und dass diese Verletzungen in einem Bereich abgelegt wurden, den Bradshaw »das Innere Kind« nennt: Es ist dieses Kind, das wir einmal waren, das weiter an den zugefügten Verletzungen leidet und nach Heilung sucht. Wenn es mir nicht gelingt, selbst für Heilung zu sorgen, werde ich mir letztendlich einen Partner suchen, von dem ich glaube, dass er sich um dieses Kind kümmern kann.

Eric Berne, der Begründer der Transaktionsanalyse, schreibt, dass wir eine Art psychologischen Experten in uns tragen, den er »Kleiner Professor« nennt. Dieser ist ein intuitiver Teil von uns, der mit einem Blick das Spiel durchschaut, das der andere spielt, und entscheidet, ob es das unsere ergänzt.

Die Theorie von der ergänzenden Liebe deckt sich in gewisser Weise mit der These, die Silvia Salinas und ich in unserem Buch *Liebe mit offenen Augen* entwickelt haben:[5] Wir finden einander, weil wir uns ähnlich sind, aber zusammen bleiben wir wegen der Unterschiede. Denn die Konflikte sind es, durch die wir uns weiterentwickeln und vom anderen lernen, der durch sein Anderssein eine Bereicherung für uns ist.

Ich könnte noch viele Theorien aufzählen, die zu erklären versuchen, warum sich Menschen finden und beschließen, ein Paar zu sein. Aber vieles an der Partnerwahl bleibt ein Rätsel, das keine Theorie zufriedenstellend erklären kann.

Im Laufe deines Lebens lernst du Tausende von Menschen kennen. Vorsichtig geschätzt sind mehrere hundert von ihnen attraktiv oder erfolgreich genug, um deine Aufmerksamkeit zu erregen. Wenn wir diese Zahl weiter reduzieren, indem wir die Theorie der sozialen Kompatibilität anwenden, könnten wir auf fünfzig oder hundert Personen aus dieser auserwählten Gruppe kommen, die auf der Skala der in Frage kommenden eine genauso hohe oder noch höhere »Punktzahl« als du erreichen. Logisch betrachtet hättest du dich also in mehrere hundert Personen verlieben müssen. Aber die meisten Menschen fühlen sich nur zu einigen wenigen Menschen wirklich hingezogen. Schlussfolgerung: Theorie ist nicht alles.

Was Theorien fehlt, ist genau dieses Unerklärliche. Das eigentliche Geheimnis. Die Magie.

Denn es ist wirklich unerklärlich, warum jemand wegen

5 Jorge Bucay/Silvia Salinas: Liebe mit offenen Augen. Ü. Petra Willim. Fischer 2010.

einer anderen Person »den Kopf verliert« und an nichts anderes mehr denken kann als an den geliebten Menschen. Warum er wochenlang heult und auf einen Anruf zum Jahrestag wartet, der nicht kommt ... Es sind diese heftigen, irrationalen Reaktionen, die nur Verliebte kennen.

Aber Verliebtsein ist nicht gleichbedeutend mit Liebe.

Liebe ist ein Gefühl, Verliebtsein ist eine Leidenschaft.

Leidenschaften sind per se ungehemmte, alles absorbierende, intensive Emotionen, die blitzschnell auch wieder vorbei sein können. Sie können in dem, der sie empfindet, vorübergehend einen aufgewühlten Seelenzustand und eine veränderte Weltsicht hervorrufen.

Das muss man verstehen, um zwischen Verliebtsein und Liebe zu unterscheiden.

Dieser emotionale Ausnahmezustand ist leider oder zum Glück nur von kurzer Dauer: Leider, weil wir diesen faszinierenden Überschwang der Gefühle, den wir erleben, gerne bewahren möchten. Und zum Glück, weil ich glaube, dass unsere Zellen explodieren würden, wenn dieser Zustand länger als ein paar Wochen anhielte.

Wenn man sich in diesem Zustand betörender Leidenschaft befindet, kann man nichts anderes tun, als an die Person zu denken, in die man verliebt ist. Es handelt sich also um einen vorübergehenden Zustand der Dezentrierung (man hält den anderen für den Mittelpunkt des eigenen Lebens), eine Art vorübergehenden Wahnsinn, der in der Regel von allein heilt, ohne Spuren zu hinterlassen.

Solange der Zustand des Verliebtseins andauert (mindestens fünf Minuten und längstens drei Monate), lebt man nur für den anderen: Ruft er an, ruft er nicht an, ist er da, ist er nicht da, beachtet er mich, beachtet er mich nicht, liebt er mich, liebt er mich nicht …?

Verliebt zu sein heißt, sich einer schmerzvollen Lust hinzugeben: der Auflösung im anderen.

Sobald wir ernsthaft darüber nachdenken, würden wir erkennen, wie bedrohlich es für unsere Integrität sein kann, dauerhaft in diesem Zustand zu leben.

Der Schriftsteller Juan Carlos Benítez aus Costa Rica beschreibt das Glück, verliebt zu sein, in einem, wie ich finde, wunderbaren Text:

Wenn ich verliebt war, waren Schmetterlinge überall, und der Rausch der Leidenschaft stieg mir zu Kopf. In dieser Zeit schrieb ich nicht, ich arbeitete nicht, traf mich nicht mit Freunden. Ich hatte nur Augen für das, was meine Geliebte tat oder nicht tat; ich rauchte Berge von Zigaretten und schluckte tonnenweise Vitamine, ich rasierte mich zweimal oder gar dreimal am Tag, hielt Diät, unternahm Spaziergänge. Ich war bis zur Gewissheit von der Paranoia besessen, dass sie mich betrog, ich dachte nur daran, sie zu küssen, sie anzusehen, sie zu streicheln. Über Wochen verschwendete ich zu viel Geld, zu viel Hoffnung, zu viel Sonnencreme, zu viel Sperma und zu viel Parfüm. Ich hörte zu viel klassische Musik, vertrödelte zu viel Zeit, brauchte all meine Toleranz und weinte alle Tränen. Deshalb sage ich immer, wenn ich an diese Zeit zurückdenke: Ich habe noch nie so gelitten wie damals, als ich glücklich war.

Die Verwechslung von Verliebtsein mit Liebe und die unheilvolle Idee, beides gleichzusetzen, waren und sind die Ursache so vieler furchtbarer Missverständnisse in Partnerschaften.

»Es ist nicht mehr so wie früher …«, »Die Beziehung hat sich überlebt …«, »Ich bin nicht mehr verliebt, ich gehe«, das sind einige der Sätze, die ich in meiner Praxis höre und in den Medien lese. Grund dafür ist die Vorstellung, dass Ehepaare auch nach Jahren noch verliebt sein sollten »wie am ersten Tag«. Das ist ja schön und gut, und man würde es nur zu gern glauben. Aber es ist eine Lüge.

Der Idealzustand in einer Partnerschaft ist nicht die Verliebtheit der ersten Monate, sondern die beständige, alltägliche, wahre Liebe.

Ich wäre sehr gerne auch nach zwanzig Jahren noch in meine Frau verliebt, schließlich ist Verliebtsein etwas Wunderbares. Aber wenn ich wirklich, wirklich verliebt in meine Frau wäre, würde ich jetzt mit Sicherheit nicht an diesem Buch schreiben.

Wenn ich verliebt wäre, würde ich das für Zeitverschwendung halten.

Wenn ich in meine Frau verliebt wäre, hätte ich jetzt in diesem Moment nicht die geringste Lust, hier zu sitzen. Ich würde nur daran denken, bei ihr zu sein, sie zu sehen, ein Gedicht für sie zu schreiben, einfach immer in ihrer Nähe zu sein, denn sie wäre der Mittelpunkt meines Lebens.

Wenn in einer Beziehung, die so leidenschaftlich beginnt, irgendwann aus Verliebtheit Liebe wird, ist alles in Ordnung. Tatsächlich könnte nichts Besseres passieren.

Aber wenn auf das Verliebtsein keine Liebe folgt, hinterlässt sie verbrannte Erde, eine emotionale Ruine, den Schmerz des Verlusts, die Leere der Abwesenheit.

Man fragt sich: Warum ist es aus? Warum hat es nicht gepasst? Weshalb hat es nicht gereicht? Weshalb war alles nur Illusion?

Nein. Es ist einfach zu Ende, weil es ein Strohfeuer der Leidenschaft war.

Auch wenn es müßig ist, etwas Konkretes über Magie sagen zu wollen, möchte ich doch auf zwei Dinge hinweisen, die ganz sicher vorhanden sein müssen, damit man sich verliebt:

1. Der andere muss (zumindest in meinen Augen) eine Stärke oder Qualität besitzen, die mir (zumindest in diesem Augenblick) besonders wichtig ist. Das, was der andere ist, hat oder macht, erscheint mir besonders wertvoll. (Wenn mir zu diesem Zeitpunkt Ästhetik besonders wichtig ist, werde ich mich in jemanden verlieben, der dem Schönheitsideal, von dem ich träume, entspricht; wenn ich Geld für das Wichtigste halte, werde ich mich in jemanden verlieben, der finanziell gut situiert ist; dasselbe gilt für Intelligenz, Hautfarbe, Sympathie, etc.)
2. Um mich zu verlieben, muss ich mich verlieben *wollen*. Ich muss bereit sein, die gedankliche Kontrolle über mein Handeln zu verlieren. Wenn ich nicht bereit bin, mich von der Leidenschaft mitreißen zu lassen, wenn ich nicht entschlossen bin, einen anderen zum Mittelpunkt meines Lebens zu machen, wenn ich mich weigere, die Kontrolle aufzugeben, dann werde ich mich nicht verlieben.

Bei einem meiner Vorträge fragte mich eine Frau, ob es nicht passieren kann, dass ein anderer zum Mittelpunkt des eigenen Lebens wird, nicht weil man verliebt ist, sondern weil man sich nicht um sein eigenes Leben kümmern möchte. Ich antwortete ihr, das könne auf den ersten Blick ganz ähnlich aussehen, sei aber etwas ganz anderes.

Man weiß, dass man verliebt ist, wenn es passiert, und man weiß, dass ein anderer zum Mittelpunkt des eigenen Lebens wird. Wenn ich aber ein Trottel bin, der zu blöd ist, sich um sein eigenes Leben zu kümmern, mag es für andere so aussehen, als ob ich verliebt wäre. Aber das ist nicht dasselbe.

Verliebt zu sein ist das eine. Ein gedankenloser Trottel zu sein etwas anderes.

Ein Träumer zu sein ist das eine. Nicht aufzustehen, um zur Arbeit zu gehen, etwas anderes.

Dass ich dich mit verzücktem Blick ansehe und wie ein Trottel wirke, ist das eine. Dass ich ein Trottel bin und mein Blick verzückt wirkt, etwas ganz anderes.

Auch wenn uns bewusst ist, dass Verliebtheit kein Dauerzustand ist: In diesen flüchtigen Momenten der Leidenschaft scheint sich das Herz einer anderen, höheren Realität zu öffnen; man empfindet jede Kleinigkeit mit einer Intensität, nach der man sich vielleicht zurücksehnt, wenn die Leidenschaft vorbei ist. Oder um mit dem Dichter Antonio Machado zu sprechen:

»Tief drinnen im Herzen stak
ein Stachel, der schmerzte sehr;
ich zog ihn – seit jenem Tag
spüre ich das Herz nicht mehr.«
…
»Goldner Stachel, der als Schrecken
so tief in das Herz mir drang
– ach, fühlte ich dich noch stecken!«[6]

6 Antonio Machado: Einsamkeiten – Soledades. Ü. Fritz Vogelgsang. Ammann Verlag 1996.

Verliebtsein und Lieben sind zwei wunderbare Dinge, aber man darf sie nicht miteinander verwechseln.

Die Leidenschaft des Verliebtseins ist etwas Wunderbares, aber zu lieben ist nicht weniger wunderbar. Es ist phantastisch. Die Liebe mag zwar nicht die Intensität der Leidenschaft besitzen, dafür besitzt sie aber eine Tiefe, an der es dem Verliebtsein mangelt.

Diese Tiefe ist es, die Stabilität in die Beziehung bringt, dafür aber gehen der anfängliche Zauber und die Faszination verloren. Wenn man liebt, kann man mit beiden Beinen auf der Erde stehen. Ist man verliebt, lebt man mit dem Kopf in den Wolken.

Tatsache ist, dass die Verliebtheit vorbeigeht, ob mir das gefällt oder nicht. Wenn das geschieht, kann ich mich mit etwas Glück wieder auf mich besinnen, und aus diesem Zustand wird wahre Liebe erblühen.

Die schönste Definition von Liebe, die ich in meinem Leben gehört habe, stammt von Joseph Zinker:

Liebe ist die bloße Freude darüber, dass es den anderen gibt.

Dieser Satz verleiht der Liebe einen tiefen, intensiven Sinn.

Das ist das höchste Ziel, ob es nun zu verwirklichen ist oder nicht: so zu lieben, dass ich mich an der bloßen Tatsache erfreue, dass es den anderen gibt.

Und es gibt keine *leidenschaftliche Liebe*, die ein Leben lang hält?

Neulich korrigierte ich eine Patientin, die über ihre Beziehung sprach und mir sagte, sie sei »hoffnungslos« verliebt.

Daraufhin sagte ich zu ihr: Schade, dass du nicht sagen kannst, du seist »hoffnungsvoll« verliebt.

Die Bezeichnung »leidenschaftliche Liebe« bringe ich nur mit jenen Beziehungen in einen Zusammenhang, in denen wir eine Partnerschaft eingehen können, ohne uns dabei selbst zu verlieren, und in der wir uns immer wieder aufs neue in die Person verlieben, mit der wir seit Jahren zusammenleben. Hoffnungsvoll verliebt.

Wenn das passiert, ist es immer schön, auch wenn sich unsere Phasen des erneuten Verliebtseins vielleicht nicht zeitgleich ereignen.

Manchmal komme ich nach Hause und sehe Perla auf einmal mit anderen Augen: hübscher, jünger, verständnisvoller.

Da ich Erfahrung damit habe, merke ich, dass ich verliebt bin.

»Haaallo, Schatz«, flöte ich. Wenn sie mit einem knappen »Hallo« antwortet, weiß ich schon, dass es diesmal keine verliebte Übereinkunft zwischen uns gibt.

Das heißt nicht, dass wir uns gegenseitig zurückweisen. Es gibt nur keine Begegnung in diesem einen Punkt. An so einem Abend können wir uns unterhalten und vielleicht auch miteinander schlafen, aber es ist nicht wie an anderen Abenden.

Sollten wir aber beide zufällig im selben Moment in den anderen verliebt sein, ist das grandios. Solange dieser Zustand anhält (ein paar Tage oder Wochen), erleben wir die Intensität des Verliebtseins *und* die Tiefe der Liebe. Unsere Beziehung erstrahlt und wir mit ihr. Alles ist toll und wunderbar … Und es geht vorbei. Wir kehren freudig zur reinen Liebe zurück, nun wieder ohne Leidenschaft, aber unsere Batterien sind bis zur nächsten Romanze aufgeladen.

Um eine Partnerschaft auf dem langen gemeinsamen Weg jung zu halten, muss man sich gelegentlich neu in den anderen verlieben.

Natürlich wird uns die schlichte Logik sagen, dass sich Verliebtheit nicht steuern lässt und es deshalb vom Zufall abhängt, ob man sich zeitgleich mit dem Partner neu ineinander verliebt.

Man kann nicht sagen: »Dann und dann habe ich Urlaub, komm, wir verlieben uns neu ineinander.« Das geht nicht!

Und doch ist die Magie da.

Es passiert.

Es kommt vor, dass er und sie in Urlaub fahren, den Alltag hinter sich lassen. Sie liegen an einem einsamen Strand – alleine, denn die Kinder sind schon groß und haben andere Pläne –, und plötzlich, hier am Meer, passiert etwas. Auf einmal ist die Chemie von damals wieder da, und sie verlieben sich aufs neue. Genau wie früher und trotzdem anders, denn sie sind anders, obwohl sie die ganze Zeit zusammengelebt haben – zu sechst: die zwei, die sie heute sind, die zwei, die sie einmal waren, das Gefühl und die Leidenschaft.

Wenn die beiden dann zurückfahren, heißt es: »Ach schade … vorbei!« Und sie geben Buenos Aires die Schuld.

Aber das stimmt nicht. Es ist vorbei, weil es gut ist, dass es vorbei ist.

Viele, insbesondere Frauen, sagen mir, dass es schön wäre, wenn diese Verliebtheit nach dem Urlaub nicht vorbei wäre, sondern man diesen Zustand nach Buenos Aires mitnehmen könnte. Ich glaube das nicht. Ich glaube, man sollte dieses Verliebtsein in Patagonien, Cancún oder wo auch immer lassen und wieder zu ihm fahren, wenn beiden danach ist.

Du solltest nicht hier herumsitzen und daran denken, wie schön es dort gewesen ist. Oder wie schön es damals war, als ihr frisch verliebt wart, und dich nach der Vergangenheit zurücksehnen. Das, was du jetzt hast, die Liebe, ist, verglichen mit der Nicht-Liebe, ganz wunderbar. Warum sie mit einer Musik vergleichen, die woanders gespielt wird?

Liebesbeweise: Liebesbeteuerungen, Treue, Zusammenleben

Liebesbeteuerungen

Eines der Themen, die auftauchen, wenn ich über Verlieben, sich wieder Verlieben und wahre Liebe spreche, ist, wie der andere diese Gefühle zum Ausdruck bringt.

Ich sage immer, wer etwas zum Ausdruck bringen will, möchte Wahrhaftigkeit beweisen. Wenn ich dir etwas beweisen muss, dann gehe ich davon aus, dass du mir nicht glaubst. Sonst müsste ich dir nichts beweisen.

Also frage ich mich: »Warum sollte ich dir beweisen, dass ich dich liebe? Damit du ganz sicher sein kannst?«

Wer zweifelt hier und braucht Beweise?

Wenn du mir nicht glaubst, ist das dein Problem, nicht meins. Warum sollte ich dir beweisen, dass ich dich liebe?

Niemand »muss« etwas beweisen.

Wir sollten das Wort »beweisen« aus unserem Wortschatz streichen, denn es klingt furchtbar.

Für mich entbehrt es jeglichen Sinns, einen Beweis für Gefühle einfordern zu wollen.

Wenn ich dir sage, dass ich ein weißes Kaninchen in der Hand halte, kannst du mir glauben oder nicht. Wenn du mir glaubst, dann tust du das, bevor ich meine Hand öffne. Wenn du mir erst glaubst, wenn ich die Hand öffne und sie dir vor die Nase halte, dann glaubst du deinen Augen, nicht mir. Wenn ich dir beweisen muss, dass ich ein weißes Kaninchen in der Hand halte, dann glaubst du mir nicht. Und wenn ich es dir dann zeige, denkst du, dass du mir glaubst, weil du es gesehen hast. Aber in Wahrheit glaubst du nicht mir, sondern traust nur deinen Augen.

Wenn du hin und wieder zu mir sagst »Ich liebe dich«, um deine Liebe unter Beweis zu stellen, dann bringt mir das eigentlich nichts. Lass es lieber bleiben. Sagst du hingegen »Ich liebe dich«, weil du in diesem Moment so empfindest, dann höre ich es sehr gern. Und auch wenn ich es gerne höre: Tu es nicht für mich, tu es aus dir heraus, weil es das ist, was du gerade fühlst, oder lass es sein.

Es bringt nichts, dem anderen meine Liebe beweisen zu wollen, nur damit er weiß, dass ich ihn liebe.

»Schau mal, was ich für ein schönes Geburtstagsgeschenk für dich habe! Siehst du, wie sehr ich dich liebe?«

So ein Verhalten ist kleinlich und dumm, denn es zielt darauf ab, dass der andere sich genauso verhält.

Natürlich freut es mich, wenn ich geliebt werde, wenn jemand zu mir kommt und mir sagt »Ich liebe dich« – aber nicht, um mir zu beweisen, dass er mich liebt, sondern weil ihm danach ist. Es ist absurd, »Ich liebe dich« zu sagen, nur um auch ein »Ich liebe dich« zu hören.

»Ich muss unbedingt daran denken, ein Geschenk zum Hochzeitstag zu kaufen. Sonst denkt meine Frau, dass ich sie nicht mehr liebe.«

(Und ich ergänze: Das denkt sie nicht nur. Sie merkt es.)

In zwischenmenschlichen Beziehungen geht es nicht darum, dass ich dir sage oder beweise, dass ich dich liebe. Es geht darum, ob du dich geliebt fühlst oder nicht.

Deshalb mein Vorschlag: Wenn das nächste Mal jemand zu dir sagt »Ich liebe dich«, dann antworte:

»Ich weiß.«

Wenn jemand diese Antwort vom anderen bekommt, spürt er, dass sein Gefühl angekommen ist. Es gibt kein hohles Echo, das ihm entgegenschallt; der andere nimmt deine Aussage wahr. Und damit schließt sich der Kreis.

Man muss das erleben.

Wenn der andere mich liebt und ich mich geliebt fühle, ist das für beide Seiten ein wunderbares Gefühl der Zufriedenheit. Der andere spürt, dass ich ihn wahrnehme und dass mir wirklich wichtig ist, was er empfindet.

Es kommt auch vor, dass jemand mich liebt, aber nicht in der Lage ist, auszudrücken, was er fühlt.

Und dann gibt es Menschen, die schenken dir jeden Tag Blumen und lieben dich kein bisschen. Und es gibt Menschen, die mit jemandem zusammenleben, der ihnen noch nie im Leben seine Liebe bewiesen hat, und sie fühlen sich trotzdem geliebt. Obwohl der andere nichts von dem tut, was andere Leute tun, brauchen sie ihm nur in die Augen zu schauen, um zu wissen, dass er sie liebt.

Ich habe einen sehr guten Freund, der immer anruft, der sich kümmert und auftaucht und anpackt.

Ich fühle mich sehr geliebt.

Und dann tut es mir manchmal leid, dass ich in solchen Dingen ziemlich nachlässig bin und immer so viel zu tun habe, und ich frage ihn:

»Weißt du eigentlich, dass ich dich sehr gern habe?«

Und dann sagt er zu mir:

»Ja, sicher weiß ich das … Du bist halt so, ich weiß.«

Es ist nicht nötig, dass ich ihm das sage, dass ich ihn anrufe, an seinen Geburtstag denke und ihm ein Geschenk schicke, weil das unserer Zuneigung keinen Abbruch tut.

Und wenn ich es doch tue, dann registriert er es und freut sich darüber.

Kann es vorkommen, dass ich den anderen liebe, er mich aber nicht?

Kann es vorkommen, dass mir der andere sehr wichtig ist, ich ihm aber gleichgültig bin?

Warum nicht?

Ein Patient von mir hielt es irgendwann nicht mehr aus, dass seine Freundin ihn verächtlich behandelte, ihn immer wieder versetzte und am Wochenende ohne ihn ausging. Eines Tages sagte er zu ihr:

»Ich warte am Freitag auf dich. Wenn du nicht kommst, brauchst du gar nicht mehr zu kommen, dann bringe ich mich nämlich um.«

Darauf antwortete sie: »Aber du kannst dich doch nicht einfach umbringen! Hör mal …«

»Es gibt nichts mehr zu reden. Wenn du nicht kommst, wirst du in der Zeitung von mir lesen.«

Am Samstagmorgen klingelte das Telefon bei ihm. Mein Patient ging ran.

»Hallo«, hörte er.

Es war die Freundin.

»Du bist nicht gekommen«, sagte er vorwurfsvoll.

Funkstille. Keine Antwort.

»Wie? Du hast dich nicht umgebracht?«

So etwas passiert tagtäglich. Der andere ist nicht verpflichtet, dieselben Dinge wichtig oder gar genauso wichtig zu finden wie ich. Das muss man akzeptieren.

Sich aus Gründen der Liebe umzubringen ist unangebracht.

Wer sich aus Liebe umbringt, ist von der Liebe des anderen abhängig, weil er sich selbst nicht genug liebt.

Wer sich aus Liebe umbringt, erträgt die Vorstellung nicht, dass der Mensch, den er so sehr liebt, diese Liebe nicht erwidert.

Selbstmord ist in diesem Fall ganz offensichtlich kein angemessener oder sinnvoller Ausweg.

Aber das größte Problem ist, dass die Leute mit Selbstmord drohen, um dem anderen das Leben schwerzumachen.

Mit Selbstmord zu drohen, um dem anderen ein Leid zuzufügen, dieser Protest auf Kosten des eigenen Lebens, ist eine Dummheit, über die wir gar nicht weiter nachdenken sollten.

Drohungen wie »Schau nur, wie ich mich deinetwegen quäle« oder »Wenn du nicht bei mir bleibst, springe ich aus dem Fenster« sind wirklich furchtbar.

Was hast du davon, wenn der andere nicht bei dir bleibt, weil er dich liebt, sondern damit du nicht stirbst? Das ist Manipulation, denn es erzeugt Schuldgefühle.

Wir haben gelernt, dass es möglich ist, das Verhalten des anderen zu manipulieren. Wenn es mir gelingt, dass du dich schuldig fühlst, habe ich dich in der Hand.

Man sollte nicht für den anderen sterben, sondern gemeinsam das Leben genießen …

Treue

Wenn wir uns mit vergleichender Psychologie beschäftigen, um herauszufinden, inwieweit menschliches Verhalten seine

Wurzeln im Verhalten der Tiere hat, können wir einige Tatsachen feststellen, die hilfreich sind, um unsere monogame Veranlagung zu hinterfragen.

Im gesamten Tierreich lässt sich eine Regelhaftigkeit erkennen: Ist einer von beiden, Männchen oder Weibchen, aggressiver, organisiert sich die Gemeinschaft als Harem. Bei den Löwen zum Beispiel, wo das Männchen aggressiver ist als das Weibchen, paart sich jedes Männchen mit mehreren Löwinnen, die »ihm gehören«.

Bei den Spinnen hingegen, wo das Weibchen die Aggressivere ist, verhält es sich genau umgekehrt: Jedes Weibchen hat mehrere Männchen, die es begatten.

Ist keines der beiden Geschlechter einer Art tendenziell aggressiver, organisieren sich die Tiere in Gemeinschaften. Alle Männchen haben sexuelle Kontakte mit allen Weibchen, die Jungtiere gehören zur Herde. Und sind bei einer Tierart Männchen und Weibchen gleichermaßen aggressiv, dann ist die bevorzugte Lebensart monogam.

Übertragen wir nun dieses Schema auf die menschliche Rasse.

In Kulturen, in denen der Mann mit einer gewissen Aggressivität auftritt und seinen Hegemonieanspruch gegenüber der Frau durchsetzt, etwa in traditionellen Kulturen des Orients, hat der Mann in der Regel mehrere Frauen. Am Amazonas hingegen, wo die Frau als sagenhafte Kriegerin die Überlegene ist, sind es die Frauen, die einen männlichen Harem besitzen.

In den 1960er Jahren, als die Hippiebewegung von einer gewaltfreien Welt träumte, lebten Männer und Frauen in Kommunen zusammen, deren Mitglieder die freie Liebe propagierten. Die Kinder wurden von der gesamten Gemeinschaft erzogen.

Der überwiegende Teil der Gesellschaft allerdings lebt in monogamen Strukturen. Was, denkst du, sagt das über unsere Aggressivität aus?

Wenn ich klarstellen muss, dass meine Frau nur mir gehört, und meine Frau klarstellen muss, dass ich nur ihr gehöre, fällt es nicht schwer, vorherzusagen, dass wir die Treue der Monogamie für uns beanspruchen.

Ich glaube, dass treu zu leben eine Entscheidung ist, die immer wieder neu getroffen wird, und dass es in dieser Hinsicht keinen Unterschied zwischen Männern und Frauen gibt.

Treue ist Teil unserer gesellschaftlichen Übereinkunft. In dieser Kultur und zum heutigen Zeitpunkt ist es so; aber ich wage nicht zu behaupten, dass es in dreißig Jahren immer noch so sein wird.

Das spanische Wort für Treue (fidelidad) ist eng verwandt mit dem Wort für Glauben (fe).

Treu ist jemand, der an eine bestimmte Sache glaubt. Die Anhänger einer Religion sind Getreue (fieles). Das Zünglein an der Waage (fiel de la balanza) heißt so, weil es glaubhaft das Gewicht anzeigt. Treu ist der, der glaubt. Untreu ist der, der nicht glaubt.

Wenn eine Frau eine Affäre mit ihrem, sagen wir mal, Tennislehrer hat oder mit irgendeinem anderen Mann, dann sagt man, sie ist untreu.

Untreu hieße also in diesem Kontext, dass sie nicht glaubt. An was glaubt sie nicht? Sie glaubt nicht, dass sie in ihrer Partnerschaft findet, wonach sie sucht. In diesem Nicht-Glauben liegt die Untreue begründet.

Untreue heißt, dass du nicht daran glaubst, in der Beziehung zu mir zu finden, wonach du suchst. Deshalb suchst du woanders danach.

Wer untreu ist, ist nicht dem anderen, sondern seiner Beziehung untreu.

Manchmal ist es wirklich so, dass ich in einer Beziehung nicht finde, wonach ich suche. Dann habe ich zwei Möglichkeiten: Ich kann (zumindest vorübergehend) auf das verzichten, wonach ich suche. Oder ich kann mich entscheiden, nicht darauf zu verzichten und woanders danach zu suchen. Bei der zweiten Möglichkeit muss ich das Risiko eingehen, nicht länger an die Beziehung zu glauben, die ich eingegangen bin.

So sagte meine Großmutter: »Wenn der Mann zu Hause nicht bekommt, was er sucht, holt er es sich woanders.« Wir lachten damals alle darüber und hielten den Spruch für das Geschwätz einer alten Frau. Heute, ein halbes Jahrhundert später, ertappe ich mich dabei, dass ich fast dasselbe sage ...

Männer wie Frauen sehen sich außerhalb der Ehe oder Partnerschaft um, wenn sie glauben, dass sie dort bekommen, was ihnen in ihrer aktuellen Beziehung fehlt (manchmal ist dieses »Etwas« Leidenschaft, Romantik und Abenteuer, andere Male ist es Gefahr, Abwechslung oder spielerische Leichtigkeit).

Außerhalb der Partnerschaft nach dem zu suchen, was mir fehlt, ist in der Regel keine gute Lösung.

Die Vorstellung, dass alles ganz großartig wird, wenn ich mit einem anderen oder einer anderen zusammen bin und Langeweile und Routine endlich ein Ende haben, ist ein Trugschluss. Denn auch das Neue wird zur Routine, wenn ich nichts an meinem Verhalten ändere.

Manchmal liegt der Antrieb, untreu zu werden, eher im Dunklen.

Ein Beispiel: Ein Mann blickt mit Mitte fünfzig auf sein Leben zurück und sagt sich: Was für ein Scheißleben!

Er schaut neben sich, sieht seine Frau und sagt:

Die alte Schachtel ist schuld!

Warum sagt er das? Weil es einfacher ist zu denken »Die alte Schachtel ist schuld«, als sich zu sagen »Ich bin ein Idiot«.

Und der Mittfünfziger macht weiter mit seinem Selbstgespräch:

Wann hat das alles angefangen?

Als ich mit vierundzwanzig diese idiotische Kuh geheiratet habe.

Wegen ihr habe ich dieses Leben geführt.

Ich muss nachholen, was ich verpasst habe!

Aber wie?

Indem ich mir ein junges Ding suche, das mir das Gefühl gibt, wieder vierundzwanzig zu sein.

Also folgt er diesem simplen Mechanismus und macht sich auf die Suche nach etwas, das er irgendwann aus den Augen verloren hat.

Es ist immer einfach, dem anderen die Schuld daran zu geben, dass unser Leben versaut ist.

Und das Schlimmste ist (ich habe es selbst gesehen!), dass der so Beschuldigte manchmal selbst glaubt, dass es so ist, und damit das Verhalten des anderen rechtfertigt.

Aber auch wenn man nicht unbedingt »noch einmal von vorne anfangen« will, kann es immer passieren, dass wir jemandem begegnen, der unsere Phantasien anregt und unser Begehren weckt. Das ist so. Ich glaube, man muss wirklich dumm sein, wenn man denkt, die Person, für die man sich entschieden hat, sei der einzige Mensch auf der Welt, der uns erotisch anspricht und Phantasien in uns weckt, der einzig Begehrenswerte unter so vielen anderen.

Nein, es gibt noch andere Menschen auf der Welt, die man attraktiv finden kann.

Aber jeder muss für sich entscheiden, was er aus diesen Phantasien macht.

»Aber, Doktor, wenn ich mir eingestehe, dass ich diese Phantasien habe, und sie nicht auslebe, dann würde ich meine Gefühle unterdrücken. Und das kann ein Trauma auslösen ... Das habe ich mal irgendwo gelesen ...«

Ich glaube das nicht. Man hat immer die Wahl; man kann in den unterschiedlichen Momenten seines Lebens immer neu abwägen und dann eine Entscheidung treffen. Man kann sich entscheiden, einen Schritt weiterzugehen oder nicht, ohne deswegen ein Trauma zu erleiden. (Was die krankhafte Unterdrückung von Gefühlen angeht, so ist dazu natürlich ein bisschen mehr nötig, als Phantasien beiseitezuschieben und mein Verlangen zu zügeln.)

Wenn ich mir nun etwas versage, weil ich verheiratet bin, gleichzeitig aber dich für alles verantwortlich mache, was mir durch deine Schuld entgeht, dann werde ich dir irgendwann die Rechnung präsentieren. Und das ist furchtbar. In diesem Fall wäre es besser, zu schauen, wo wir in unserer Ehe stehen, statt meinen Wünschen und Träumen nachzuhängen.

Was mir an meiner Partnerschaft am besten gefällt, ist, dass meine Frau und ich wissen, dass jeder von uns sich auch anders entscheiden könnte.

Was uns an unserer Beziehung gefällt, ist, dass wir uns füreinander entscheiden, weil wir das so wollen.

Das ist die wahre Geschichte der Treue.

Das heißt nicht, dass ich in einem luftleeren Raum lebe.

Ich weiß, dass es auf dieser Welt Frauen gibt, die schöner oder klüger sind als meine Frau. Einige davon haben sogar mehr Geld, ich weiß. Und ich gehe davon aus, dass auch meine Frau weiß, dass es auf dieser Welt Männer gibt, die größer, schlanker, intelligenter und charmanter sind und die weniger reden als ich …

Wir beide wissen das. Was mich betrifft, verzichte ich nicht auf eine Affäre, weil meine Ehe es mir verbietet, denn das würde bedeuten, dass ich meine Frau betrüge. Ich lasse es bleiben, weil ich mich so entscheide.

Die Abmachung zwischen meiner Frau und mir beruht darauf, dass wir es so wollen, nicht weil wir uns an Regeln halten, die von außen festgelegt wurden.

Meine Frau weiß genauso gut wie ich, dass sie auf nichts verzichten muss, weil es mich in ihrem Leben gibt. Es ist allein ihre Entscheidung. Sie kann tun und lassen, was sie möchte, und ich werde dann so darauf reagieren, wie es mir richtig erscheint oder möglich ist. Wenn sie sich entscheiden sollte, eine Affäre zu haben, werde ich danach entscheiden, ob ich weiter mit einer Frau zusammen sein will, die eine Affäre hat. Und wenn ich eine Affäre haben sollte, ist es ihre Entscheidung, ob sie weitermachen will oder nicht. Was ich ganz sicher weiß, ist, dass Lügen zwischen uns keinen Platz haben.

Das alles gilt für meine Partnerschaft; jeder kann diese Abmachung für sich so gestalten, wie er möchte.

Es ist die Abmachung, die wir getroffen haben. Wir hätten uns auch für eine andere entscheiden können, aber wir haben uns für diese entschieden.

Jede Verletzung dieser Abmachung bedeutet, dass ich den anderen übergehe, indem ich gegen die gemeinsamen Vereinbarungen verstoße.

Das heißt nicht, dass ich keine andere Person lieben oder mich zu ihr hingezogen fühlen könnte. Die Abmachung zwischen uns lautet, nichts mit diesen Personen anzufangen.

Wir haben nicht abgemacht, keine Gefühle zu haben, denn das wäre naiv. Es wäre naiv, wenn ich zu meiner Frau sage: Von jetzt an gilt die Abmachung, dass du keinen anderen Mann mehr attraktiv finden darfst außer mir. Aber wir können durchaus die Abmachung treffen, dass sie und ich keine sexuellen Abenteuer haben.

Diese Vereinbarung mit dem Partner kann ausgesprochen oder unausgesprochen sein. Die meisten Paare, die ich kenne, haben unausgesprochen die Vereinbarung ehelicher Treue getroffen. Ich denke, wenn nicht explizit etwas anderes vereinbart wurde, ist das die gängige Übereinkunft.

Aber es gibt Paare, die keine solche Vereinbarung haben. In Südamerika versprechen sich die meisten Ehepaare der Mittel- und oberen Mittelschicht gegenseitige Treue, aber de facto handelt es sich in der Regel um eine Abmachung, bei der er sich herausnimmt, die eine oder andere Affäre zu haben, sie aber nicht.

Das ist die wahre Abmachung. Alles andere sind Lippenbekenntnisse.

Wenn er eine Affäre hatte, sagen die Familie und die Gesellschaft zu ihr:

»Na ja, schau mal, das war doch nur ein Strohfeuer. Du musst ihm verzeihen, denk an die Familie …«

Aber wenn sie eine Affäre hatte, heißt es:

»Willst du wirklich als gehörnter Trottel dastehen? Du bist ein Vollidiot …«

So ist das im familiären Kontext: Es gibt unterschiedliche Vereinbarungen für den Mann und für die Frau. Vielleicht will die Gesellschaft den Männern weismachen, dass sie von Natur aus polygam sind, die Frauen hingegen monogam. Aber auch hier hat sich etwas verändert.

Frauen haben genauso sexuelle Regungen und Empfindungen, die nichts mit tieferen Gefühlen zu tun haben.

Ob Frauen diesen Regungen nachgeben oder nicht, ob sie sie für gut oder schlecht halten und ob sie sie unterdrücken oder nicht, steht auf einem anderen Blatt.

Aber es gibt Sex ohne Liebe, so wie es Liebe ohne Sex gibt. Genauso wie es glücklicherweise Sex gemeinsam mit Liebe gibt, und es kommt auch vor, dass weder das eine noch das andere existiert. All das ist möglich in einer Beziehung zwischen Mann und Frau.

Warum sollte es nicht vorkommen, dass wir uns zu jemandem hingezogen fühlen, der uns gefällt, den wir ansprechend, inspirierend oder verführerisch finden. Aber das heißt noch lange nicht, dass man gleich miteinander ins Bett springen muss. Selbst wenn wir nicht Herr über unsere Gefühle sein sollten, über unser Handeln sind wir es sehr wohl.

Noch einmal: Wir sind nicht für unsere Gefühle verantwortlich, wohl aber für das, was wir aus unseren Gefühlen machen.

Ich habe keinen Einfluss darauf, ob ich jemanden anziehend finde oder nicht, ob ich ihn mag oder nicht mag. Das liegt nicht in meiner Hand. Aber was ich aus diesen Empfindungen mache, liegt sehr wohl in meiner Hand.

Es ist meine freie Entscheidung. Nicht frei zu sein hieße, zu sagen: Ich würde gerne, aber ich kann nicht.

Es ist so: Ich gehe mit wem ich will ins Bett, und meine Frau geht mit wem sie will ins Bett. Deshalb ist es so wertvoll, dass sie mit mir ins Bett geht.

Würde meine Frau hingegen denken, dass ich nur mit ihr schlafe, weil ich durch mein Eheversprechen dazu verpflichtet bin und weil ich keine anderen Möglichkeiten habe, welchen Wert hätte es dann, dass wir miteinander ins Bett gehen?

Ohne die freie Wahl der Entscheidung kann es keine Liebesbeziehung geben.

Zu behaupten, man habe eine Liebesbeziehung, wenn man sich vor Eifersucht die Augen auskratzt, ist ausgemachter Blödsinn.

Zu behaupten, dass ich dir nicht vertraue, weil ich dich so sehr liebe, ist Schwachsinn.

Zu behaupten, dass ich dich kontrolliere und jeden deiner Schritte überwache, weil ich solche Angst habe, dich zu verlieren, ist eine Idiotie.

Der Motor der Eifersucht ist die eigene Unsicherheit.

Vertraue ich aber darauf, dass ich dich liebe, und fühle mich von dir geliebt, dann habe ich keine Angst, dass du etwas mit einem anderen anfangen könntest.

Mit der Treue passieren interessante Dinge. So mancher glaubt, Eifersucht sei ein Ausdruck von Liebe. Wenn du eifersüchtig bist, musst du mich sehr lieben, und wenn du mich liebst, musst du eifersüchtig sein. Für mich sind das absurde Assoziationen.

Ambrose Bierce definiert Eifersucht als Angst, den anderen zu verlieren, fügt aber hinzu: Wenn man den anderen verliert,

weil man Angst hat, ihn zu verlieren, dann kann es die Mühe nicht wert gewesen sein, ihn zu halten.

Die Liebe ist etwas so Wichtiges, Starkes und Wunderbares, dass sie nur aus der Freiheit heraus entstehen kann.

Ich habe keinen Freiraum, um dir zu zeigen, dass ich dich liebe, wenn ich keinen Schritt machen kann, ohne dass du daneben stehst und mich kontrollierst.

Man kann nicht lieben, ohne frei zu sein. Man kann nicht lieben, wenn man ein Gefangener ist.

Treue beruht auf gesellschaftlichen Vorgaben, die mit Besitzdenken zu tun haben, aber auch auf persönlichen Überzeugungen.

Wenn eine Frau und ein Mann aber übereinkommen, dass sie außereheliche Affären haben dürfen, wer will es ihnen dann verbieten?

Da Sex nicht zwangsläufig mit Liebe einhergeht, können zwei Menschen der Verführung nachgeben, ohne dass Liebe im Spiel sein muss. Es kann eine rein sexuelle Angelegenheit sein.

Es gibt immer mehr Paare, bei denen das Modell der Ausschließlichkeit nicht funktioniert und sexuelle Kontakte ausdrücklich erlaubt sind, solange keine Gefühle im Spiel sind.

Nicht in Argentinien – wir sind zu sehr Sizilianer, um so etwas gutzuheißen. Aber in den angelsächsischen Ländern, in einigen Gegenden der USA und vor allem in den nordischen Ländern sieht das anders aus.

Ich kann mir vorstellen, wie sie sagt:

»Ich bin gleich wieder zurück, Schatz. Ich geh nur schnell mit dem Nachbarn von gegenüber ins Bett.«

Und wie er sich eine Zigarre anzündet und antwortet:

»Pass gut auf, wenn du über die Straße gehst, es ist viel Verkehr …«

Ich finde das weder gut noch schlecht.

Die meisten Leute entscheiden sich gegen sexuelle Freizügigkeit, weil sie ein ausgeprägtes Besitzdenken haben.

Man sollte Treue nicht als gesellschaftlich vorgegebene Norm hinnehmen, sondern die Tür öffnen, damit der bleiben kann, der bleiben will, und der gehen kann, der gehen will.

Um dann festzustellen, dass der andere bleibt. Das ist das Wunderbare.

Treu zu sein, weil es sich so gehört, ist kein Akt der Liebe. Es ist absurd.

Zusammenleben

Zusammenzuleben ist viel mehr, als nur zusammen zu sein. Es ist viel schwieriger, anstrengender, zermürbender …

Zusammenzuleben bedeutet zwangsläufig, eine ganze Reihe von Abmachungen zu treffen, die nicht nötig waren, solange man noch nicht zusammenlebte.

Das Zusammenleben stellt die Liebe auf eine harte Probe. Es ist etwas ganz anderes, wenn wir uns streiten und ich dich nach Hause bringen kann, um dann zu mir nach Hause zu gehen, oder wenn ich das Telefon auflegen kann und dich nicht mehr anrufe, bis ich mich wieder beruhigt habe, oder wenn ich nicht an die Tür gehe, wenn du klingelst, oder aber, erbittert zu streiten und dann die ganze Nacht gemeinsam in einem Bett schlafen zu müssen.

Jüngere Paare scheinen sich dieser Schwierigkeiten bewusst zu sein und haben neue Vereinbarungen gefunden.

Früher fuhr man allenfalls gemeinsam in Urlaub, später lebte man ein paar Wochen zusammen, bevor man heiratete, danach zog man zusammen und heiratete später, und heute lebt man zusammen, statt zu heiraten. Ich finde diese Entwicklung nicht erfreulich, aber so ist es nun mal.

Ich finde, die formale Besiegelung einer Beziehung kann und sollte nicht herablassend belächelt werden. Ich habe lange gebraucht, um zu begreifen, dass sich durch die Heirat für beide, Mann wie Frau, ein Kreis schließt, der sonst offen bliebe. Die Hochzeit ist Teil eines Rituals, das die Beziehung in ein Vorher und ein Nachher teilt.

Ob man heiratet oder nicht heiratet, ändert nichts an der Zukunft. Wer sich trennen will, wird es so oder so tun. Denn es ist möglich, sich in Argentinien scheiden zu lassen. Und wenn dem nicht so wäre, wer wollte mich bei meiner Frau halten, wenn ich nicht mehr mit ihr zusammen sein will? Welcher Richter wollte mir sagen: Nein, Sie *müssen* dort wohnen bleiben? Es ist lächerlich zu glauben, dass man gezwungen ist, mit jemandem zusammenzuleben, mit dem man nicht mehr zusammenleben will. Niemand kann einen anderen zwingen zu bleiben, wenn der das nicht möchte.

Wenn man gehen möchte und nicht geht, dann deshalb, weil man nicht bereit ist, den Preis zu zahlen.

Die Sache mit den Papieren hat mit der Zeit ihre Bedeutung verloren.

Uns allen ist klargeworden, dass die Entscheidung, wo und mit wem wir leben wollen, nur bei uns liegt. Ich bin der Herr über meine Beziehungen.

Und wenn es nun beispielsweise so sein sollte, dass du dich in jemanden verliebst, wenn du nichts dagegen tun kannst und du diese Liebe leben möchtest, dann wirst du zu mir kommen, und wir werden uns zusammensetzen und du wirst mit großem Bedauern zu mir sagen: Das und das ist mir passiert, und deshalb will ich dieses und jenes.

Und dann ist es zu Ende. Dann entscheiden wir, was zu tun ist, und danach … sehen wir weiter.

Denn ich bin mir ganz sicher, wenn du mich liebst, wirst du mir nicht absichtlich weh tun.

Es gibt Dinge, bei denen sind keine Abmachungen nötig, bei anderen hingegen schon.

Vor einigen Jahren entwarf ich für ein befreundetes Paar einen Ehevertrag. Diese Liste von Übereinkünften und Willenserklärungen ist kein Dogma, das bestimmt, was man tun darf und was nicht. Sie will vielmehr Denkanstöße geben, welche expliziten oder impliziten Vereinbarungen es in der eigenen Ehe gibt.

Ehevertrag

Über die Liebe hinaus
Von Jorge Bucay

1. **Definition.** Ehe heißt, sich gefühlsmäßig, spirituell und gesellschaftlich zu binden, um in einem sicheren, festen Rahmen gemeinsame Pläne zu verfolgen, zu teilen und zu genießen.
2. **Dauer.** Der Vertrag wird auf Lebenszeit geschlossen, sollte aber alle fünf Jahre erneuert und dabei die Bestimmungen neu ausgehandelt werden. Kommt keine Eini-

gung über einen neuen Vertrag zustande, erlischt damit diese Vereinbarung.

3. **Eigentum.** Die Parteien vereinbaren, den anderen nicht als ihr Eigentum anzusehen. *Meine Frau, mein Mann* oder *mein Partner/meine Partnerin* sind umgangssprachliche Bezeichnungen und formulieren keinen Besitzanspruch.
4. **Gemeinsames Leben.** Die Partner werden die meiste Zeit zusammenleben. Die Hausarbeit wird geteilt. Beide unterlassen es, an dem anderen herumzumäkeln, dürfen einander aber mit Takt und Feingefühl an ihre Aufgaben erinnern. Jeder wäscht seine eigene Unterwäsche.
5. **Geld.** Mann und Frau beteiligen sich zu gleichen Teilen an den Ausgaben. Beide behalten ihr eigenes Konto; für gemeinsame Anschaffungen wird ein Gemeinschaftskonto eröffnet. Wenn durch die Form der Aufgabenverteilung einer mehr Geld verdient als der andere, werden die Einnahmen geteilt, so dass jeder über so viel Geld verfügt, wie er benötigt. Keiner schreibt dem anderen vor, wie und wofür er das Geld auszugeben hat.
6. **Meinungsverschiedenheiten.** Auseinandersetzungen werden nicht dramatisiert. Da es sich um zwei eigenständige Individuen handelt, bleiben Meinungsverschiedenheiten nicht aus. In diesen Fällen wird sich das Paar die Zeit nehmen, nach einem Kompromiss zu suchen. Findet sich keiner, wird die Entscheidung vertagt. Muss eine rasche Entscheidung getroffen werden, liegt die Entscheidung bei dem, der sich in der Sache besser auskennt.
7. **Streit.** Da die Ehepartner Menschen und keine Maschinen sind, können unterschiedliche Meinungen zu Diskussionen und Streit führen. Die Vertragspartner verpflichten sich, auch bei Streit einen respektvollen Umgang miteinander zu wahren.

8. **Kommunikation.** Die Vertragspartner verpflichten sich, stets offen für den Dialog zu sein. Er wird sich bemühen, das Gespräch mit ihr zu suchen, wenn er wütend ist, und sie wird versuchen, ihn nicht zu bestrafen, indem sie ihm den körperlichen Kontakt verweigert.
9. **Sex.** Es wird klar festgelegt, dass der Sex einzig und allein durch die Lust bestimmt wird. Keiner von beiden ist gezwungen, die Wünsche des anderen zu erfüllen, es sei denn, er möchte dasselbe. Darüber hinaus ist keine sexuelle Praktik verboten, schmutzig oder sündhaft, wenn beide übereinkommen, sie auszuprobieren.
10. **Treue.** Bei diesem Punkt kann das Paar frei zwischen den folgenden Möglichkeiten wählen:
    a) Die eheliche Gemeinschaft schließt andere sexuelle Kontakte aus.
    b) Andere Kontakte sind möglich, aber ohne dass Gefühle im Spiel sind.
    c) Jeder von beiden entscheidet frei über seine außerehelichen Beziehungen.
    Bei b) und c) sollte vereinbart werden, ob über diese Seitensprünge gesprochen wird oder der jeweilige Partner sie für sich behält.
    Unabhängig von der gewählten Option gelten die entsprechenden Rechte und Pflichten für beide gleichermaßen.
11. **Kinder.** Das Paar bekommt nur Kinder, wenn beide Partner dies wollen (und zu dem Zeitpunkt, an dem beide diesen Wunsch haben). Da beide der Ansicht sind, dass ein Schwangerschaftsabbruch eine schmerzliche Erfahrung wäre, liegt es in der Verantwortung beider, eine unerwünschte Schwangerschaft zu verhindern.
12. **Familien.** Jeder von beiden hält zu seiner Ursprungsfamilie so viel Kontakt, wie er für richtig hält, akzeptiert

aber gleichzeitig die Haltung des anderen in dieser Sache. Das schließt auch das Recht ein, sich nicht von den Schwiegereltern unter Druck setzen zu lassen.

13. **Freunde.** Jeder von beiden behält seine Freunde und Freundinnen. Keiner ist verpflichtet, Freundschaft mit den Freunden des jeweils anderen zu schließen oder die eigenen Freunde in die Paarbeziehung einzubringen.
14. **Kontrolle.** Beide Partner verzichten ausdrücklich darauf, Kontrolle auszuüben: über die Zeit, das Erscheinungsbild, den Körper, den Geschmack und das Verhalten des anderen. Jeder ist selbst für sein Handeln und die gemeinsam beschlossenen Handlungen verantwortlich, nicht aber für die persönlichen Entscheidungen des anderen.
15. **Scheidung.** Jeder von beiden kann die Scheidung verlangen, wenn er das Gefühl hat, dass das, was beide miteinander vorhatten, seine Gültigkeit verloren hat. Der andere wird sich nicht widersetzen. Gibt es noch minderjährige Kinder, kommt das Paar überein, alles dafür zu tun, um die Beziehung zu retten und die Kinder zu schützen. Was das Finanzielle betrifft, so wird alles, was während des gemeinsamen Lebens erwirtschaftet wurde, aufgeteilt, der persönliche Besitz verbleibt beim jeweiligen Partner.
16. **Formalien.** Die vorliegenden Punkte können auf Antrag eines der beiden Partner überarbeitet und in beiderseitigem Einverständnis abgeändert werden. Die Verletzung einer der Klauseln reicht aus, um den Vertrag außer Kraft zu setzen. *Die einzige Strafe* für den Vertragsbrüchigen besteht im vollen Recht seines Ehepartners, die Verbindung zu verlassen.
17. **Vertragsunterzeichnung.** Der vorliegende Vertrag besitzt keine juristische, zivile oder kommerzielle Gültigkeit. Er

ist ausschließlich für den privaten Gebrauch bestimmt und kann im Streitfall nicht als Beweis herangezogen werden. Um das zu verdeutlichen, sollte er mit der linken Hand, ohne Zeremonie und ohne Zeugen unterzeichnet werden.

Datum, Unterschriften

Aber ist es wirklich nötig, sich so viel Arbeit zu machen?

Ich meine: Ja.

Reichen Liebe und Leidenschaft nicht aus?

Ich meine: Nein (auch wenn das ein wunderbarer Ausgangspunkt für den gemeinsamen Weg ist).

Vielleicht sollte ich noch einmal klarstellen, dass dies nicht DER Ehevertrag für das Durchschnittsehepaar ist, sondern lediglich ein Vorschlag. Es gibt mit Sicherheit auch andere, die ganz ähnlich oder völlig anders aussehen. Es wird strengere und flexiblere Vereinbarungen geben. Und dann gibt es noch jene, die der Meinung sind, dass kein Vertrag nötig ist, schon gar nicht schriftlich; die es lächerlich finden, Verhaltensregeln festzulegen, die sich schon bei dem Gedanken an einen Ehevertrag aufregen ... Und vielleicht haben sie recht. Ich rede nur darüber, was mir in meinem Leben geholfen hat, welche Wegweiser ich auf MEINEM Weg gefunden habe. Sie möchte ich mit meinen Lesern teilen ... nur für den Fall der Fälle.

Ich glaube, dass manch einer sich so gegen Verträge sträubt, hängt damit zusammen, dass Verträge als die Mauern jenes Gefängnisses empfunden werden, von dem ich eingangs sprach.

Ich möchte zeigen, dass das nicht stimmt. Ganz im Gegenteil.

Ein Vertrag, der die Persönlichkeit des Einzelnen berücksichtigt, eine konkret formulierte, von beiden beschlossene Vereinbarung, ein erneuerbares Modell für das Zusammenleben, eine Liste von Regeln, die hinterfragt und verändert werden können, sind alles in allem keine Einschränkung, sondern eine Befreiung. Ein Vertrag ist kein Gefängnis, sondern der Schlüssel zu jeder Begegnung (und aus ihr heraus).

Bleibt nur, uns ehrlich zu fragen, ob wir in der Lage sind, eine Partnerschaft zu führen, in der ausdrücklich geregelt ist, dass du nicht dasselbe wollen musst wie ich.

Dass wir uns vor allem gegenseitigen Respekt schulden.

Dass das bedeutet, unsere Unterschiede nicht nur zu akzeptieren, sondern sie wertzuschätzen.

Dass die Partnerschaft kein Gefängnis ist, sondern ein frei gewählter Aufenthaltsort.

Und dass die Tür immer offen steht (zumindest nach draußen).

Normalerweise entscheiden wir uns nicht freiwillig für diese Freiheit, wahrscheinlich, weil wir sie dem anderen nicht zugestehen wollen. Aber wir besitzen sie dennoch, denn die Freiheit ist ein notwendiges und unabdingbares Recht.

Selbst dann, wenn wir uns entscheiden, unseren eigenen Gedankenkerker zu errichten, mit hohen Mauern und Eisengittern (dafür können wir sicher sein, dass alles dort vorhersehbar, statisch, unveränderlich ist). Selbst dann, wenn ich da drinnen vor Beengtheit, Beklemmung oder Langeweile sterbe.

Wir wollen unbedingt glauben, dass es nur eine Liebe im Leben gibt, obwohl wir wissen, dass dem nicht so ist. Wir kontrollieren ängstlich, was der andere macht, wenn wir nicht zusammen sind, und halten eisern an der Überzeugung fest, dass wir ohne einander nicht leben können, obwohl wir wissen, dass das Leben auch ohne den geliebten Menschen weitergeht, auch wenn es nicht genauso weitergeht.

Wir tun das, weil man uns beigebracht hat, an diese Lügen zu glauben, um die Vorstellung vom freiwilligen Gefängnis aufrechtzuerhalten. Wir tun es aber auch, um eine erzwungene Treue und eine machistische Ausschließlichkeit zu schaffen (noch vor einigen Jahrzehnten wollten die Männer der einzige Mann im Leben einer anständigen Frau sein, Frauen hingegen gaben sich damit zufrieden, für einen anständigen Mann die letzte Frau zu sein).

In dieser Hinsicht war unsere angstbesetzte Erziehung nicht einmal für alle gleich. Die Leidtragenden dieses Ungleichgewichts waren die Frauen. Ob sie sich dessen bewusst waren oder nicht: Ein Großteil der Frauen wurde damals so erzogen, dass sich eine Frau mit einer einzigen Liebe und einem einzigen Mann fürs ganze Leben zufriedenzugeben hatte.

Die mexikanische Schriftstellerin Ángeles Mastretta lässt eine ihrer Figuren sagen:

»Als die Lebenserwartung einer Frau bei fünfundvierzig Jahren lag, war eine Liebe genug. Aber heute, wo man achtzig Jahre alt wird, reicht eine Liebe nicht aus. Zwei sollten es mindestens sein!«

Die Behauptung, dass es nur eine einzige Liebe im Leben gibt, ist eine Lüge.

Es ist eine Lüge, dass jede Liebe ewig ist, und es ist eine Lüge, dass man nicht öfter als einmal im Leben lieben kann.

Bei einem Besuch im Country Club traf ich einen Mann, der nach der Trennung von seiner ersten Frau erneut geheiratet hatte. Ich kannte ihn noch aus der Zeit, als er mit seiner ersten Frau verheiratet gewesen war. Sie schienen damals eine tolle Beziehung zu führen und begeisterten sich mit glühenden Worten für die Liebe, die sie empfanden.

Wir setzten uns, und während die Frauen ein paar Empa-

nadas holten, fragte ihn jemand, wie es mit seiner zweiten Ehe so laufe, und er schwärmte, wie sehr er seine zweite Frau liebe. Als daraufhin der andere, der seine vorherige Beziehung gekannt hatte, nachfragte, ob die Liebe zu seiner ersten Frau erloschen sei, als er die zweite kennenlernte, antwortete er:

»Nein, das war keine Liebe damals. Diesmal ist es die wahre Liebe!«

Warum die vergangene Liebe leugnen? Dieser Mann konnte nicht akzeptieren, dass er einmal geliebt hatte, dass die Liebe vorbei war und er jetzt eine andere Frau liebte. Er musste die andere Liebe herabwürdigen, um Raum für diese neue Liebe zu schaffen. Witwer und Witwen machen das manchmal auch. Sie sagen: Das ist jetzt die wahre Liebe; das damals war keine Liebe, heute weiß ich das. Oder noch schlimmer: Er oder sie war meine große Liebe, deshalb kann ich nie wieder jemanden lieben.

Bei einem meiner Vorträge fragte mich einmal jemand:

»Kann man nicht beide auf einmal lieben?«

Wir haben große Angst vor dieser Frage, denn wenn wir akzeptieren, dass man mehr als eine Person zur gleichen Zeit lieben kann, wie ist es dann um unsere Sicherheit bestellt?

Wenn ich behaupte, dass es nicht stimmt ...

... dass es nur eine Liebe im Leben gibt.

... dass Liebe und Sex untrennbar miteinander verbunden sind.

... dass wahre Liebe ewig ist.

Wenn ich behaupte, dass es nicht stimmt ...

... dass man, wenn man einmal geliebt hat, nicht erneut lieben kann.

... dass mein Willen Einfluss auf meine Gefühle hat.

... wenn ich zu meiner Entschuldigung anführe, dass es unterschiedliche Arten von Liebe gibt ...

Und wenn ich jetzt auch noch behaupte, dass es möglich ist, mehr als eine Person zur gleichen Zeit lieben ...

Was bleibt uns dann noch? Die Katastrophe?

Das ist eine Möglichkeit: die absolute Verunsicherung hinsichtlich der Zukunft. Ganz egal, wie lange wir zusammen sind: Was morgen ist, weiß man nicht.

Aber es gibt noch eine andere Möglichkeit: Zusammen mit den ganzen Lügen die Angst vor der Katastrophe zu verbannen und die Beziehung, die man tatsächlich führt, schätzen zu lernen.

Denn:

Jetzt, da ich weiß, dass es nicht nur eine Liebe im Leben gibt, wird mir bewusst, dass meine Frau mich genauso gut nicht mehr lieben oder morgen aufhören könnte, mich zu lieben.

Jetzt, da ich weiß, dass Sex nicht zwangsläufig mit Liebe einhergeht, wird mir klar, dass sie entscheiden könnte, mit wem sie sexuelle Beziehungen hat.

Jetzt, da ich weiß, dass die Person, die ich liebe, mehr als einen anderen Menschen zur gleichen Zeit lieben kann, erkenne ich, dass die Tatsache, mich geliebt zu fühlen, keine Garantie dafür ist, dass sie nicht auch noch jemand anderen liebt.

Jetzt, da ich weiß, dass Liebe enden kann und dass sie über ihr eigenes Leben entscheidet ...

Wenn ich also jetzt nach Hause komme und meine Frau wirklich bereit ist, mir zu begegnen und mich zu lieben, dann gebe ich dieser Begegnung den Wert, der ihr zusteht.

Wenn ich das alles weiß und mir sicher bin, dass auch sie das weiß, ist das Wissen um unsere freie Wahl keinesfalls eine Katastrophe, sondern vielmehr die Eintrittskarte für eine erfülltere, tiefere Paarbeziehung.

Wenn wir uns trotz dieses Wissens füreinander entscheiden, dann ist das wunderbar.

Nur wenn wir die Augen vor der Realität verschließen und blind an dem festhalten, was nicht mehr ist, kommt es zur wahren Katastrophe.

»Schatz«, sagt er, »warum braten wir nicht zu unserem Hochzeitstag einen Truthahn?«

»Ich finde, das ist keine gute Idee«, sagt sie, die ihn nicht länger erträgt. »Was kann der arme Truthahn dafür? Warum drehen wir nicht lieber deinem Freund José den Hals um? Der hat uns schließlich miteinander bekannt gemacht.«

Eine lebendige Ehe ist eine Beziehung, in der die Partner noch Gefühle füreinander haben, kein Museum der Erinnerung an das, was einmal war. Kein Pantheon, in dem die Überreste unserer toten Beziehung ruhen.

Wahre Partnerschaft ist nur zwischen zwei gleichberechtigten Individuen möglich, die eine Abmachung für- und miteinander treffen. Oder um es mit Rousseau zu sagen: Wir sind nicht gezwungen, uns an Gesetze zu halten, an deren Entstehung wir nicht beteiligt sind.

Die Partnerschaft ist eine Vereinbarung, die uns eint. Und auch wenn diese Vereinbarung – wie jede Übereinkunft – gewisse Grenzen setzt, ist sie kein Hinderungsgrund für die Freiheit des Einzelnen. Ganz im Gegenteil. Freiheit entsteht dadurch, dass sich die Partner an die Vereinbarung halten und gleichzeitig die Möglichkeit haben, sie neu zu überdenken.

Es sind diese Vereinbarungen mit dem anderen, die uns zu einer Einheit machen.

Aber Vorsicht: Diese Einheit ist nicht statisch, sie ist in

ständiger Bewegung und steter Veränderung begriffen. Das Abgesprochene muss immer wieder neu angepasst werden, um das fragile Gleichgewicht zu erhalten, das eine Paarbeziehung ausmacht.

Nur wenn wir uns immer wieder verändern, hat das Zusammenbleiben einen Sinn.

Ausblick

Diese Geschichte, die ich im Folgenden erzähle, ist mir auch im Internet begegnet.

Aber jene hatte ein furchtbares Ende: Aus einer schönen Idee hatte irgendjemand ein grauenhaftes Pamphlet von Diskriminierung und Ausgrenzung gemacht. Etwas, das auch zwischen Liebenden passiert, wenn der Weg in die falsche Richtung geht.

Also beschloss ich, wie schon so oft, die Geschichte umzuschreiben und ihr die Botschaft zurückzugeben, die sie meiner Meinung nach verdient.

Die Geschichte führt uns in die Zeit von König Artus und seiner Ritter der Tafelrunde, eine Zeit der Zauberei und der Burgen, der Ränke und heldenhaften Schlachten, der sagenhaften feuerspuckenden Drachen und der Ritter ohne Furcht und Tadel.

König Artus war krank geworden. Binnen zwei Wochen hatte ihn die Schwäche ans Bett gefesselt, er aß kaum noch. Sämtliche Ärzte wurden herbeigerufen, um den König zu heilen, aber keiner fand heraus, woran er litt. Trotz aller Bemühungen verschlechterte sich der Zustand des guten Königs zusehends.

Als die Diener eines Morgens das Zimmer lüfteten, in dem der König schlief, sagte einer von ihnen traurig zum anderen:

»Er wird sterben …«

Im Raum befand sich auch Sir Galahad, der Heldenhafteste und Edelste der Tafelrunde und König Artus' Waffengefährte in großen Kämpfen.

Als Galahad die Bemerkung des Dieners hörte, sprang er auf, packte den Diener am Kragen und schrie ihn an:

»Sag das nie wieder, verstanden? Der König wird leben, er wird wieder gesund werden … Wir müssen nur einen Arzt finden, der sein Leiden kennt, hörst du?«

Der Diener zitterte am ganzen Leib, aber er wagte es dennoch, zu widersprechen:

»Sir, König Artus ist nicht krank. Er wurde verhext.«

Zu jener Zeit war Magie nicht weniger logisch und natürlich als die Schwerkraft.

»Warum sagst du das? Verhext?«, fragte Galahad.

»Ich bin schon alt, hoher Herr, und habe Dutzende Männer und Frauen in diesem Zustand gesehen. Nur einer von ihnen hat überlebt.«

»Das heißt, es gibt eine Chance … Sag mir, was hat dieser Kranke gemacht, dass er dem Tod entging?«

»Man muss einen Zauberer finden, der mächtiger ist als der, der den Fluch ausgesprochen hat. Gelingt das nicht, muss der Verzauberte sterben.«

»Irgendwo im Königreich muss es solch einen mächtigen Zauberer geben«, sagte Galahad. »Und wenn nicht, werde ich mich jenseits des Meeres auf die Suche nach ihm machen und ihn herbringen.«

»Soweit ich weiß, gibt es nur zwei Menschen, die mächtig genug sind, um König Artus zu heilen, Sir Galahad. Der eine ist Merlin, aber der würde zwei Wochen brauchen, um herzukommen, und ich glaube nicht, dass unser König so lange durchhält.«

»Und der andere?«

Der Diener schüttelte bedauernd den Kopf.

»Das ist die Berghexe … Aber selbst wenn jemand den Mut hätte, zu ihr zu gehen – was ich bezweifle –, sie würde niemals kommen, um den König zu heilen, der sie vor vielen Jahren aus dem Palast verstieß.«

Die Hexe hatte tatsächlich einen schrecklichen Ruf. Es war bekannt, dass sie ihren Sklaven durch einen Blick in den mutigsten Krieger verwandeln konnte. Es hieß, wer sie berühre, dem gefriere das Blut in den Adern, und sie siede Menschen in heißem Öl, um danach ihr Herz zu essen.

Aber Artus war der beste Freund, den Galahad in seinem ganzen Leben gehabt hatte: Hunderte Male hatten sie Seite an Seite gekämpft, er hatte sich seine nichtigsten Sorgen und seine schlimmsten Nöte angehört. Jede Gefahr würde er eingehen, um seinen König zu retten, der zugleich sein Freund und der beste Mensch war, den er kannte.

Galahad legte seine Rüstung an, stieg auf sein Pferd und ritt in die Schwarzen Berge, wo sich die Höhle der Hexe befand.

Schon als er den Fluss überquerte, bemerkte er, wie sich der Himmel verdüsterte. Schwere dunkle Wolken lagen über dem Gebirge. Als er die Höhle erreichte, schien es am helllichten Tag Nacht geworden zu sein.

Galahad stieg vom Pferd und ging auf die Felshöhle zu. Die übernatürliche Kälte und der erbärmliche Gestank, die aus der Grotte drangen, hätten ihn beinahe von seinem Vorhaben abgebracht, doch der Ritter widerstand und tastete sich über den mit Pfützen übersäten Boden weiter in dem dunklen Gang voran. Manchmal hielt er instinktiv die Hände vors Gesicht, wenn eine Fledermaus aufflatterte.

Nach fünfzehn Minuten Marsch mündete der Gang in eine riesige Halle. Ein beißender Geruch lag in der Luft, Hunderte brennender Kerzen spendeten ein fahles Licht. In der Mitte des Raumes stand die Hexe und rührte in einem dampfenden Kessel.

Sie war eine typische Hexe aus dem Märchen, genauso wie seine Großmutter sie immer geschildert hatte, wenn sie ihm vor dem Einschlafen Gruselgeschichten erzählte. Diese Geschichten hatten den Wunsch in ihm geweckt, gegen das Böse zu kämpfen, wenn er alt genug wäre, um Ritter am Hof zu werden.

Bucklig, schwarz gekleidet, dünne, knochige Hände mit langen Fingernägeln, die wie Klauen aussahen, kleine Äuglein, Hakennase, vorstehendes Kinn, ein Gesichtsausdruck, der Schrecken verbreitete.

Als Galahad eintrat, kreischte die Hexe, ohne ihn auch nur eines Blickes zu würdigen:

»Hau ab, bevor ich dich in eine Kröte oder noch Schlimmeres verwandle!«

»Ich will zu dir«, sagte Galahad. »Ich brauche deine Hilfe für meinen Freund, der sehr krank ist.«

»Hehehe«, lachte die Hexe. »Der König ist verhext. Ich bin's nicht gewesen, aber du kannst nichts tun, um seinen Tod zu verhindern.«

»Aber du bist mächtiger als derjenige, der ihn verhext hat. Du könntest ihn retten«, wandte Galahad ein.

»Warum sollte ich das tun?«, fragte die Hexe, die sich voller Groll an die Verachtung des Königs erinnerte.

»Du kannst alles verlangen, was du willst«, versprach Galahad. »Ich werde persönlich dafür sorgen, dass man dir den Preis zahlt, den du verlangst.«

Die Hexe betrachtete den Ritter eingehend. Es war schon merkwürdig, dass einer wie er in ihrer Höhle stand und sie um Hilfe bat. Selbst im Kerzenlicht sah Galahad unglaublich gut aus, und mit seinem ritterlichen Auftreten war er wirklich eine umwerfende Erscheinung.

Die Hexe beäugte ihn unauffällig und verkündete dann:

»Der Preis ist folgender: Wenn ich den König heile, und nur dann …«

»Was immer du verlangst …«

»Dann sollst du mich heiraten!«

Galahad war entsetzt. Er konnte sich nicht vorstellen, den Rest seines Lebens mit der Hexe zu verbringen. Aber es ging um Artus' Leben. Wie oft hatte sein Freund ihm in der Schlacht das Leben gerettet … Außerdem brauchte das Land seinen König.

»So sei es«, sagte der Ritter. »Wenn du Artus heilst, werde ich mich mit dir vermählen, ich gebe dir mein Wort. Aber bitte beeile dich. Ich habe Angst, dass es bereits zu spät ist, wenn wir das Schloss erreichen.«

Schweigend nahm die Hexe ein Köfferchen, tat allerlei Pülverchen und Tränke hinein, hängte sich eine Ledertasche voller wundersamer Zutaten um und verließ, gefolgt von Galahad, die Höhle.

Draußen holte Sir Galahad sein Pferd und half der Hexe galant auf die Kruppe, als sei sie eine Königin. Dann saß er selbst auf und galoppierte zur königlichen Burg.

An der Burg angekommen, rief er den Wachen zu, sie sollten die Zugbrücke herablassen, was diese widerstrebend taten.

Umringt von den Burgbewohnern, die angesichts dessen, was sie da sahen, ungläubig murmelten oder den Blick abwandten, um diese schreckliche Frau nicht zu sehen, erreichte Galahad die Tür zu den königlichen Gemächern.

Mit einer Handbewegung hinderte er die Hexe daran, allein abzusteigen, und reichte ihr die Hand, um ihr vom Pferd zu helfen. Sie sah ihn überrascht an, der Spott war aus ihren Augen verschwunden.

»Wenn du meine Frau wirst«, sagte er, »dann sollst du auch entsprechend behandelt werden.«

An seinem Arm betrat die Hexe das königliche Schlafgemach. Der Zustand des Königs hatte sich seit Galahads Abreise weiter verschlechtert. Er war nicht mehr bei Bewusstsein und nahm nichts mehr zu sich.

Galahad schickte alle aus dem Zimmer. Der Leibarzt des Königs bat darum, bleiben zu dürfen, und Galahad stimmte zu.

Die Hexe trat zu Artus, rieb ihn mit Öl ein, raunte ihm unverständliche Worte zu und bereitete dann einen giftgrünen Trank zu, den sie mit einer Binse umrührte. Als sie dem Kranken die Flüssigkeit einflößen wollte, hielt der Arzt sie zurück.

»Nein«, sagte er. »Ich bin Arzt, und ich traue diesem Zauber nicht. Raus hier …«

Er wollte noch etwas sagen, aber so weit kam er nicht. Galahad sprang herbei, hielt ihm das Schwert an die Kehle und sah ihn wütend an.

»Rühre die Frau nicht an«, drohte er. »Und wer hier geht, das bist du. Jetzt sofort!«, schrie er.

Der Arzt suchte eingeschüchtert das Weite. Die Hexe führte die Flasche an die Lippen des Königs und flößte ihm den Inhalt ein.

»Und jetzt?«, fragte Galahad.

»Jetzt muss man abwarten«, sagte die Hexe.

Als es Nacht wurde, nahm Galahad seinen Mantel ab und bereitete der Hexe ein Nachtlager zu Füßen des königlichen Bettes. Er selbst wollte an der Tür über die beiden wachen.

Am nächsten Morgen schlug der König zum ersten Mal seit vielen Tagen die Augen auf.

»Essen!«, rief er. »Ich will essen … Ich habe einen Bärenhunger!«

»Guten Morgen, Majestät«, grüßte Galahad mit einem Lächeln, während er nach den Dienern läutete.

»Mein lieber Freund«, sagte der König, »ich habe einen solchen Hunger, als hätte ich seit Wochen nichts gegessen.«

»Ihr habt seit Wochen nichts gegessen», bestätigte Galahad.

In diesem Moment setzte sich die Hexe am Fußende des Bettes auf und verzog das Gesicht zu einer Grimasse, die wahrscheinlich ein Lächeln sein sollte. Artus glaubte, er leide an Erscheinungen. Ungläubig rieb er sich die Augen, um festzustellen, dass die Hexe wirklich dort war, in seinem Zimmer.

»Ich habe dir schon hundertmal gesagt, dass ich dich nicht in der Nähe des Palasts sehen will. Fort mit dir!«, befahl er.

»Verzeiht, Majestät«, sagte Galahad. »Ihr müsst wissen, dass Ihr auch mich hinauswerft, wenn Ihr sie hinauswerft. Es ist Euer gutes Recht, uns der Burg zu verweisen, aber wenn sie geht, gehe auch ich.«

»Bist du verrückt geworden?«, fragte Artus. »Wo willst du mit diesem schrecklichen Scheusal hin?«

»Mit Verlaub, Hoheit, Ihr redet über meine zukünftige Frau.«

»Was? Deine zukünftige Frau? Ich habe dich den heiratsfähigen Mädchen aus den besten Familien des Königreichs vorgestellt, den begehrtesten Prinzessinnen ringsum, den schönsten Frauen der ganzen Welt, aber du hast sie alle zurückgewiesen. Und jetzt willst du die da heiraten?«

Die Hexe warf spöttisch ihr Haar zurück und sagte:

»Das ist der Preis, den er gezahlt hat, damit ich dich heile.«

»Nein!«, rief der König. »Ich verwahre mich! Das lasse ich nicht zu. Lieber sterbe ich.«

»Es ist ausgemachte Sache, Majestät«, sagte Galahad.

»Ich verbiete dir, sie zu heiraten«, befahl Artus.

»Majestät«, erwiderte Galahad. »Es gibt nur eine Sache auf der Welt, die für mich über Eurem Befehl steht, und das ist mein Wort. Ich habe es versprochen, und ich werde mein

Wort halten. Wenn Ihr morgen sterben würdet, gäbe es eine Beerdigung und eine Hochzeit an einem Tag.«

Der König erkannte, dass er nichts tun konnte, um seinen Freund vor seinem Versprechen zu retten.

»Ich werde dir nie vergelten können, was du für mich getan hast, Galahad. Du bist noch edler, als ich immer schon wusste.« Der König trat zu Galahad und umarmte ihn. »Sag mir, was ich für dich tun kann, was auch immer es ist.«

Am nächsten Morgen wurde das Paar auf Bitten des Ritters vom Priester in der Burgkapelle getraut. Nur seine Majestät, der König, war anwesend. Nach der Zeremonie gab Artus Sir Galahad seinen Segen und überreichte ihm ein Pergament, in dem er dem Paar das Land auf der anderen Flussseite und eine Hütte oben in den Bergen als Lehen gab.

Als sie aus der Kapelle traten, war der Burghof wie leergefegt. Niemand wollte diese Hochzeit feiern; im Volk sprach man von Hexerei, von alten Bannsprüchen, von Wahnsinn und Besessenheit …

Galahad lenkte den Wagen durch die verwaisten Gassen zum Fluss und von dort in die Berge.

Oben angekommen, sprang er ab und fasste seine Frau liebevoll um die Taille, um ihr vom Wagen zu helfen. Er sagte ihr, er wolle noch rasch die Pferde versorgen, und forderte sie auf, ihr neues Zuhause zu betreten. Galahad verweilte noch ein wenig, um den Sonnenuntergang zu betrachten, bis die rote Linie am Horizont verschwand. Dann holte er tief Luft und trat ins Haus.

Im Kamin flackerte ein Feuer, und davor stand eine unbekannte Gestalt mit dem Rücken zur Tür. Es war die Silhouette einer Frau; sie war in ein durchscheinendes weißes Gewand gehüllt, das die wohlgerundeten Formen ihres schönen Körpers erahnen ließ.

Galahad sah sich nach seiner Frau um, die vor ein paar

Minuten ins Haus gegangen war, aber er konnte sie nirgends entdecken.

»Wo ist meine Frau?«, fragte er.

Die Unbekannte drehte sich um, und Galahad spürte, wie ihm das Herz bis zum Hals schlug. Dort stand die schönste Frau, die er jemals gesehen hatte. Groß, mit weißer Haut, hellen Augen, langem blondem Haar und einem Gesicht, das sinnlich und sanft zugleich war. Der Ritter dachte, dass er sich unter anderen Umständen unsterblich in sie verliebt hätte.

»Wo ist meine Frau?«, fragte er noch einmal, diesmal ein wenig energischer.

Die Unbekannte kam ein wenig näher und hauchte:

»Ich bin deine Frau, geliebter Galahad.«

»Halt mich nicht zum Narren. Ich weiß, wen ich geheiratet habe«, erwiderte Galahad. »Und sie sieht dir nicht im Geringsten ähnlich.«

»Du bist sehr liebenswürdig zu mir gewesen, mein geliebter Galahad. Du warst aufmerksam und zuvorkommend, obwohl dich mein Äußeres abgestoßen hat, du hast mich verteidigt und mich respektiert, wie es noch niemand vor dir getan hat, und darum hast du diese Überraschung verdient … Die Hälfte der Zeit, die wir zusammen sind, werde ich so aussehen, wie du mich jetzt siehst, und die andere Hälfte so, wie du mich kennengelernt hast …« Die Frau machte eine Pause und sah Sir Galahad an. »Und da du mein wunderbarer, geliebter Ehemann bist, liegt die Entscheidung bei dir: »Soll ich diese bei Tag sein und jene bei Nacht, oder jene bei Tag und diese bei Nacht?«

Für den Ritter stand die Welt still. Dieses Geschenk des Himmels war mehr, als er sich je erträumt hätte. Er hatte sich aus Liebe zu seinem Freund Artus in sein Schicksal gefügt, und nun konnte er eine Wahl für sein zukünftiges Leben treffen. Sollte er seine Frau bitten, tagsüber die Schöne zu sein, damit er stolz mit ihr durchs Dorf spazieren und sich im Neid der anderen sonnen konnte, und dafür stumm und einsam die Qual seiner Nächte mit der Hexe auf sich nehmen? Oder sollte er den Spott und die Verachtung ertragen, wenn man ihn am Arm dieser Hexe sah, und sich mit dem Gedanken trösten, dass er in der Nacht das himmlische Vergnügen der Gesellschaft dieser wunderschönen Frau haben würde, in die er sich schon jetzt verliebt hatte?

Der edle Sir Galahad dachte lange nach. Schließlich sah er auf und sagte:

»Da du meine geliebte und erwählte Ehefrau bist, bitte ich dich, in jedem Moment und an jedem Tag unseres gemeinsamen Lebens die zu sein, die du sein möchtest …«

Der Sage nach soll die Hexe, als sie hörte, dass sie selbst wählen konnte, wer sie sein wollte, sich dafür entschieden haben, die ganze Zeit die Schönste aller Frauen zu sein.

Seither, so heißt es, findet, wenn wir jemandem begegnen, der uns aus ganzem Herzen das Recht zugesteht, zu sein, wer wir sind, eine Veränderung mit uns statt.

Lassen wir für immer die furchtbaren Hexen und die schrecklichen Monster zurück, die unsere Schattenseite bevölkern, um den schönsten, liebenswürdigsten und faszinierendsten Rittern und Prinzessinnen Platz zu machen, die wir bisweilen schlafend in uns tragen. Wunderbare Wesen, die zunächst auftauchen, um sich der geliebten Person zu zeigen, bevor sie unser ganzes Leben ausfüllen und für immer in uns bleiben.

Das ist die Lehre, die der Weg der Begegnung für uns bereithält.

Wahre Liebe ist nichts anderes als der Wunsch, dem anderen dabei zu helfen, so zu sein, wie er ist.

Ganz gleich, ob dein wahres Ich mir gefällt oder nicht.

Ganz gleich, ob du dich für mich oder gegen mich entscheidest, damit wir den Weg gemeinsam weitergehen, oder auch nicht.

Jorge Bucay
Das Buch vom Glücklichsein
Wege zu einem erfüllten Leben
Aus dem Spanischen von Lisa Grüneisen
Band 19796

Wenn Jorge Bucay vom Glück spricht, so sieht er darin eine „unserer größten Herausforderungen". Denn kaum etwas in unserem Leben scheint so anfällig für Illusionen zu sein wie unsere Vorstellung vom Glück. Bekanntlich ist der Abstand zwischen dem Ersehnten und der Realität gewaltig. Und doch gibt es einen Weg, er führt über die Bereitschaft zum Kompromiss, ist immer individuell und ohne persönlichen Einsatz nicht zu haben.

»Glücklich sein ist eine unserer größten
Herausforderungen.«
Jorge Bucay

fi 19796 / 2

Jorge Bucay in der Fischer TaschenBibliothek im wunderschönen Geschenkformat

Eine traurige, gar nicht so traurige Geschichte
Aus dem Spanischen von Lisa Grüneisen
Mit Illustrationen von Gusti
Band 52080
Deutsche Erstausgabe

Komm, ich erzähl dir eine Geschichte
Aus dem Spanischen von Stephanie von Harrach
Band 51038

Geschichten zum Nachdenken
Aus dem Spanischen von Stephanie von Harrach
Band 52098

Jorge Bucay / Silvia Salinas
Liebe mit offenen Augen
Roman
Aus dem Spanischen von Petra Willim
Band 52102
In Vorbereitung 2016

Zähl auf mich
Roman
Aus dem Spanischen von Stephanie von Harrach
Band 51214

Drei Fragen
Wer bin ich? Wohin gehe ich? Und mit wem?
Aus dem Spanischen von Stephanie von Harrach
Band 51299

fi 666 086 / 1